ÉTUDE SUR LA CONDITION

DES

OUVRIERS DES MINES

EN AUSTRALASIE

PAR

M. E. GLASSER,

Ingénieur des Mines.

(Extrait des ANNALES DES MINES, 2ᵉ semestre 1905)

PARIS

H. DUNOD ET E. PINAT, ÉDITEURS

SUCCESSEURS DE Vᵛᵉ CH. DUNOD

49, Quai des Grands-Augustins, 49

1905

ÉTUDE

SUR LA

CONDITION DES OUVRIERS DES MINES

EN AUSTRALASIE

TOURS. — IMPRIMERIE DESLIS FRÈRES.

ÉTUDE SUR LA CONDITION

DES

OUVRIERS DES MINES

EN AUSTRALASIE

PAR

M. E. GLASSER,
Ingénieur des Mines.

(Extrait des Annales des Mines, 2ᵉ semestre 1905)

PARIS

H. DUNOD et E. PINAT, ÉDITEURS
Successeurs de Vᵉ Ch. DUNOD
49, Quai des Grands-Augustins, 49

1905

ÉTUDE

SUR LA

CONDITION DES OUVRIERS DES MINES

EN AUSTRALASIE

Ayant eu, au cours de l'année 1902, l'occasion de séjourner pendant quelques mois dans les différentes Colonies de l'Australasie (*) et d'en visiter la plupart des districts miniers importants, je me suis attaché à l'étude de la situation créée aux ouvriers des exploitations minérales de ces régions par les tendances socialistes si marquées des sociétés australasiennes et par le développement si considérable qui a été donné depuis quelques années à la législation ouvrière et sociale dans presque toutes ces Colonies.

Bien que les observations que j'ai pu faire à ce sujet remontent à près de trois ans déjà, ce qui est beaucoup, surtout pour des pays où les transformations industrielles sont aussi rapides et les modifications législatives aussi fréquentes, je crois pouvoir dire que le résumé que je présente ci-après de ces observations a peut-être moins vieilli qu'il ne l'eût fait en pareille durée il y a quelques

---

(*) L'Australasie comprend : d'une part, la Confédération australienne (Commonwealth of Australia) constituée par les six États ou Colonies du Queensland, de la Nouvelle-Galles du Sud, de Victoria, de l'Australie du Sud (y compris le Northern Territory ou Territoire du Nord), de l'Australie Occidentale et de la Tasmanie, et, d'autre part, la Colonie de la Nouvelle-Zélande. Je les désignerai souvent dans ce qui suit respectivement par les abréviations : Q., N. G. S., Vict., A. S., A. O., Tas. et N. Z.

années, et je puis espérer qu'il donnera au lecteur un tableau encore à peu près exact de la situation actuelle de l'industrie minérale de l'Australasie en ce qui touche aux questions ouvrières. De toutes façons ce tableau sera celui de l'une des étapes par lesquelles passe une des plus importantes d'entre les industries du pays (*) par le fait de l'évolution politique dont ces régions lointaines sont le théâtre, et il permettra d'apercevoir quelques-unes des conséquences qu'elle avait déjà eues il y a trois ans.

J'ajoute que, depuis 1902, l'activité législative des Parlements des six États de l'Australie paraît s'être quelque peu ralentie, du moins en ce qui touche aux questions ouvrières, sans doute dans l'attente des mesures générales qui seraient édictées par le Parlement Fédéral qui venait d'être constitué à cette époque. La principale innovation qui lui soit due, en matière de législation ouvrière et sociale, est le vote, récemment acquis non sans bien des difficultés et de longues discussions, d'une loi d'arbitrage obligatoire applicable aux conflits intéressant plu-

---

(*) Les chiffres statistiques suivants, relatifs à l'année 1900, donnent une idée de l'importance de l'industrie des mines pour chacune des sept Colonies de l'Australasie.

	POPULATION au 31 déc. 1900	NOMBRE d'ouvriers mineurs en 1900	VALEUR TOTALE des objets exportés en 1900	VALEUR TOTALE des produits minéraux extraits en 1900
	habitants	hommes	£	£
Nouvelle - Galles du Sud	1.364.590	43.745	28.164.516	6.570.820
Victoria...............	1.197.318	30.303	17.422.552	3.348.826
Queensland........	494.375	12.276	9.581.562	3.180.004
Australie du Sud...	361.451	7.000	8.191.376	515.128
Australie Occidentale.............	178.056	21.374	6.852.054	8.179.802
Tasmanie	172.377	7.023	2.610.617	1.076.166
Nouvelle-Zélande...	769.321	13.502	13.246.161	2.703.117
TOTAUX	4.537.488	135.223	86.068.838 soit 2.151.720.950 fr.	24.173.953 soit 604.348.825 fr.

sieurs États; cette loi n'a pas encore eu l'occasion d'être
appliquée, tout au moins en matière de mines.

Manquant du temps qui eût été nécessaire pour poursuivre une enquête approfondie sur l'objet de mon étude
dans chacune des sept colonies anglaises de l'Australasie, dont les lois minières et les lois ouvrières sont,
actuellement du moins, assez notablement différentes
d'une Colonie à l'autre, j'ai dû limiter mes enquêtes sur
place à la Nouvelle-Zélande et aux quatre d'entre les
États de la Confédération Australienne où l'industrie des
mines présente la plus grande importance.

La première d'entre ces Colonies offre un intérêt tout
spécial pour l'étude des questions ouvrières, car c'est de
toutes les contrées de l'Australasie, et je crois même du
monde entier, celle où la législation ouvrière est la plus
complète et la plus développée dans le sens que réclame
le parti ouvrier ; cette législation a d'ailleurs, pour
une large part, servi de modèle aux différents États de
l'Australie ; l'industrie minière présente, d'autre part, en
Nouvelle-Zélande, une importance relative très suffisante
pour que l'étude des effets d'une telle législation sur
cette industrie spéciale soit pleine d'intérêt. En Nouvelle-
Galles du Sud l'exploitation des mines tient une place
relativement plus importante ; elle emploie, en particulier
pour l'extraction de la houille, un très grand nombre
d'ouvriers qui sont groupés en des centres miniers fort
importants, ce qui permet des comparaisons particulièrement aisées entre les conditions dans lesquelles travaillent les mineurs de ces bassins houillers et ceux
de nos bassins français. Dans les États de Queensland
et de Victoria, les mines sont encore des facteurs importants de la prospérité industrielle; mais la majorité des
exploitations sont des exploitations d'or, plus différentes
de nos exploitations françaises ou même européennes;

j'y ai néanmoins recueilli nombre d'indications utiles.
Enfin, en Australie Occidentale, l'exploitation des mines
(mines qui sont aussi presque exclusivement des mines
d'or) constitue la branche capitale de l'activité humaine,
puisqu'elle occupe plus du dixième de la population de
l'État, et que la valeur des produits qu'elle livre représente plus des neuf dixièmes de la valeur totale des
exportations ; aussi les questions ouvrières, comme beaucoup d'autres questions, se réduisent-elles essentiellement, en Australie Occidentale, à ce qui concerne les
mines ; l'étude des solutions qui ont été données à ces
questions était donc d'un intérêt capital pour mon enquête.
Pour ce qui est de la Tasmanie, où l'industrie minérale,
jeune encore, est cependant en sérieuse voie d'accroissement, et de l'Australie du Sud, où elle est au contraire
peu développée jusqu'ici, j'ai dû me contenter de recueillir quelques textes et quelques documents statistiques.

Dans chacun des États où j'ai séjourné, je me suis
efforcé, après avoir réuni les textes des lois et règlements qui régissent la matière, de voir par moi-même et
sur place les conditions dans lesquelles ils sont appliqués, et de compléter par de fréquents entretiens avec
les directeurs de mines, les représentants des ouvriers,
et les Inspecteurs du Gouvernement, les indications que
je pouvais recueillir sur les effets de cette réglementation,
tant au point de vue de la situation des ouvriers que des
conditions économiques faites aux exploitations (*). J'ai

(*) En livrant ce travail à l'impression, ce m'est un très agréable
devoir que d'exprimer ici ma vive gratitude envers tous ceux qui ont
bien voulu faciliter mes études sur place : M. Biard d'Aunet, consul
général de France en Australie, qui a mis tant d'amabilité à user de sa
haute influence pour m'assurer un fort bienveillant accueil auprès de
toutes les autorités des différentes Colonies où j'ai circulé ; les consuls
e agents consulaires de France en Nouvelle-Zélande et en Australie,
auprès desquels j'ai trouvé un gracieux empressement ; les fonctionnaires de tous ordres des ministères des mines et les Inspecteurs du
Gouvernement, qui ont fait preuve de la plus grande courtoisie et de la

cherché, à cet effet, à passer quelques jours dans un certain nombre d'entre les plus importants des centres miniers de chacun des pays visités, à savoir : les exploitations houillères de Westport, le groupe des mines d'or de Reefton et Kumara, la province d'Otago, et le district aurifère de Thames, en Nouvelle-Zélande ; — les bassins houillers de Newcastle et de Wollongong, les célèbres mines de plomb argentifère de Broken-hill, le centre d'extraction du cuivre de Cobar, et quelques exploitations d'or, en Nouvelle-Galles du Sud ; — les houillères d'Ipswich, la mine d'or de Mount-Morgan, et le groupe des exploitations d'or de Gympie, dans le Queensland ; — les deux fameux districts aurifères de Bendigo et de Ballarat, dans l'État de Victoria ; — et enfin le groupe encore récent de Kalgoorlie (Australie Occidentale), où l'extraction de l'or contenu dans des minerais réfractaires tellurés a pris, en peu d'années, un tel développement qu'il est actuellement le plus important des centres miniers de l'Océanie, assurant largement à l'Australie Occidentale la première place pour la production de l'or en Australasie (*).

Si les conditions dans lesquelles vivent et travaillent,

plus grande obligeance envers un collègue français qu'ils n'ont pas hésité le plus souvent à accompagner dans ses tournées ; les directeurs et ingénieurs des différentes exploitations que j'ai visitées, qui m'ont toujours reçu de la façon la plus hospitalière et auxquels je suis redevable de la plupart des renseignements de fait qu'on lira ci-après ; enfin les représentants des groupements ouvriers, qui ont également mis beaucoup de complaisance à répondre à mes questions.

(*) En 1902, la production d'or des différents États de l'Australasie a été la suivante :

Australie Occidentale	58.196	kilogrammes
Victoria	22.421	—
Queensland	19.922	—
Nouvelle-Galles du Sud	5 015	—
Tasmanie	2.208	—
Australie du Sud	697	—
Nouvelle-Zélande	14.289	—
Total	122.748	kilogrammes

en fait, les ouvriers mineurs en Australasie sont, dans l'ensemble, peu différentes d'une des Colonies à l'autre, et si elles varient plus en passant d'un district à un autre d'un même État, lorsque ces districts sont dans des conditions naturelles très dissemblables, qu'elles ne varient nécessairement en franchissant la frontière de deux États, du moins les dispositions législatives qui concourent à fixer ces conditions sont-elles, comme je l'ai dit, assez notablement différentes de l'un à l'autre; très impérieuses et très complètes sur presque tous les points en Nouvelle-Zélande, elles ne le sont pas autant sur le continent australien, ou, du moins, ne m'ont-elles point paru l'être autant, plusieurs des lois qui y ont été votées à l'imitation de celles de la Nouvelle-Zélande étant encore trop récentes au moment de mon séjour là-bas pour avoir eu leur plein effet. Dans les indica-tions qui vont suivre, j'exposerai donc toujours d'abord ce qui a trait à la Nouvelle-Zélande, me réservant d'indi-quer ensuite comment les mêmes questions se posent dans les autres États, et comment elles ont été résolues tant au point de vue réglementaire qu'en fait. J'examine-rai successivement : la question des salaires et celles, qui en sont inséparables, de la durée du travail et de la somme d'efforts à fournir en échange de ces salaires, puis ce qui a trait à la protection légale des travailleurs et à leur sécurité, et enfin les dispositions relatives à la réparation des accidents du travail, aux secours aux ou-vriers malades, et aux retraites d'âge ou d'invalidité. Je terminerai en essayant de donner un aperçu de ce qu'est la situation qui est ainsi faite à l'ouvrier mineur austra-lasien.

Mais, avant d'aborder l'étude de chacun de ces groupes de questions et des solutions qui y ont été données, je crois nécessaire de présenter quelques considérations sur les conditions dans lesquelles ces solutions se trouvent être acquises, soit qu'elles soient imposées par la loi, soit qu'elles résultent d'une entente plus ou moins facile à réaliser entre les intéressés, soit qu'elles procèdent de l'arbitrage obligatoire.

PREMIÈRE PARTIE.

LES SOURCES D'OÙ DÉRIVENT LES SOLUTIONS DONNÉES AUX QUESTIONS OUVRIÈRES DANS LES MINES DE L'AUSTRALASIE.

Comme dans tous les autres pays, une partie des questions ouvrières sont résolues en Australasie par des lois ou par les règlements qui en dérivent; mais le nombre des lois ouvrières, et surtout le nombre des sujets qu'elles abordent, est beaucoup plus considérable ici que partout ailleurs. A côté des questions qui comportent une solution réglementaire, il en reste cependant un grand nombre qui ne sont généralement tranchées que par la libre initiative, ou par l'entente entre les intéressés; cette dernière peut d'ailleurs revêtir les formes les plus diverses, depuis les conditions imposées, sans discussion aucune, par le patron à l'ouvrier qui a besoin de trouver du travail pour ne pas mourir de faim, jusqu'à celles que la redoutable menace d'une grève peut conduire le patron à subir, sans oublier toutes les modalités de l'entente débattue entre patrons ou groupements patronaux, d'une part, et ouvriers ou groupements ouvriers, d'autre part, qu'elle soit réalisée directement, ou bien indirectement grâce à l'arbitrage librement accepté d'un commun accord. Mais aujourd'hui, dans plusieurs d'entre les Colonies de l'Australie, et surtout en Nouvelle-Zélande, le nombre des cas où les questions sont résolues par l'entente entre intéressés devient de plus en plus restreint, et à cette entente sont substituées de plus en plus souvent les conditions imposées par l'arbitrage obligatoire, qui, bien qu'institué par la loi, donne lieu à des décisions d'un caractère tout différent de celui des prescriptions légales ou réglementaires.

Je me propose de fournir tout d'abord ici quelques indications sur ces trois sources d'où dérivent les solutions données aux questions ouvrières, à savoir : les lois ouvrières, la libre entente, et l'arbitrage obligatoire.

CHAPITRE Iᵉʳ.

LES LOIS OUVRIÈRES.

---

§ I. — INDICATIONS GÉNÉRALES.

Très nombreuses sont les lois qui, dans les divers États de l'Australasie, touchent à la situation de l'ouvrier mineur : c'est d'ailleurs en Nouvelle-Zélande qu'elles sont le plus nombreuses, et cela d'autant plus que, comme me le disait l'un des hauts fonctionnaires de la Colonie, la Nouvelle-Zélande se considère comme un pays jeune, ayant une organisation relativement peu compliquée où les effets d'une loi se font sentir rapidement, et que, dans ces conditions, le Parlement tente facilement bien des essais en matière législative, quitte à revenir constamment sur les dispositions précédemment votées pour les amender sans cesse. Dans certaines Colonies, les lois ouvrières sont même votées seulement pour une durée limitée, dès l'abord, à quelques années. Ce sont là des conceptions peu compatibles avec celle que nous sommes habitués à nous faire de l'autorité de la loi, et de ce que devrait être le travail législatif pour maintenir cette autorité ; en Nouvelle-Zélande, on paraît en juger tout autrement, dans un certain parti politique tout au moins, et plusieurs d'entre les États du continent australien suivent plus ou moins complètement la voie qui leur est indiquée par la Nouvelle-Zélande.

Je rappelle d'ailleurs que c'est là une situation d'origine récente : jusqu'en 1890 la législation ouvrière de l'Australasie n'avait rien de bien spécial, et jusque-là les

questions ouvrières avaient été résolues, comme en Angleterre, par l'entente entre des « trade-unions » fortement organisées et les patrons. Ce n'est qu'à la suite de
la grande grève dite maritime qui, en 1890, affecta toutes
les Colonies de l'Australasie, et qui se termina par une
victoire du patronat sur les trade-unions (le différend
portait précisément sur des questions relatives à la puissance que les trade-unions prétendaient s'arroger en
face du patronat), que les Unions, renonçant à l'attitude
traditionnelle des Unions anglaises, ont eu recours à
l'action politique: Elles eurent, dès lors, au Parlement
des porte-parole constituant le « labor party », qui, sans
avoir la majorité, surent, par un jeu de bascule entre les
deux partis qui se la disputaient, s'acquérir dans presque
toutes les Colonies le pouvoir de dicter des lois accordant
aux ouvriers les satisfactions que les trade-unions
n'avaient pas encore pu leur assurer.

Dans ces conditions, l'arsenal des lois, et tout particulièrement celui des lois ouvrières, des sept Colonies est
fort compliqué, et cela d'autant plus qu'à peine votée
chaque loi nouvelle est fréquemment amendée : pour n'en
prendre qu'un exemple, je signalerai l'importante loi
néo-zélandaise sur la conciliation et l'arbitrage, qui, en
vigueur depuis le 31 août 1894, a, de 1895 à 1898, été
amendée trois fois successivement, puis a été refondue le
20 octobre 1900 dans l'espoir, sans doute, de lui donner
une forme définitive ou tout au moins durable, et qui a
déjà subi deux nouveaux amendements les 7 novembre 1901
et 20 novembre 1903.

J'aurai à revenir dans la suite sur le détail des dispositions de la plupart des lois qui touchent aux questions
ouvrières dans les mines, soit qu'elles s'appliquent à l'ensemble des industries, soit qu'elles concernent seulement
l'industrie minière; mais je crois utile d'en donner ici
une énumération pour chacune des Colonies, avec l'indi-

cation sommaire des sujets dont elles traitent, lorsque leur titre ne l'indique pas suffisamment. .

On remarquera que, dans toutes les Colonies de l'Australasie, tout ce qui touche à la réglementation du travail dans les mines (durée du travail, repos hebdomadaire, etc.), à l'hygiène et à la sécurité des mineurs, à la surveillance administrative des travaux souterrains, et même au travail des femmes et des enfants dans les mines et leurs dépendances, est réglé d'une manière particulière, et à titre d'exception formelle au droit commun industriel, par des dispositions des lois sur les mines, par des lois sur la police des mines, ou même par certaines lois toutes spéciales (comme celles relatives au travail du dimanche dans les mines). Les exploitations minérales se trouvent de la sorte exclues en principe de toutes les lois applicables à l'ensemble des usines, manufactures, etc. (*), exception faite, bien entendu, de la loi d'arbitrage, qui comporte par son essence même des solutions différentes pour les différents cas ; tant il est vrai que, même dans les pays où l'on n'hésite pas à réglementer étroitement toutes les industries, on a dû reconnaître la nécessité de soumettre l'industrie si spéciale des mines, avec ses conditions de travail, ses nécessités techniques et ses dangers exceptionnels, à la fois si particuliers et si inséparables les uns des autres, à une réglementation d'exception qui soit coordonnée en vue d'éviter que les prescriptions inspirées par des considérations d'ordres différents ne viennent à se contrarier.

Quant aux mesures de prévoyance sociale, qui trouvent leur application en dehors de la mine, pour les mineurs à peu près exactement comme pour tous autres ouvriers, et

---

(*) Sauf des lois protégeant les salaires, ou encore de lois spéciales comme celles qui instituent la police des appareils à vapeur.

pour lesquelles on n'a pas eu en Australasie, comme on l'a eue chez nous, l'idée de faire des mines une sorte de champ d'expériences (puisque là-bas on se soucie peu de s'éclairer par des expériences avant de voter des lois générales), elles sont, au contraire, toujours applicables aux mineurs au même titre qu'à tous autres ouvriers, ou même qu'à tous autres citoyens (retraites, secours en cas de maladie) ; et c'est à peine si, en matière de réparation des accidents, où reparaissent des circonstances particulières tenant aux dangers du travail souterrain, certaines Colonies ont des lois spéciales aux mines.

Dans aucune des Colonies, d'ailleurs, on n'a cru pouvoir séparer des mineurs les ouvriers des usines où doivent être traités, au sortir même des mines, les produits de celles-ci pour les rendre susceptibles d'être livrés au commerce.

Sous le bénéfice de cette observation générale, j'indique ci-dessous les différentes lois qui, dans chacune des Colonies, sont spéciales aux mines, ainsi que celles d'entre les lois ouvrières d'ordre général qui peuvent intéresser les ouvriers mineurs.

§ II. — ÉNUMÉRATION DES LOIS OUVRIÈRES DES DIFFÉRENTES COLONIES.

Nouvelle-Zélande. — Pour la Nouvelle-Zélande tout d'abord, le recueil des lois ouvrières(*) ne contient pas moins de 56 lois reproduites *in extenso* ou par extraits ; beaucoup d'entre ces lois, il est vrai, ne sont pas applicables aux mines, mais je dois citer ici les suivantes qui le sont :

La loi sur les mines (Mining Act), du 5 novembre 1898,

(*) *The Labor laws of New Zealand*, compiled by direction of the Hon. the Minister of Labour, third edition. Wellington, 1902.

sos trois amendements des 24 octobre 1899, 20 octobre 1900 et 8 novembre 1901, et les règlements rendus en vertu de cette loi, traitant, pour toutes les substances minérales autres que le charbon, de la recherche des mines, de la concession des gisements, de leur exploitation tant en ce qui concerne l'utilisation des richesses minérales que la sécurité des ouvriers, de la réglementation du travail des ouvriers mineurs, des encouragements à allouer par le gouvernement aux chercheurs ou aux exploitants de mines, du règlement des contestations auxquelles peut donner lieu l'exploitation des mines, etc.

La loi sur les mines de houille (Coal mines Act), du 25 septembre 1891, ses amendements des 6 octobre 1893, 16 octobre 1895 et 7 novembre 1901 (ces derniers amendements relatifs aux mines de houille que l'État pourrait être amené à exploiter lui-même), et les règlements rendus en vertu de cette loi, traitant, pour les gisements houillers, à peu près des mêmes questions que traitent pour les gisements métallifères la loi et les règlements sur les mines.

La loi sur l'industrie de la gomme de Kauri, du 5 novembre 1898, et son amendement du 21 octobre 1899, relatifs à l'exploitation de la gomme de Kauri, sorte de résine fossile qui est classée parmi les produits minéraux.

Les lois réglementant le travail de tout ou partie du personnel ouvrier, qui sont, en dehors des dispositions insérées à cet effet dans les lois des mines, d'abord la loi spéciale du 18 décembre 1897, destinée à limiter le travail du dimanche dans les mines (Sunday labour in mines prevention Act), et ensuite certaines lois générales, telles que : la loi du 19 octobre 1899 instituant un jour férié légal dit Fête du travail (Labour day Act), l'amendement de 1900 à la loi électorale rendant obligatoire une demi-journée de chômage à chaque jour d'élections, et la loi du

20 septembre 1895 sur les bureaux de placement (Servant's registry offices Act)(*).

Les lois destinées à assurer la protection des salaires, savoir : la loi du 6 octobre 1893 sur les salaires (Workmen's wages Act), la loi du 1er octobre 1892 qui accorde à l'ouvrier un privilège sur l'objet de son travail pour le paiement de son salaire (Contractor's and workmen's lien Act), la loi du 19 octobre 1899 protégeant les salaires (Wages protection Act), la loi du 20 septembre 1895 sur l'insaisissabilité des salaires (Wages attachement Act), la loi du 29 août 1891 pour prévenir le « truck system » (Truck Act), les dispositions de la loi de 1881 sur les licences de débits de boissons (Licensing Act) qui interdisent de payer les salaires des ouvriers dans tout débit de boissons, et enfin celles de la loi de 1892 sur les faillites (Bankruptcy Act) accordant un privilège aux créances des ouvriers pour les salaires qui leur sont dus.

Des lois édictant des mesures de police partiellement applicables aux mines et à leurs dépendances, telles que la loi sur la surveillance des machines du 15 septembre 1882 (Inspection of machinery Act) et ses amendements des 8 septembre 1883, 9 octobre 1894, 16 octobre 1896, 13 octobre 1900 et 30 octobre 1901.

Les lois sur les accidents, savoir : la loi du 18 octobre 1900 sur les indemnités à allouer aux ouvriers en cas d'accident (Workers compensation for accidents Act), la loi du 27 juillet 1901 sur les indemnités en cas

---

(*) De par son texte, cette loi, qui concerne « toute personne se livrant « ou cherchant à se livrer, moyennant salaire, à tout travail manuel, « soit comme domestique, soit dans l'agriculture ou l'élevage, soit dans « une industrie mécanique ou autre quelle qu'elle soit », paraît bien être éventuellement applicable aux ouvriers mineurs ; en fait, je ne crois pas qu'il existe nulle part de bureau de placement pour cette catégorie de travailleurs ; leurs trade-unions en tiennent lieu dans une certaine mesure.

d'accident (Accidents compensation Act), la loi du
17 août 1880 sur les indemnités en cas de mort par accident (Deaths by accidents compensation Act) et la loi
du 13 septembre 1882 sur la responsabilité des patrons
(Employers' liability Act) amendée les 19 août 1891 et
24 septembre 1892.

La loi du 21 octobre 1899 instituant l'assurance par
l'État contre les accidents (Government accident insurance Act), la loi du 13 septembre 1882 sur les sociétés
de secours mutuels (Friendly societies Act), la loi du
1er novembre 1898 sur les retraites (Old-age pensions
Act) et ses amendements des 18 octobre 1900 et 7 novembre 1901.

La loi du 31 août 1878 sur les trade-unions (Trade-
union Act) et son amendement du 12 octobre 1896, la
loi du 21 août 1894 modifiant la loi sur les conspirations
(Conspiracy law amendment Act) relativement aux
grèves.

Et, enfin, la loi du 20 octobre 1900 sur la conciliation
et l'arbitrage dans l'industrie (Industrial conciliation and
arbitration Act) et ses amendements des 7 novembre 1901
et 20 novembre 1903.

Nouvelle-Galles du Sud. — Pour les différents États du
continent australien, une énumération semblable, qui ne
serait d'ailleurs aussi étendue pour aucun d'entre eux, ne
ferait que reproduire en partie celle qui précède; elle
serait d'ailleurs malaisée à faire d'une façon complète,
faute de recueils comme celui des lois ouvrières de la
Nouvelle-Zélande.

Les principales lois de ia Nouvelle-Galles du Sud auxquelles j'aurai à me référer sont :

La loi sur les mines (Mining Act) du 16 avril 1874 et
ses six amendements successifs, qui traitent de l'appropriation et de l'exploitation des gisements métallifères, et

spécialement des gisements d'or; la loi du 22 décembre 1899 sur l'exploitation de l'or ou d'autres métaux par dragage ou par des procédés analogues (Gold and mineral dredging Act), et la loi spéciale de police des mines métalliques du 28 décembre 1901 (Mines inspection Act);

La loi du 22 septembre 1896 sur les mines de charbon (Coal mines regulation Act), qui est essentiellement une loi de police et qui, postérieurement à mon séjour, a été refondue à la date du 9 septembre 1902;

La loi du 11 mars 1857 sur les patrons et les ouvriers (Masters and servants Act);

La loi du 6 décembre 1897 sur la responsabilité des patrons en cas d'accident (Employers' liability Act), la loi du 5 novembre 1900, amendée le 28 décembre 1901, sur les secours aux ouvriers mineurs victimes d'accidents (Miners' accident relief Act);

La loi sur les sociétés de secours (Friendly societies Act) du 5 décembre 1890, et ses amendements des 11 décembre 1900 et 28 décembre 1901; la loi sur les retraites (Old-age pensions Act) du 11 décembre 1900;

La loi sur les trade-unions (Trade union Act) du 16 décembre 1881, et, enfin, la loi du 10 décembre 1901 sur l'arbitrage dans l'industrie (Industrial arbitration Act).

Victoria. — Parmi les lois de l'État de Victoria, dont la législation ouvrière est d'ailleurs très complète, je citerai :

La loi des mines (Mines Act) du 10 juillet 1890, modifiée le 27 septembre 1897, qui traite de tout ce qui est relatif à l'appropriation et à l'exploitation de tout gisement métallifère ou minéral; elle est complétée par une série de règlements rendus par le Gouvernement en vertu de ses stipulations, et en outre par les règlements spéciaux des tribunaux miniers (Mining boards) des différents districts aurifères, qui fixent les règles suivant lesquelles seront tranchés les conflits s'élevant entre chercheurs d'or ;

La loi du 10 juillet 1890 sur les sociétés de secours mutuels (Friendly societies Act) avec ses amendements des 23 décembre 1891, 10 février 1896 et 17 octobre 1900, et la loi sur les sociétés de prévoyance de 1890 (Provident societies Act) avec son amendement du 26 septembre 1897 ;

La loi sur les retraites (Old-age pensions Act) du 11 décembre 1901.

Queensland. — Pour le Queensland, les lois réglant ces mêmes objets sont beaucoup moins nombreuses et moins complètes, et je ne mentionnerai pour le moment que la loi des mines (Mining Act) du 30 décembre 1898, amendée à la date du 27 décembre 1901, qui traite de tout ce qui est relatif à l'appropriation et à l'exploitation de tous gisements minéraux (or, métaux divers et charbon) ; elle est complétée par un règlement du 10 mars 1900 en 247 articles.

Australie Occidentale. — En Australie Occidentale, la législation ouvrière, surtout en ce qui touche aux mines, s'est rapidement développée au cours de ces dernières années.

La recherche et l'exploitation de gîtes d'or sont régis, d'une part, par la loi sur les champs d'or (Goldfields Act) du 12 octobre 1895, avec ses amendements des 27 octobre 1896, 28 octobre 1898 et 5 décembre 1900, et les règlements rendus en vertu de cette loi, ainsi que par la loi sur l'exploitation de l'or à l'aide de sluices ou de dragues (Sluicing and dredging for gold Act) ; et, d'autre part, par la loi sur les exploitations minières dans les propriétés privées (Mining on private property Act) du 20 octobre 1898, son amendement du 16 décembre 1899, et les règlements annexes.

L'appropriation des gîtes minéraux autres que l'or fait l'objet d'une loi spéciale sur les terrains miniers (Mineral lands Act) en date du 1er février 1893, amendée les 13 octobre 1895 et 16 décembre 1899.

Enfin, la police des exploitations est réglée par deux lois : la première (Mines regulation Act), en date du 12 octobre 1895, amendée le 16 décembre 1899, vise l'ensemble des gîtes minéraux, et la seconde (Coal mines regulation Act), en date du 19 février 1902, est spéciale aux mines de houille; l'une et l'autre sont complétées par des règlements.

A côté de ces lois se placent encore les suivantes :

La loi du 16 décembre 1899 sur le travail du dimanche dans les mines (Sunday labour in the mines Act);

La loi du 19 février 1902 sur les indemnités aux ouvriers en cas d'accident (Worker's compensation Act);

La loi du 23 novembre 1894 sur les sociétés de secours mutuels (Friendly societies Act);

La loi du 19 février 1902 sur les trade-unions (Trade unions Act);

Et, enfin, la loi du 5 décembre 1900, modifiée le 19 février 1902, sur la conciliation et l'arbitrage dans l'industrie (Industrial conciliation and arbitration Act).

Australie du Sud et Tasmanie. — Dans les autres États de l'Australie, Australie du Sud et Tasmanie, où les industries en général, et l'industrie minière en particulier, sont beaucoup moins développées que dans ceux que je viens de passer en revue, la législation ouvrière, qui s'inspire des mêmes tendances générales, est moins complète, et je n'ai aucune particularité spéciale à en mentionner ici.

Au moment où j'ai quitté l'Australie, il n'y avait à ajouter à l'énumération que je viens de faire, relativement aux six États de la Confédération Australienne, aucune loi ouvrière fédérale applicable à l'ensemble de ces États. Cependant la Constitution de la Confédération donne au Parlement Fédéral le droit de légiférer, entre autres sujets, sur les « pensions d'âge et d'invalidité », et sur « la conciliation et l'arbitrage en vue d'éviter ou de régler les différends industriels s'étendant au delà des limites d'un seul État ». Une loi sur ce dernier sujet vient d'être votée et doit donc désormais être ajoutée à la liste qui précède.

CHAPITRE II.

LA LIBRE INITIATIVE ET L'ENTENTE ENTRE INTÉRESSÉS.

De ces facteurs de la solution des questions ouvrières, je n'ai que peu de chose à dire d'une façon générale, sinon que le rôle qu'ils jouent en fait devient de jour en jour moins important, à mesure que l'arbitrage obligatoire s'introduit successivement dans la législation des différents États, et à mesure que l'on y recourt plus fréquemment.

§ I. — La libre initiative.

La libre initiative ne paraît avoir jamais eu qu'un rôle restreint en Australasie ; du côté des patrons, elle est tout à fait inconnue, et je n'ai pas été sans être fort surpris de constater que les institutions patronales (secours en cas de maladie, retraites, habitations ouvrières, etc.), qui ont en France — et surtout qui y ont eu avant l'intervention des lois récentes — une si notable importance, et souvent de si utiles effets, sont, et paraissent avoir toujours été, complètement inconnues en Australasie. Ce n'est pas d'ailleurs que les lois n'aient pas laissé à l'initiative des patrons matière à s'exercer, surtout autrefois, et la meilleure preuve en est que celle des ouvriers y a suppléé dans une certaine mesure ; c'est plutôt, semble-t-il, que le patron, toujours habitué à une âpre discussion des conditions du travail entre ses ouvriers et lui, était peu tenté, après avoir cédé à leurs revendications ce qui lui paraissait indispensable, de faire quoi que ce soit de plus sous une autre forme.

Du côté des ouvriers, au contraire, la libre initiative s'exerce souvent, grâce aux « Unions », qui non seulement constituent des groupements ayant pour but, comme nos syndicats ouvriers, la défense des intérêts collectifs contre le patronat, mais qui sont encore des sociétés de secours soit pour le cas d'accident, soit surtout pour le cas de maladie ; et c'est là, à côté de l'inaction patronale, et je dirai presque en compensation de celle-ci, un trait général, qui m'a d'autant plus vivement frappé que pareille chose est inconnue chez nous.

§ II. — L'ENTENTE ENTRE INTÉRESSÉS.

Quant à l'entente entre les intéressés, elle a joué dans le temps en Australasie, et continue à jouer dans quelques-uns des États, un rôle d'autant plus important que les ouvriers sont, d'une part, plus régulièrement et plus solidement organisés, et, d'autre part, moins habitués à se laisser dicter les conditions du travail par le patronat, et plus prompts au contraire à chercher à lui imposer leurs exigences, fût-ce par la grève.

Aussi les conditions du travail étaient-elles le plus souvent, dans le temps, et sont-elles encore parfois actuellement, réglées, jusque dans leurs plus petits détails, par de véritables contrats (agreements) entre patrons et unions ouvrières, contrats qui ont presque toujours pour origine quelque grève à laquelle ils ont mis fin. Aujourd'hui, dans les États où l'arbitrage est devenu obligatoire, on voit se substituer peu à peu à ces arrangements des sentences arbitrales (awards), qui tranchent avec une pleine autorité les questions que ceux-ci réglaient autrefois. Néanmoins l'entente se réalise encore parfois à l'amiable ; mais, là où l'arbitrage est obligatoire, une telle entente amiable ne correspond guère, au fond, à un consentement vraiment libre de l'une et l'autre parties (pas plus qu'autrefois sous menace ou à la suite d'une longue grève), et elle dérive plutôt de la crainte que l'un au moins des contractants a de la solution qui lui serait imposée par les arbitres à défaut de cette entente amiable.

L'importance du rôle de l'entente entre intéressés diminue donc de plus en plus aujourd'hui, devant l'importance sans cesse croissante de l'arbitrage obligatoire, dont il me reste à parler.

CHAPITRE III.

L'ARBITRAGE OBLIGATOIRE.

Comme l'indique l'énumération qui précède des lois ouvrières des différentes Colonies de l'Australasie, l'arbitrage est actuellement rendu obligatoire par la loi en Nouvelle-Zélande, en Nouvelle-Galles du Sud et en Australie Occidentale ; il y a également une loi d'arbitrage officiel en Australie du Sud. D'autre part, dans l'État de Victoria, la loi sur les fabriques et magasins (Factories and shops Act) a édicté des dispositions qui équivalent à peu près à l'arbitrage obligatoire en ce qui touche à la fixation des salaires ; mais cette loi, qui s'applique à la plupart des industries, ne concerne précisément pas celle des mines que j'avais uniquement à considérer ; j'en dirai cependant quelques mots. Enfin, tout récemment, le Parlement Fédéral australien vient, comme je l'ai dit ci-dessus, de voter une loi d'arbitrage obligatoire applicable à tous les conflits intéressant plusieurs États, c'est-à-dire à tous les conflits dans lesquels se trouve engagée une fédération d'organisations ouvrières ou patronales s'étendant sur plus d'un État. Je n'ai encore connaissance d'aucun cas d'application aux mines de cette loi, dont le vote a été postérieur de longtemps à mon séjour en Australie.

Des quatre lois d'arbitrage de la Nouvelle-Zélande, de la Nouvelle-Galles du Sud, de l'Australie Occidentale et de l'Australie du Sud, deux seulement, celles de la première et de la dernière de ces Colonies, sont suffisamment anciennes pour que j'aie pu en étudier les effets ; elles datent l'une et l'autre de 1894. Celle de la Nouvelle-Zélande a été déjà appliquée dans nombre de circonstances diverses, et son application peut donner lieu à bien des

remarques intéressantes; mais celle de l'Australie du
Sud, au contraire, est pratiquement restée lettre morte
jusqu'ici. Inversement les deux autres étaient encore
toutes récentes lors de mon séjour en Australie (février,
mars, août et septembre 1902), puisqu'elles datent, celle
de l'Australie Occidentale du 5 décembre 1900, et celle
de la Nouvelle-Galles du Sud du 10 décembre 1901; elles
ne donnaient donc pas matière à des constatations aussi
intéressantes qu'en Nouvelle-Zélande.

§ I. — NOUVELLE-ZÉLANDE.

C'est la loi d'arbitrage obligatoire de la Nouvelle-
Zélande, qui a d'ailleurs servi de modèle à ces deux
autres, dont je parlerai tout d'abord; comme elle vient
d'être publiée en français d'une façon presque intégrale,
parmi les annexes au rapport à la Chambre des députés
de M. Colliard sur les différends relatifs aux conditions
du travail (*), je renvoie le lecteur à ce document; je
crois néanmoins utile d'en résumer ici les dispositions
principales.

Promulguée pour la première fois à la date du
31 août 1894, elle a été successivement modifiée en
1895, 1896 et 1898; puis elle a subi en 1900 une
refonte complète, qui l'a profondément transformée, et
qui a abouti à la rédaction de la nouvelle loi du 20 octobre 1900. A la date du 7 novembre 1901, puis du
20 novembre 1903, il y a été apporté de nouvelles modifications, dont on trouvera le texte, soit incorporé à celui

---

(*) Annexe au procès-verbal de la troisième séance de la Chambre des
députés du 22 décembre 1904. *Rapport fait au nom de la Commission
du travail chargée d'examiner les propositions de loi de MM. Millerand,
Paul Constans et Rudelle, concernant les différends relatifs aux conditions du travail et le droit de grève, par M. Colliard, député (Annexes,
p p. 84 à 106).*

de la loi elle-même, soit à la suite de celui-ci (*), dans le rapport que je viens de citer.

Résumé des dispositions de la loi. — Dans ces conditions, les dispositions actuelles de la loi sur la conciliation et l'arbitrage dans l'industrie peuvent se résumer ainsi qu'il suit.

L'arbitrage est rendu pratiquement obligatoire par le droit que peuvent s'assurer à l'avance les uns et les autres de ceux, patrons ou ouvriers, qui ont qualité pour être « parties » (party) dans un « différend industriel » (industrial dispute), de citer les autres devant un « Comité de conciliation » (Board of conciliation), et par l'obligation qui est imposée à ceux qui ne veulent pas conclure un « arrangement » (industrial agreement) suivant les « recommandations » du Comité, d'en appeler à la « Cour d'arbitrage » (Court of arbitration). La sentence (award) que rendra la Cour les obligera, tout comme le feraient des lois et règlements ; l'effet de cette sentence peut, d'ailleurs, s'étendre à des patrons et à des ouvriers dont ni les uns ni les autres ne l'ont sollicité.

La loi a, en premier lieu, à définir les personnes qui auront qualité pour recourir à la procédure de conciliation et d'arbitrage, celles qui pourront être citées devant les Comités ou la Cour, et enfin celles qui pourront être liées par les arrangements conclus de la sorte ou par les sentences rendues.

Pour ce qui est tout d'abord de ce dernier point, *toute personne*, du seul fait qu'elle exerce ou qu'elle viendra à exercer, à titre de patron ou à titre d'ouvrier, une industrie déterminée dans une région déterminée (**), pourra

---

(*) *Ibid.*, p. p. 107 et 108.

(**) Théoriquement, dans un district déterminé, la procédure de conciliation et d'arbitrage ne pourrait légalement être entreprise par personne pour une industrie dont les ouvriers n'auraient, dans ce district,

se voir liée, à peine d'amende, par une sentence (§§ 3, 4, 5 et 6 de l'article 86 de la loi modifiée par l'amendement de 1901, et art. 87, § 3). Les sentences de la Cour se trouvent donc en fait régir, comme le feraient des lois et des règlements, des groupes d'entreprises (de jour en jour plus nombreux) plus ou moins importants, comprenant non seulement les entreprises existant à une époque déterminée, mais encore celles qui viendront à se créer ultérieurement.

Pourront être cités devant les Comités de conciliation, puis devant la Cour d'arbitrage, c'est-à-dire être « parties » dans un différend industriel (ce qui revient simplement à ajouter qu'ils ont la certitude de pouvoir se faire entendre, puisque, comme je viens de l'indiquer, patrons comme ouvriers peuvent se trouver liés par une sentence sans avoir été préalablement cités et entendus), tous patrons, d'une part, et, d'autre part, ceux d'entre les ouvriers qui seront constitués en une association de sept membres au moins (association qui est en fait le plus souvent une trade-union) qui se soit soumise à un enregistrement. Cet enregistrement ne peut d'ailleurs avoir lieu que si les statuts de l'association satisfont à certaines conditions, qui assurent la régularité de sa constitution (art. 5) ; il lui confère une personnalité au point de vue de l'application de la loi d'arbitrage et une personnalité civile plus ou moins restreinte (art. 16 et 18).

Pourront enfin en appeler aux Comités de conciliation, puis à la Cour, toutes associations formées, dans les conditions que je viens d'indiquer sommairement, soit entre des ouvriers au nombre de sept au moins, soit entre des patrons au nombre de deux au moins (une telle associa-

---

constitué aucune des unions professionnelles ci-après définies, puisque des ouvriers isolés ne peuvent pas constituer une des « parties » prévues par la loi. Il ne semble pas d'ailleurs que ce cas puisse se présenter dans la pratique avec quelque intérêt.

tion est désignée sous le nom d'union professionnelle), ou
toutes fédérations de semblables groupements, ou toutes
trade-unions, qui se seront fait régulièrement enregistrer. De telles associations, lorsqu'elles sont constituées entre ouvriers, peuvent d'ailleurs (art. 23, §§ 1
et 5) citer, non seulement tout ou partie des patrons des
uns ou des autres de leurs membres, mais même tous les
patrons exerçant des industries identiques ou connexes à
celles que leurs membres exercent; cela enlève aux
patrons la possibilité d'échapper à la menace de l'arbitrage,
en n'employant que des ouvriers ne faisant pas partie de
semblables associations.

Lorsqu'un différend vient à s'élever entre patrons et
ouvriers sur les conditions du travail, les uns ou les
autres d'entre les intéressés peuvent porter le différend
devant un Comité de conciliation (art. 52), à la seule
condition de réunir la majorité dans l'une des associations
ci-dessus définies [le bureau d'une de ces associations n'a
pas le droit à lui seul de réclamer le bénéfice de la loi, il
ne peut le faire que conformément à une délibération d'une
assemblée générale extraordinaire, prise à la majorité des
membres présents (*)]. Dès lors se trouve, de ce fait, enlevée
aux intéressés, sous menace d'une pénalité (**) de 50 £
(1.250 francs), toute liberté de faire grève ou de licen-
cier leur personnel (art. 100 modifié par l'amendement
de 1901); en conséquence, tous les points sur lesquels
porte le différend seront nécessairement, et pour une
certaine durée, réglés d'une façon impérieuse pour l'une

(*) Jusqu'à l'amendement de 1901, la loi disait : à la majorité des
membres de l'association.

(**) Les pénalités prévues par la loi d'arbitrage (penalty) ne sont ni
des amendes, puisqu'elles sont infligées à l'une des parties au profit de
l'autre, ni des dommages-intérêts, puisque leur montant (ou leur maximum) est fixé par la loi, et qu'elles sont prononcées par la Cour sans
avoir nécessairement égard à l'importance du dommage causé à la partie
adverse.

et l'autre parties, le patron ne pouvant se soustraire auxdites obligations qu'en cessant son industrie, et l'ouvrier qu'en quittant le travail dans l'industrie en question. Toutefois les unions professionnelles ouvrières (et non les unions patronales) peuvent, en se dissolvant, faire tomber l'effet de tout arrangement (art. 24, § 4) et se soustraire à l'observation de toute sentence (art. 86, § 1er, dernier alinéa); il semble cependant que, si un tel cas venait à se produire, les ouvriers occupés dans l'industrie intéressée resteraient (en vertu de l'article 87, § 3) soumis individuellement aux stipulations de la sentence pendant toute la durée primitivement assignée par la Cour.

J'ajoute que, si le règlement ainsi réalisé n'a qu'une durée limitée, l'une et l'autre parties ne retrouveront pas leur liberté au bout de cette durée, puisque tout arrangement conclu (art. 24, § 4) ou toute sentence rendue (art. 86, § 1er, dernier alinéa) reste obligatoirement en vigueur jusqu'à ce qu'un nouvel arrangement ou une nouvelle sentence y ait été substitué, à moins de la disparition de l'association ouvrière intéressée. La Cour a d'ailleurs, à toute époque, le droit de revenir, soit spontanément (art. 87, § 1er), soit à la demande de l'une des parties (art. 88, § 1er), sur toute sentence précédemment rendue; elle peut, en particulier, en proroger la durée si elle le juge opportun, sans que celle-ci puisse néanmoins dépasser trois ans.

Les Comités de conciliation, auxquels les différends sont tout d'abord soumis, n'interviennent que pour chercher un terrain d'entente entre les deux parties; ils ne peuvent, s'ils n'arrivent pas à réaliser cette entente, que faire des « recommandations ». Ces recommandations ont besoin, pour avoir quelque effet, d'être sanctionnées par un arrangement librement consenti entre patrons et ouvriers, ou tout au moins d'être tacitement acceptées en vue d'éviter le recours à la Cour d'arbitrage (art. 58, § 2).

3

Si, au contraire, les intéressés ne veulent pas se conformer aux recommandations du Comité, il leur faut, pour s'y soustraire, porter la question devant la Cour d'arbitrage, qui la tranchera par une sentence ; une telle sentence peut obliger, non seulement les parties qui ont réclamé le bénéfice de la loi et les parties contre lesquelles ce bénéfice a été réclamé, c'est-à-dire les patrons et ouvriers entre lesquels le différend s'est élevé (*), mais encore, à la discrétion de la Cour, tous patrons et ouvriers exerçant la même industrie dans tout ou partie du même district de la Colonie (§§ 3, 4, 5 et 6 de l'article 86 modifié par l'amendement de 1901), ou même, éventuellement, dans un point quelconque de la Colonie (art. 87, § 2, modifié par l'amendement de 1903).

Qu'un tel différend ait été réglé par voie d'arrangement amiable ou par voie de sentence, tous les intéressés sont, sous menace de pénalités, obligés de s'y conformer, à moins de renoncer à exercer dans le district l'industrie en question ; néanmoins tous arrangements ou sentences peuvent être ultérieurement modifiés, soit par l'entente amiable de toutes les parties, soit par décision de la Cour (art. 87, § 1er).

Quant aux conditions dans lesquelles doivent se for-

(*) Le plus souvent, dans la pratique, l'effet de la sentence se limite à ceux-ci : il faut d'ailleurs ajouter que, pour presque toutes les industries, il existe, soit une trade-union unique par district industriel, soit différentes trade-unions fédérées, et que les différends sont, de la sorte, soulevés en même temps pour tout un district : il y a naturellement d'assez fréquentes exceptions à cette règle générale, et les mines, tout particulièrement, en donnent de nombreux exemples, les conditions techniques du travail et les habitudes se trouvant différentes d'une mine à l'autre, ou tout au moins d'une région minière à l'autre, dans un même district industriel. Il en résulte qu'actuellement les conditions du travail dans les mines de même nature d'un district industriel sont souvent réglées par deux ou trois sentences distinctes : tel est, par exemple, le cas des trois sentences différentes relatives aux mines de houille du district de West-Coast.

mer et fonctionner les Unions professionnelles, je ren-
verrai au texte même de la loi (art. 5 à 22). Je ferai
seulement observer que, même sous ces conditions, la
constitution n'en est en théorie pas absolument libre :
l'enregistrement, qui sanctionne leur existence et qui
leur assure les avantages prévus par la loi, peut en effet
être refusé par le préposé aux enregistrements, et, en
appel, par la Cour d'arbitrage, en raison de l'existence
préalable, dans la même localité ou dans le même district,
d'une Union professionnelle d'ouvriers ou de patrons relative à la même industrie, à moins cependant que les
membres de la nouvelle union à former n'établissent
qu'en raison d'un éloignement trop grand, d'une diversité
d'intérêts, ou de tout autre motif sérieux, il serait préférable pour eux de constituer une union séparée (art. 11).
Cela revient à dire que, s'il existe déjà dans le district
une Union d'ouvriers du même corps de métier, il ne suffit
pas fatalement de la volonté d'un groupe de sept ouvriers
quelconques qui formeraient une autre Union pour pouvoir
soulever un différend et provoquer un arbitrage ; cela
pourrait être, dans une certaine mesure, une garantie pour
les patrons (bien qu'il ne semble pas que cette stipulation
de la loi ait jusqu'ici été considérée comme telle),
puisque ce ne serait ainsi que la majorité des ouvriers
du district, ou du moins la majorité des ouvriers syndiqués, qui pourrait soulever un différend.

Les ouvriers ont d'ailleurs parfois (pas en Nouvelle-
Zélande à ma connaissance, mais en Nouvelle-Galles du
Sud tout au moins) réclamé la stricte limitation, à une
seule par profession et par district, du nombre des Unions
régulièrement enregistrées ; ils alléguaient que, sans
cela, il serait aisé aux patrons de provoquer la création
d'une union dissidente (ce que nous appellerions en France
un syndicat jaune), qui aurait soin de conclure avec les
patrons un arrangement fixant les conditions du travail au

gré de ceux-ci, et ensuite de le faire enregistrer afin de lui donner, en vertu des dispositions de l'article 28, §2, de la loi, la valeur d'une sentence de la Cour; et cela dans l'espoir qu'en cas de différend avec l'autre union (le syndicat rouge) cet arrangement ainsi homologué pourrait être opposé avec succès à la Cour si elle était tentée d'accorder quelque chose aux ouvriers; je rappelle cependant que la Cour a pleins pouvoirs pour substituer une sentence à un tel arrangement.

Ici se pose cette autre question de savoir si les Unions professionnelles ainsi fondées sont nécessairement ouvertes à tous les intéressés. Cela ne résulte pas des dispositions légales relatives aux conditions auxquelles doivent satisfaire leurs statuts pour qu'elles puissent être enregistrées (art. 5); et la Cour d'arbitrage l'a reconnu implicitement, lorsque, en insérant dans ses sentences la clause de préférence dont je ferai mention ci-après, elle a imposé à diverses Unions l'obligation d'admettre dans leur sein tout ouvrier de l'industrie intéressée, à la seule condition qu'il paye les droit d'admission et cotisations mensuelles, et sans qu'il y ait besoin qu'il soit élu ou accepté par un vote(*). J'ajoute qu'il paraît aller de soi qu'on ne pourrait refuser l'enregistrement d'une nouvelle Union du fait de l'existence antérieure d'une Union qui ne serait pas pratiquement ouverte à tous; néanmoins la Cour d'arbitrage serait souveraine pour décider de la question dans un sens ou dans l'autre.

Les conditions dans lesquelles sont constitués les Comités de conciliation et la Cour d'arbitrage sont détaillées par les articles 34 à 49 et 59 à 70 de la loi. Les Comités sont uniques pour chaque district industriel (**)

(*) Voir la sentence arbitrale ci-annexée relative au différend des mines d'or du district d'Hauraki [art. 16 et 17 de la sentence, et § 6 des considérants qui la précèdent].

(**) Les districts industriels sont au nombre de sept, qui se partagent toute l'étendue de la Nouvelle-Zélande.

et pour l'ensemble des industries de ce district; ils ne peuvent donc avoir aucune compétence spéciale pour les affaires qu'ils ont à examiner. C'est là un inconvénient dont on s'est souvent plaint, et qui a donné lieu, d'abord à la faculté, laissée par les articles 50 et 51 de la loi de 1900, puis à l'obligation, imposée par l'amendement de 1901 (art. 6), au Gouverneur, de constituer, à la requête de l'une ou l'autre des parties, un comité spécial de conciliation formé de gens experts en la matière en vue de tout différend déterminé. D'autre part, les Comités de conciliation n'ont pas d'autorité effective; ils sont donc le plus souvent de peu d'utilité (sur 109 différends portés devant les Comités jusqu'au 30 juin 1900, 73 ont été soumis à la Cour), et leur intervention ne fait qu'allonger les délais pendant lesquels les différends restent en suspens; c'est ce qui a donné lieu à l'insertion dans l'amendement de 1901 (art. 21) d'une clause laissant à l'une ou à l'autre des parties la faculté de demander immédiatement l'intervention de la Cour d'arbitrage.

Les membres des Comités, comme de la Cour, sont désignés par moitié par les ouvriers et par moitié par les patrons, tandis que le président est nommé dans des conditions qui doivent lui assurer l'impartialité entre les deux parties. Les Comités comprennent deux ou quatre membres élus, généralement quatre; à leur élection prennent part, dans les conditions fixées par les articles 35 à 49, d'un côté toutes les Unions patronales régulièrement enregistrées du district, et, d'autre part, toutes les Unions ouvrières enregistrées de même; une fois élus, les membres du Comité choisissent un président en dehors de leur sein. La Cour est composée de trois membres : un représentant des patrons, un représentant des ouvriers et un président choisi parmi les juges du tribunal suprême, c'est-à-dire parmi les magistrats exerçant la plus haute juridiction de la Colonie; tout comme le président, les

membres sont nommés par le Gouverneur, mais ils doivent
être pris parmi les personnes désignées à son choix (si
toutefois il y en a eu de désignées en temps voulu) par
le vote, d'une part de toutes les Unions patronales, et
d'autre part de toutes les Unions ouvrières de la Colonie
(art. 61 à 70).

Les Comités et la Cour délibèrent à la majorité des
suffrages ; le président ne vote que lorsqu'il est nécessaire, comme cela arrive d'ailleurs le plus souvent, de
départager les membres ouvriers et patrons.

Les pouvoirs donnés aux Comités de conciliation ne
sont souvent pas effectifs, comme je l'ai déjà indiqué,
puisque ces comités ne peuvent que faire des recommandations en vue de faciliter un accord entre les intéressés,
et qu'enregistrer, le cas échéant, pour lui donner une forme
solennelle, cet accord ou arrangement industriel, qu'il soit
conclu avant ou après que le Comité a fait connaître ses
recommandations. Cependant les Comités de conciliation
ont, pour poursuivre leurs enquêtes, des pouvoirs presque
aussi étendus que la Cour, sauf le droit d'exiger la production des livres de commerce (art. 53, 2°); mais, en
fait, comme je l'ai dit, ils ne paraissent jouir que de peu
d'autorité, surtout lorsqu'il s'agit d'industries importantes.

Les pouvoirs de la Cour sont au contraire extrêmement étendus et effectifs ; elle n'a cependant pas celui
de se saisir elle-même d'un différend (art. 71). Ses
décisions ne sont susceptibles d'aucun appel devant aucune
juridiction, ni pour vice de forme, ni autrement (art. 90) ;
c'est elle qui connaît de toutes les contestations que
peuvent soulever l'interprétation ou l'observation de ses
sentences.

Ses attributions comportent tout d'abord le droit de
rendre des sentences relativement à toutes les industries,

telles que les définit l'article 2 de la loi, et au sujet de toutes « questions industrielles » soulevées par le différend, questions dont la loi donne (art. 2) une énumération, nullement limitative, qui comprend en particulier tout ce qui touche : aux salaires (l'article 92 de la loi donne d'ailleurs formellement à la Cour le droit de fixer un taux de salaires minimum), à la durée du travail, et à l'emploi de telle ou telle catégorie de personnes (*) (femmes, enfants, jeunes ouvriers) ou de telles ou telles personnes en particulier de préférence à d'autres (membres des Unions plutôt qu'ouvriers non-unionistes). Néanmoins la loi a refusé à la Cour (art. 86, § 2) le droit de fixer un âge déterminé pour le début ou la fin de l'apprentissage.

En vue d'obtenir tous éléments d'information utiles, la Cour a les pouvoirs ordinairement réservés à la justice pour citer des témoins et les interroger (art. 77), pour visiter les établissements industriels (art. 108), pour exiger la production des livres (art. 77, § 3), pour commettre des experts (art. 101), etc.

Toute sentence de la Cour, qui est naturellement applicable à tous les patrons et ouvriers qui étaient parties au débat, l'est, en outre, au gré de la Cour, aux patrons et aux ouvriers de la même industrie ou des industries connexes (art. 23) dans tout le district industriel (art. 86, 3°); elle peut d'ailleurs en restreindre l'application à une partie seulement de ce district (art. 86, §§ 4, 5 et 6 ajoutés par l'amendement de 1901) ; inversement elle peut rendre sa sentence applicable à ces mêmes industries dans d'autres districts, sous cette double condition : 1° que les produits fabriqués ou exploités dans le district visé tout d'abord par la sentence entrent en concurrence avec ceux provenant des autres districts ; et 2° que ladite sentence lie

---

(*) Elle peut de la sorte compléter, et même aggraver, certaines sujétions légales.

déjà la majorité des personnes de la Colonie engagées dans l'industrie en question (art. 87, § 2 modifié par l'amendement de 1903) ; la loi ajoute d'ailleurs cette garantie que tous les intéressés ont le droit d'exiger une enquête spéciale de la Cour sur leur cas.

La Cour peut, dans toute sentence, édicter, à l'égard de ceux — unions patronales, patrons, ou unions ouvrières — qui ne l'observeraient pas, des pénalités atteignant jusqu'à 500 £ (art. 91) ; elle peut même se trouver amenée, par application de ses pouvoirs, à aggraver les sanctions légales pour contraventions à certaines lois (*). Elle est en outre chargée (art. 94, §§ 1 à 6) d'appliquer les pénalités ainsi prévues, et elle a le droit d'ordonner qu'elles soient payées, à titre d'indemnité, à la partie lésée. Elle inflige d'ailleurs généralement ces pénalités sur la dénonciation, soit de ladite partie lésée (à condition que celle-ci ait qualité pour en appeler à la Cour, c'est-à-dire soit une union professionnelle régulièrement enregistrée), soit du préposé aux enregistrements, soit de l'Inspecteur des fabriques (**) (art. 16 de l'amendement de 1901), lequel (suppléé par l'Inspecteur des mines en matière de mines) est formellement chargé par l'article 7 de l'amendement de 1903 de veiller à l'exécution des sentences de la Cour. En cas de semblables condamnations, les biens des Unions servent de gage, et les membres des Unions peuvent être recherchés individuellement jusqu'à concurrence de 10 £ chacun (art. 94, 6°).

Enfin les ouvriers qui ne font pas partie de l'Union ou des Unions intéressées, mais qui, ainsi que je l'ai déjà mentionné, sont également liés par toute sentence pour peu qu'ils travaillent dans une industrie à laquelle elle s'applique, sont également passibles de pénalités, pouvant

---

(*) Voir, par exemple, l'article 29 de la sentence ci-annexée relative aux mines d'or d'Hauraki.

(**) Fonctionnaire correspondant à l'Inspecteur du travail chez nous.

s'élever jusqu'à 10 £, s'ils manquent à s'y conformer (art. 87, 3°).

Mentionnons enfin une série de dispositions destinées à éviter toute obstruction de la part des uns ou des autres d'entre les intéressés, soit en ce qui touche à la constitution des Comités ou de la Cour, soit en ce qui touche aux comparutions devant eux. La loi prévoit qu'il sera passé outre à tout défaut.

Application de la loi. — Telle est, dans ses grandes lignes, la loi néo-zélandaise sur la conciliation et l'arbitrage. Sans qu'il soit absolument exact, à la lettre, de dire qu'elle soumet nécessairement tout différend industriel à un arbitrage obligatoire, et qu'elle prétend interdire dès lors toute grève aux Unions ouvrières et tout lock-out aux patrons (en rendant passibles de pénalités ceux qui y recourraient avant l'intervention de la sentence, ou ceux qui ne se conformeraient pas ensuite à celle-ci), cela semble bien être exact dans la pratique : la majorité des ouvriers syndiqués peut contraindre les patrons à l'arbitrage, de même que la majorité de ceux-ci peut y contraindre les ouvriers pour peu que ces ouvriers aient constitué une Union régulièrement enregistrée, si peu nombreuse soit-elle. En outre, la Cour peut, en profitant de cas qui se présenteront toujours tôt ou tard, et qui en fait se présentent très fréquemment, soumettre à ses sentences les conditions du travail de tels ouvriers qu'elle voudra chez tels patrons qu'elle voudra.

Cette loi a, dans ces conditions, abouti à la réglementation minutieuse des rapports entre patrons et ouvriers dans presque toutes les affaires. C'est ce que j'ai bien constaté pour les sept groupes d'exploitations minérales de diverses natures que j'ai visités dans les trois principaux districts miniers de la Nouvelle-Zélande. Pour trois d'entre eux, les conditions du travail étaient réglées par

des sentences de la Cour d'arbitrage, et pour un quatrième par un arrangement amiable substitué à une sentence venue à échéance. Pour deux autres, des différends
étaient pendants devant un Comité de conciliation ou
devant la Cour d'arbitrage, et ils ont été réglés depuis
par des sentences de la Cour. Enfin, pour un seul de ces
groupes d'exploitations (exploitations d'alluvions aurifères
de la région de Kumara), les ouvriers n'avaient pas
formé d'Unions, et les salaires, aussi bien que les autres
conditions du travail, étaient réglés par libre entente
conformément aux habitudes de la région ; il faut d'ailleurs dire qu'il s'agissait là de lavages de sables aurifères
pauvres (soit à l'aide de géants californiens auxquels des
canalisations faites par l'État et louées aux particuliers
fournissent l'eau sous pression nécessaire, soit par dragage), poursuivis par des entrepreneurs généralement
modestes, occupant à peine quelques hommes à la fois, et
à côté desquels beaucoup d'ouvriers associés entre eux
au nombre de trois ou quatre lavent du sable pour leur
compte, en gagnant bien souvent, pour des journées de
travail plus longues, des salaires moindres que ceux qui
travaillent pour des patrons. D'ailleurs, à consulter le
recueil(*) des sentences, recommandations et arrangements,
rendues, faites ou conclus en vertu de la loi sur la conciliation et l'arbitrage depuis le début (la première loi est
du 31 août 1894, mais sa première application date seulement du milieu de 1896) jusqu'au 30 juin 1901, recueil qui
n'en contient pas moins de 310 s'appliquant à 42 corps de
métier différents, il semble bien qu'il ne soit pas exagéré
de dire que les sentences de la Cour d'arbitrage, ou les
arrangements industriels conclus en vue d'éviter d'y

(*) *Awards, recommandations, agreements, etc... made under the
Industrial conciliation and arbitration Act, New Zealand*, issued under
the Authority of the Right Hon. R. J. Seddon, Minister of Labour. Wellington, 1901 et 1902 (2 vol.).

recourir, mais qui ont un caractère obligatoire comme les sentences, règlent actuellement, jusque dans leurs plus petits détails, les relations entre patrons et ouvriers de toutes les industries de la Nouvelle-Zélande.

J'ajouterai, à l'appui des chiffres que je citais ci-dessus, que, si dans son texte original de 1894 la loi donnait du mot industrie la définition suivante : « Industrie dési- « gnera toutes affaires, tous commerces, toutes fabrications « ou entreprises, et tous métiers ou emplois d'un caractère « industriel », la loi du 29 octobre 1900 (art. 2), qui en a supprimé les quatre derniers mots, a rendu cette défini- tion beaucoup plus extensive ; le bénéfice des dispositions de la loi a ainsi été étendu, non seulement à toutes les industries, mais même à tous les commerces ou à toutes les affaires d'un caractère quelconque de la Colonie. D'autre part, dans les deux premières années, il n'a pas été fait appel aux Comités de conciliation et à la Cour d'arbitrage, et dans les années suivantes le nombre des cas qui leur ont été soumis ne s'est accru que peu à peu. Maintenant, au contraire, il se multiplie de plus en plus rapi- dement ; si bien que, des 310 textes du recueil que je citais ci-dessus, plus du tiers, soit 105, sont de la dernière année, tandis que les 205 autres, se rapportant à 103 cas différents, sont antérieurs au 30 juin 1900 ; ils ne concernaient encore que 28 corps de métier. Je rappelle d'ailleurs qu'en vertu des dispositions mêmes de la loi, le mot « corps de métier » doit être compris dans une acception très large : c'est ainsi que les 42 corps de métier auxquels se rap- portent les 310 textes en question n'en comprennent en matière de mines, bien qu'ils intéressent presque tous les mineurs, que deux : les mineurs de charbon et les mineurs d'or ; un différend récent y fera compter désormais un troisième corps de métier, celui des dragueurs d'or.

Avantages et inconvénients de la loi. — Je n'entrepren-

drai pas une discussion détaillée des avantages et des inconvénients que peut présenter une telle loi ; il y aurait là
ample matière à une étude spéciale que je n'ai eu ni les loi-
sirs ni les moyens d'entreprendre ; je dirai seulement ici
quelques mots des effets, bons ou mauvais, que j'ai pu en
constater dans les différents centres miniers que j'ai visités.

La première qualité, et la plus certaine, que l'on doive
reconnaître à cette loi est d'être fréquemment appliquée,
d'aucuns diraient même trop fréquemment, et de n'être
pas restée lettre morte ou peu s'en faut, comme tant
d'autres lois d'arbitrage.

L'avantage capital que l'on a toujours attribué, et
généralement reconnu, aux lois d'arbitrage est la suppression des grèves : c'est là un avantage évidemment
des plus sérieux, lorsqu'il est obtenu, mais il ne l'est pas
toujours, même avec le caractère obligatoire que la loi
néo-zélandaise a donné à l'arbitrage. Sans doute, depuis
1894, la Nouvelle-Zélande n'a plus connu de grèves importantes, et je dois reconnaître que, dans tous les districts
miniers que j'ai visités, le travail se poursuivait avec
régularité ; et cependant, dans trois d'entre eux, il y avait
désaccord proclamé entre patrons et ouvriers au sujet des
conditions du travail. Dans ces trois districts, la question
était en voie de règlement par la conciliation et l'arbitrage, et l'une et l'autre parties attendaient, en continuant
le travail dans des conditions normales, qu'une sentence
intervînt. Dans d'autres districts, une sentence avait
été rendue, et patrons et ouvriers l'observaient loyalement ; je dois en particulier constater qu'il en était même
à peu près ainsi au moment de mon séjour dans le district
d'Hauraki, bien que le récent différend dont j'aurai à
faire mention plus amplement dans ce qui suit se fût
terminé à la confusion des ouvriers.

Cependant quelques grèves partielles ont eu lieu depuis 1894, dans des conditions indiscutablement légales, c'est-à-dire dans des cas où ni patrons ni ouvriers n'ont voulu, ou n'ont pu (faute de s'être préalablement constitués en Unions régulièrement enregistrées), en appeler aux Comités de conciliation et à la Cour : on cite trois grèves de ce genre dans les exploitations minières, celle des ouvriers des mines d'or de Reefton avant leur premier recours à l'arbitrage en 1897, celle des rouleurs des mines de charbon de Denniston, et celle des ouvriers des mines d'or de Golden-Blocks et de Taïtapu. De telles grèves n'ont pas eu de gravité jusqu'ici ; elles pourraient néanmoins en prendre éventuellement, le jour où patrons et ouvriers d'entreprises importantes ne voudraient, ni les uns ni les autres, recourir à l'arbitrage, les premiers dans l'espoir de pouvoir imposer à leurs ouvriers las de la grève des conditions plus avantageuses que celles qu'ils pourraient espérer de la Cour, et les seconds par crainte que celle-ci ne leur accorde pas tous les avantages qu'ils se croient en droit de réclamer. La Nouvelle-Zélande n'a, jusqu'ici, donné lieu à de semblables situations que dans des cas sans gravité, peut-être bien parce que les ouvriers, auxquels l'expérience a montré qu'ils peuvent s'en rapporter en toute confiance à la Cour, n'hésitent plus guère aujourd'hui à réclamer son intervention. Mais, de même qu'en présence des lois d'arbitrage facultatif de nos contrées, il se trouve fort souvent qu'aucune des deux parties ne se soucie de se soumettre à un arbitrage, de même cela peut-il arriver même dans un pays où il suffit qu'une des parties le veuille pour y obliger l'autre. J'en ai d'ailleurs vu un exemple pendant mon séjour en Nouvelle-Galles du Sud, où, malgré le vote tout récent d'une loi d'arbitrage analogue à celle de la Nouvelle-Zélande, une grève des tondeurs de moutons a éclaté et a pris un caractère violent parce que ni ouvriers ni patrons n'ont voulu recourir à l'arbitrage.

Cette première éventualité de grève a été écartée d'une façon presque absolue jusqu'ici en Nouvelle-Zélande, mais peut-être seulement parce que les précédents démontrent que, dans presque tous les cas qui lui ont été soumis, la Cour a cru pouvoir donner aux ouvriers, sinon une satisfaction complète, du moins une très large satisfaction ; il n'en serait sans doute plus de même le jour où la Cour viendrait à perdre cette réputation.

A côté de cette éventualité, il en est une autre, qui paraît encore beaucoup plus redoutable, et dont un exemple en Nouvelle-Galles du Sud vient de montrer tous les dangers : c'est celle d'une grève éclatant après recours à l'arbitrage, si les ouvriers ne veulent pas s'y soumettre, ou inversement celle d'un lock-out résolu par des patrons mécontents de la décision intervenue. La loi donne bien à la Cour le droit d'imposer une pénalité de 500 £ (12.500 francs) à celui qui ferait travailler, ou qui travaillerait, en refusant de se conformer à la sentence une fois qu'elle est rendue ; mais un patron conserve toujours le droit de cesser ses affaires, quitte à les recommencer plus tard, ce qui constituerait un lock-out déguisé, peut-être difficile à réprimer (*), de même que, sinon une Union ouvrière, du moins chacun de ses membres individuellement, conserve le droit de cesser, pour le temps qui lui convient, de travailler dans telle ou telle industrie, ce qui n'est pas loin d'équivaloir au droit de grève. Mais, à supposer même que la Cour, — qui, je le rappelle, tranche plutôt en équité qu'en droit strict les questions qui lui sont soumises, — juge pouvoir considérer un tel lock-out comme un refus du patron d'exécuter la sentence, ou vienne à acquérir la conviction que l'Union des ou-

---

(*) En matière de mines, le patron ne pourrait guère recourir au lock-out, parce que la loi l'oblige, sous peine de déchéance, à maintenir sa concession en exploitation, à moins d'une exemption spéciale de l'administration.

vriers ait provoqué une pareille grève (sujets relativement auxquels un cas récent en Nouvelle-Galles du Sud, sur lequel je reviendrai, fait conserver des doutes bien sérieux), et à supposer que la Cour prononce en ce cas la pénalité maximum qu'elle peut infliger, soit 500 £, cette pénalité serait peut-être suffisante pour effrayer un patron modeste ou une Union d'un petit nombre d'ouvriers (lesquels peuvent être individuellement recherchés jusqu'à 10 £, soit 250 francs chacun, pour le paiement des 500 £); mais elle serait bien peu de chose pour les grands industriels, et elle ne serait sans doute pas pour faire reculer une Union ouvrière comptant quelques milliers de membres. Et, du jour où l'exemple aurait été donné par une partie mécontente d'une sentence, de refuser de s'y soumettre, et de recourir à la grève ou au lock-out pour contraindre la partie adverse à la modification de la sentence, il semble, qu'à moins d'une intervention énergique du Gouvernement, l'autorité morale de la loi risquerait d'être suffisamment compromise pour que chacun hésite désormais à en invoquer le bénéfice.

Ce ne sont pas là d'ailleurs des circonstances purement hypothétiques que j'envisage, même en me limitant à ce qui touche aux mines : le différend relatif aux mines d'or du district d'Hauraki n'a pas été loin d'aboutir à pareilles difficultés, et l'application, encore récente, de la loi d'arbitrage obligatoire en Nouvelle-Galles du Sud en a déjà fourni, dans l'important bassin houiller de Newcastle, un exemple sur lequel je donnerai quelques détails ci-après.

Le cas des mines d'or du district d'Hauraki a été le suivant : ce district — dont la production s'est élevée en 1901 à environ 190.000 onces d'or, et qui a occupé la même année 3.500 ouvriers dans ses gîtes d'or en roche — avait montré, il y a une vingtaine d'années, de beaux affleurements, qui ont donné lieu à quelques exploitations fructueuses, et qui ont conduit à la création d'une multitude d'affaires et à l'exploration d'un grand nombre de filons de richesse variée ; mais les découvertes réalisées en profondeur n'ont que rarement répondu aux espérances qu'avaient fait naître les constatations faites aux affleurements. Aussi l'industrie des mines dans ce district est-elle peu florissante : deux ou trois compagnies seulement font de réels bénéfices, quelques-unes extraient péniblement assez d'or pour rémunérer leurs dépenses, et beaucoup d'autres en sont encore à consacrer de grosses sommes à des travaux de recherches rarement couronnés de succès. Aussi les salaires des ouvriers mineurs dans ce district n'ont-ils pas suivi la même marche ascendante que suivaient ceux des ouvriers de l'autre district important où l'on exploite l'or en roche dans la Colonie, celui de Reefton (650 mineurs occupés en 1901 pour une production de 46.000 onces d'or). C'est dans ces conditions, qu'au début de l'année 1901, l'Union des ouvriers mineurs du district d'Hauraki a soulevé un différend : elle réclamait pour ses membres les mêmes salaires que ceux qui venaient d'être fixés par la Cour dans le district de Reefton, en faisant valoir que le travail était le même dans les deux districts et que les dépenses des ouvriers de l'une et l'autre régions pour assurer leur existence étaient à peu près égales. Après échec de la tentative de conciliation faite par le Comité, qui proposait, à titre de recommandations, une échelle de salaires constituant à peu près une moyenne entre l'échelle pratiquée avant le différend (échelle dont les patrons demandaient le maintien) et l'échelle réclamée par les ouvriers, la question fut soumise à la Cour. Celle-ci ne crut pas pouvoir donner raison aux ouvriers ; elle se vit obligée, à la fois de leur refuser la diminution sollicitée pour les heures de travail d'une partie du personnel, et, d'autre part, de fixer un taux minimum de salaires, avec division du district en deux zones, qui était le taux minimum actuel, c'est-à-dire qui était, pour certaines mines, inférieur au taux alors pratiqué.

J'annexe au présent travail le texte de cette sentence, ainsi que celui des explications que la Cour a cru devoir donner en la rendant. J'ajoute qu'il n'est nullement d'usage que la Cour fasse précéder ses décisions de semblables explications, qui rappellent les considérants d'un jugement, mais qui ne sont pas nécessaires pour motiver une sentence arbitrale ; elle paraît donc ne les avoir données que parce qu'elle tenait à se justifier de n'avoir, pour une fois, pas pu accorder satisfaction aux ouvriers. Les raisons qui sont invoquées dans ces explications semblent être des plus justes, et s'inspirer des véritables intérêts de l'industrie en question, c'est-à-dire autant des intérêts des ouvriers que des patrons. Il est d'ailleurs piquant de remarquer, qu'après avoir constaté la situation critique de l'industrie minière dans la région, et après avoir reconnu que toute charge nouvelle ne pourrait qu'aggraver cette situation en diminuant les chances de poursuite, et par suite de succès, des recherches actuellement entreprises, la Cour n'en a pas moins accordé à quelques catégories d'ouvriers de légères augmentations de salaires ou des diminutions de durée de travail ; elle a, en même temps, apporté au travail du dimanche des ouvriers même consentants de nouvelles entraves qui ne peuvent qu'augmenter les frais généraux.

Les ouvriers ne paraissent pas avoir su comprendre les raisons qui ont empêché la Cour d'aller plus loin dans la voie des concessions en leur faveur ; ils ont immédiatement tenu des réunions de protestation contre la sentence, et le président de leur Union n'a pas hésité à aller demander aux ministres compétents la révocation du président de la

Cour, qui leur paraissait si mal comprendre les devoirs de
sa charge; il a même insinué, qu'ayant eu autrefois des
intérêts dans certaines des mines du district, ce magistrat
avait manqué d'impartialité. La démarche ainsi faite au su
et au vu de tous ne paraît avoir été ni le fait personnel du
président, qui portait d'ailleurs une large part de responsabilité dans la genèse du différend qui avait tourné si
mal (*), ni le premier mouvement de gens qui useraient largement des vingt-quatre heures que l'on a pour maudire
ses juges, puisque cette démarche n'a été faite au nom de
l'Union que trois mois après le prononcé de la sentence,
et puisque l'Union a eu l'occasion de la sanctionner par
un vote en règle. En effet, l'incorrection de la démarche en
question ayant été reprochée à son auteur au cours d'une
réunion de l'Union, celui-ci a cru devoir démissionner, afin
de provoquer une manifestation sur son nom; au moment
même de mon séjour dans le district, soit cinq mois après
le jour où la sentence avait été rendue, il a été réélu président de l'Union.

Quoi qu'il en soit du mécontentement manifesté de la
sorte par les ouvriers, ils se sont inclinés devant la décision qui leur portait ainsi grief. Mais il est loin d'être sûr
qu'il en serait toujours ainsi : le président de l'Union, le
même qui avait demandé la révocation du président de la
Cour, sans doute dans l'espoir d'obtenir de son successeur
la révision de la sentence, n'a pas hésité à me déclarer que
le tort des ouvriers dans cette affaire avait été de ne pas
se mettre en grève après le prononcé de la sentence afin
d'obtenir bon gré mal gré ce qu'ils se croyaient en droit
de réclamer de leurs patrons !

L'avantage capital que doit présenter l'arbitrage obli-

(*) Il n'est pas inutile de noter ici que l'Union, ayant succombé, a
eu à supporter tous les frais relatifs à tous les délégués et témoins
qu'elle a fait entendre, frais qui ne se sont pas montés à moins de
1.525 £, soit 38.125 francs.

gatoire, tel qu'il est organisé en Nouvelle-Zélande, à savoir d'éviter toutes grèves, est donc moins certain qu'on ne serait tenté de le penser.

Un autre avantage du même ordre, que l'on se plait souvent à lui attribuer, m'a paru plus problématique encore : c'est celui de la tranquillité qu'il apporte dans les relations entre patrons et ouvriers, et des justes satisfactions qu'il assure à ces derniers. La tranquillité est tout d'abord loin d'être complète, dans un cas comme celui que je viens de citer, tandis que le conflit est pendant, et parfois même une fois qu'il a été résolu; d'autre part, soit parce que telle ou telle circonstance nouvelle vient à se produire, soit parce que l'échéance de la sentence en vigueur est plus ou moins prochaine, les ouvriers peuvent avoir bien souvent l'occasion de retourner devant la Cour, lorsqu'ils n'ont pas obtenu d'elle toute satisfaction ; et il y a là pour eux occasion de s'agiter tout comme ailleurs en vue d'obtenir de nouveaux avantages. Il est cependant juste de reconnaître que tout règlement formel, pour un temps déterminé, des conditions du travail doit toutefois amener une certaine tranquillité passagère dans les relations entre patrons et ouvriers, surtout si, comme cela était presque partout le cas lors de mon séjour en Nouvelle-Zélande, ce règlement a eu lieu en faveur des ouvriers, et à supposer en outre que les patrons s'y tiennent loyalement.

Quant à la satisfaction éprouvée par le personnel, elle m'a paru beaucoup moins manifeste encore; sans doute, au lendemain d'un arrangement ou d'une sentence leur accordant des avantages nouveaux, les ouvriers en ont généralement quelque contentement, de même qu'ils en éprouveraient un de quelque manière que ces avantages leur fussent concédés; mais ils ne tardent pas ensuite, et cela est trop humain pour ne pas se produire, à substituer aux revendications sur lesquelles ils ont obtenu gain de cause de nouvelles exigences auxquelles ils s'impatientent de ne pas voir faire droit immédiatement et intégralement, ou à reprendre celles qui ont été écartées.

Si donc, dans l'ensemble, les ouvriers néo-zélandais, et en particulier ceux des mines, ont reçu de larges satisfactions de par la loi de conciliation et d'arbitrage, cela n'empêche pas que, dans tous les districts que j'ai visités, sauf un seul, ceux d'entre les représentants des ouvriers avec lesquels j'ai eu l'occasion de m'entretenir se sont plaints des conditions dans lesquelles ils doivent travailler : dans le district d'Hauraki, cela a naturellement été le sujet principal de la conversation que j'ai eue avec le président de l'Union des ouvriers, dont j'ai déjà mentionné l'attitude; dans le district de Reefton, dont les salaires avaient servi de base aux revendications du district d'Hauraki, le secrétaire de l'Union des mineurs n'a pas hésité à me déclarer, qu'étant donné le prix de toutes choses, les salaires qu'ils touchent actuellement sont des salaires de meurt-de-faim (starvation wages); aux mines de charbon de Westport, les ouvriers, après avoir conclu en octobre 1899, et pour deux ans, un arrangement industriel, avaient cessé d'être satisfaits des conditions de travail que leur assurait cette entente, et ils réclamaient des augmentations de salaires, si bien que la question était soumise à la Cour; il en était de même des nombreux ouvriers occupés au dragage de l'or dans le Sud de la Nouvelle-Zélande, ainsi que des ouvriers qui exploitent le charbon auprès d'Alexandra (province d'Otago); et, à en croire les membres des Unions, ce ne serait, parmi les exploitations que j'ai visitées, qu'aux houillères de Kaïtangata, où un arrangement industriel venait d'être signé quinze jours avant mon passage, que les ouvriers se trouvaient contents de leur sort.

Je dois d'ailleurs ajouter que les satisfactions qui ont

presque toujours été accordées aux demandes d'augmentation des salaires et de diminution des heures de travail des ouvriers ne sont pas, en principe, nécessairement inhérentes à la loi ; elles le sont seulement, en fait, à la façon dont elle a été appliquée. Tout le monde reconnaît en effet que la Cour, croyant trouver, dit-on, dans le développement constant de l'industrie de la Colonie et dans la tendance à la prospérité générale qui en résulte des raisons suffisantes d'accéder aux demandes des ouvriers, a jusqu'ici jugé pouvoir leur donner raison dans presque tous les cas ; mais, malgré cela, ou même plutôt à cause de cela, les satisfactions qu'ils ont eues ont été bien souvent plus apparentes que réelles, puisque le prix de toutes choses ne pouvait que monter en même temps qu'étaient relevés les salaires des ouvriers de toutes les industries.

Nombreux sont, à côté de cela, les inconvénients et les défauts que l'on reproche à la loi ; et j'ai pu me rendre compte de la réalité de plus d'un d'entre eux.

J'insisterai d'abord sur ce fait que l'arbitrage obligatoire aboutit fatalement à une réglementation de plus en plus étroite et de plus en plus minutieuse des conditions du travail : rarement les ouvriers échappent, en formulant leurs revendications, à la tentation d'y faire figurer tout, jusqu'aux détails les plus insignifiants, et, bien que la Cour ait le droit d'écarter les demandes qui ne lui paraissent pas sérieuses, elle ne semble guère user de ce droit ; saisie de mille questions de détail, elle les tranche. D'autre part, à mesure que les arrangements ou les sentences se succèdent pour une même industrie, chaque fois que les conditions du travail sont remises en question les ouvriers réclament tout naturellement que de nouveaux détails soient réglés. Il suffit d'ailleurs de lire soit la sentence dont j'annexe la traduction au

présent travail, soit celles dont je cite des extraits dans
ce qui suit, pour se rendre compte du peu de liberté
qui est laissé aux patrons dans l'organisation et la rémunération du travail.

De cette réglementation de plus en plus minutieuse
résulte une restriction de plus en plus complète de la
libre initiative des industriels dans la concurrence, laquelle
est en général le facteur essentiel du progrès dans l'industrie. Je n'ai cependant pas eu à constater grand'-
chose de cet inconvénient, l'industrie des mines étant
précisément, de toutes les industries, celle où cet effet
se fait le moins sentir, annulé qu'il est par la différence
des conditions naturelles : dans les mines, en effet, le
problème qui se pose à l'exploitant est, beaucoup moins
de réaliser un prix de revient moindre que celui de ses
concurrents en partant soit de conditions naturelles
identiques, soit de conditions qu'il est dans une certaine mesure libre de se fixer, que d'abaisser son prix
de revient au-dessous du prix auquel peut être vendu
le minerai qu'il exploite, et cela en se pliant aux conditions naturelles que le caractère et la position du gîte dont
il dispose lui fixent impérieusement.

Inversement, dans les industries minières — et surtout
dans celle des mines d'or, qui est la principale des industries minérales de la Nouvelle-Zélande —, où la main-
d'œuvre entre pour une part si large dans les prix de
revient, on constate, plus que partout ailleurs, une réper-
cussion immédiate sur ce prix de toute augmentation des
salaires, de toute diminution du travail fourni en échange
d'un même salaire, ou même, d'une façon générale, de
tous sacrifices de ce genre faits en faveur de l'ouvrier.
Comme les prix de vente des produits minéraux sont fixés
par la concurrence étrangère (d'une façon immuable
pour l'or, et d'une façon très complète pour le charbon

de la Nouvelle-Zélande, puisqu'il n'en est consommé que fort peu sur place), chaque augmentation du prix de revient diminue le nombre des gisements dont il est possible de tirer parti, et restreint, dans chaque mine, l'importance des richesses qui restent accessibles à l'exploitation.

Or il n'est pas possible de ne pas constater que l'arbitrage obligatoire aboutit presque fatalement à l'accroissement incessant des avantages de diverses natures concédés aux ouvriers : je n'insisterai pas ici sur les raisons de tous ordres qui permettent de prévoir ce résultat ; elles ont été bien souvent développées. Je me bornerai à mentionner les constatations de fait que j'ai pu faire en Nouvelle-Zélande.

Dans le district houiller de Westport, à la mine de Granity-Creek, que j'ai visitée, et qui est l'une des plus importantes de la Colonie, l'abatage du charbon était payé aux piqueurs, avant 1894, à raison de 1 sh. 10 d. (2 fr. 25) par tonne ; à la suite d'un premier appel à la Cour d'arbitrage, ce prix a été élevé à 2 sh. 3 d. (2 fr. 80) par tonne ; tant que les ouvriers ont consenti à se contenter de ce chiffre, des arrangements successifs l'ont maintenu ; mais, à la fin de 1901, ils ont cru pouvoir réclamer une nouvelle augmentation, et, après comparution devant la Cour, ils ont obtenu que le prix soit porté à 2 sh. 4 d., soit 2 fr. 90, par tonne. Je n'ignore pas qu'une augmentation sensible des prix de vente dans les dernières années (augmentation au sujet de laquelle je n'ai pas de chiffres précis) avait permis aux exploitants de faire face aux charges qui leur étaient ainsi imposées ; mais, au moment de la dernière instance devant la Cour, ils se faisaient forts, m'a-t-il été déclaré, de lui prouver que les prix de vente pendant la période à laquelle s'appliquerait la sentence devaient, suivant toutes probabilités, marquer une baisse et ne sauraient donc justifier aucune augmentation des salaires (*).

Pour ce qui est des mines d'or, pendant que partout ailleurs en Australasie, sauf dans les régions désertiques et inhospitalières qui ne se retrouvent pas en Nouvelle-Zélande, les salaires restent stationnaires, relativement bas par rapport à ceux des houillères, en Nouvelle-Zélande ils s'accroissent : les ouvriers des mines d'or de la région de Reefton ont obtenu de la Cour des salaires de 9 sh. 6 d. par jour, alors que le salaire normal des houilleurs des environs payés à la journée n'est que de 9 sh., et ceux du district d'Hauraki, dont les salaires ont été fixés par la Cour à 8 sh. et 7 sh. 6 d. (chiffres dont se contentent largement les ouvriers des mines d'or de la Nouvelle-Galles du Sud ou de Victoria), s'en sont amèrement plaints.

A côté de ces chiffres, les faits eux-mêmes qui se passent en Nouvelle-Zélande prouvent éloquemment que, comme on l'a si souvent fait remarquer, il est bien difficile aux arbitres de résister à la tendance toute naturelle de donner aux ouvriers une satisfaction au moins partielle, lorsqu'ils se trouvent avoir à décider entre des travailleurs, dont la situation est toujours, sinon misérable, du moins pénible, et des sociétés financières. Cette tendance est d'ailleurs d'autant plus marquée que ces sociétés sont généralement plus ou moins prospères, du moment qu'elles continuent leurs affaires; et je rappelle qu'elles doivent logiquement l'être davantage dans l'industrie des mines que dans toute autre industrie, parce

---

(*) J'indiquerai ici, à titre de comparaison, qu'à Newcastle (N. G. S.), où les conditions du marché du charbon ont varié à peu près de la même façon qu'en Nouvelle-Zélande, les prix unitaires payés aux piqueurs (prix qui, au point de vue absolu, ne sont nullement comparables à ceux du district de Westport) ont varié le 3 sh. 6 d. (1893) à 4 sh. 2 d. (fin de 1901 et début de 1902), soit de 4 fr. 37 à 5 fr. 20, marquant une augmentation de 19 p. 100, tandis que ceux de Westport étaient majorés par la Cour d'arbitrage de 23 p. 100.

que leur prospérité doit compenser tous les échecs des recherches de mines, dont tant sont infructueuses et dont quelques-unes seulement ont un réel succès. Dans ces conditions, la Cour d'arbitrage fait bien souvent la part un peu trop large aux ouvriers, aux dépens des bénéfices des actionnaires, qu'on est trop facilement porté à juger plus importants que ne le voudrait l'équité. Il suffit, pour s'en convaincre, de voir combien rarement les ouvriers n'obtiennent pas au moins une partie de ce qu'ils demandent, et quelles circonstances exceptionnelles il a fallu pour que, dans un cas, unique à ma connaissance en matière de mines depuis 1894, la Cour d'arbitrage ait refusé aux ouvriers les augmentations de salaires et les diminutions d'heures de travail qu'ils demandaient. Encore dans ce cas (celui du district d'Hauraki) n'a-t-elle pas pu, comme je l'ai déjà fait remarquer, s'empêcher, après avoir constaté que toute charge nouvelle imposée aux mines ne pouvait que tendre à faire abandonner leurs travaux bien peu prospères, d'accorder aux ouvriers quelques satisfactions de détail se chiffrant par des augmentations de frais pour les exploitants.

Peut-être objectera-t-on qu'en fait aucune des compagnies importantes et prospères il y a quelques années n'a été contrainte de cesser son exploitation en raison des sacrifices qui lui ont été imposés en faveur de son personnel ouvrier. Sans doute je n'ai point d'exemple à citer d'un tel cas, mais ce qu'il est beaucoup plus difficile de prouver par des exemples frappants, et ce qui est cependant nettem... le cas dans bien des mines, c'est que la limite à laquelle les richesses enfouies dans le sol cessent d'être exploitables est loin de reculer de jour en jour en Nouvelle-Zélande, comme on serait en droit de l'attendre des perfectionnements incessants de l'art des mines.

On a encore reproché, dans le même ordre d'idées, à l'arbitrage obligatoire de décourager les capitaux et de les éloigner des affaires industrielles. Là aussi des preuves sont bien difficiles à donner à ceux qui désirent ne pas se laisser convaincre; mais ce que j'ai dit ci-dessus, d'une part de l'importance des bénéfices qu'il est indispensable que réalisent parfois les bonnes affaires de mines pour que les capitalistes soient tentés de continuer à aventurer leur argent dans les recherches minières, et d'autre part de la tendance de la Cour d'arbitrage à céder à toutes les revendications des ouvriers lorsque ces bénéfices sont importants, suffit à montrer que l'arbitrage obligatoire n'est pas fait pour encourager les capitaux à se porter vers la recherche et l'exploitation des richesses minérales de la Nouvelle-Zélande.

Peut-être dira-t-on que ce n'est pas un grand malheur pour l'humanité si l'on ne tire pas du sol de ce pays tout l'or qu'il renferme, étant donné les usages spéciaux de ce métal. Je ne prétends pas entrer dans une semblable discussion, mais je constaterai seulement que toute restriction de l'exploitation des mines de la Colonie réduit le nombre des ouvriers qu'elle peut faire vivre, ou la durée pendant laquelle elle pourra les faire vivre, et que tout le monde, même les partisans les plus déterminés de l'arbitrage obligatoire, s'accorde à souhaiter le développement de plus en plus considérable des mines de la Colonie et spécialement de ses mines d'or.

Dans ces conditions, les industries néo-zélandaises, et en particulier l'industrie des mines, n'achètent-elles pas bien cher les bienfa... e la tranquillité (tranquillité seulement relative, comme je l'ai montré) au point de vue des questions ouvrières et de la diminution, sinon de la suppression certaine, des grèves? Et la voie où l'on s'est engagé n'aboutit-elle pas à paralyser l'essor de ces industries, en attendant qu'elle les tue une à une? C'est ce qui me paraît fort à craindre.

Et les ouvriers eux-mêmes qui ne seront, pas moins que les patrons et le capital, victimes de cet arrêt dans le développement de l'industrie et plus tard de sa mort, en retirent-ils pour le moment des avantages si précieux qu'ils ne soient pas insensés, en même temps qu'imprévoyants, de se féliciter des effets de la loi d'arbitrage obligatoire? Telle est la question qu'il me reste à examiner maintenant.

Quels sont donc les avantages qu'ils réclament et qu'ils obtiennent le plus souvent à la faveur de cette loi? Ce sont essentiellement des augmentations de salaires, des diminutions de la durée du travail, la limitation de l'emploi des jeunes ouvriers et l'accroissement de la puissance des Unions.

Ce sont toutes questions sur lesquelles je m'étendrai dans ce qui suit. J'indiquerai seulement ici que, si l'augmentation des salaires est générale pour toutes les industries d'un pays, et qu'en outre on protège ces industries par des droits de douane, l'élévation nominale des salaires finit par ne correspondre nullement à un accroissement de leur pouvoir d'achat et par suite ne procure aucun bien-être à l'ouvrier; les prix de revient s'en ressentent au contraire directement, ce qui affecte de la façon la plus grave toutes les industries d'exportation, comme le sont une bonne partie d'entre celles de la Nouvelle-Zélande, et comme l'est, en particulier, celle des mines.

Je rappellerai en outre qu'on a bien souvent fait remarquer combien la fixation d'un taux minimum de salaires un peu élevé est funeste pour tous les ouvriers qui ne sont pas de première force dans leur métier, puis-

qu'ils se voient presque fatalement privés de travail. Je
dois reconnaître, cependant, que je n'ai pas eu à observer
cet inconvénient dans les mines de la Nouvelle-Zélande,
d'une part parce qu'il n'y a guère de districts miniers
(celui des mines d'or d'Hauraki mis à part) où la main-
d'œuvre soit surabondante, et d'autre part, parce que le
personnel d'une mine comprend une série de catégories
différentes d'ouvriers, avec des salaires minima différents,
jusqu'aux simples manœuvres, si bien que celui qui n'est
pas capable de gagner le salaire minimum d'une catégorie
déterminée peut aisément être occupé dans une catégorie
inférieure.

Pour ce qui est de la réduction de la durée du travail,
les effets obtenus sont bien plus réels, aussi ne pourrait-
on qu'y applaudir si la loi d'arbitrage de la Nouvelle-
Zélande avait eu pour résultat de ramener la journée d'une
durée exagérée, excédant les forces de l'ouvrier, à une
durée normale et raisonnable ; mais, comme il s'agit toujours, du moins dans les mines, de réduire cette durée
au-dessous de huit heures, ce n'est pas tout à fait le cas.
C'est là encore un point sur lequel je reviendrai, mais je
dois répéter ici que, par l'effet de la concurrence des
mines des autres pays, moins l'ouvrier mineur néo-zélandais consentira à fournir d'effort journalier pour gagner sa
vie, moins longtemps il pourra la gagner, et moins nombreux seront ceux que l'industrie des mines pourra faire
vivre.

Sans doute objectera-t-on qu'il suffirait qu'il en fût de
même dans tous les pays pour que ce danger fût écarté,
et qu'il devrait bien en être de même partout ; mais,
sans insister sur le grave danger qu'il y a pour un pays à
prendre trop hardiment la tête d'un semblable mouvement, je dois faire observer que c'est là revenir à cette
question de la limite à laquelle doit s'arrêter l'activité

générale de la communauté humaine dans son perpétuel
effort pour tirer le meilleur parti possible des ressources
que lui offre la nature. Or tout le monde s'accorde généralement pour admettre que, sans aller jusqu'à se tuer au
travail (ce qui est loin d'être le cas d'un ouvrier mineur
faisant des postes de huit heures par jour, c'est-à-dire travaillant effectivement moins de sept heures, dans un pays
comme la Nouvelle-Zélande), l'homme a raison de s'écarter
de plus en plus de l'état du sauvage prenant tout juste
la peine nécessaire pour se procurer les aliments et les
vêtements indispensables à la conservation de son existence, et que la civilisation consiste précisément à profiter
de toutes les inventions qui lui permettent d'atteindre ce
premier but avec le moins possible d'effort, pour pouvoir
s'en proposer d'autres dont l'obtention améliorera son
bien-être.

Si l'on en vient au travail des enfants (je ne parle pas
de celui des femmes, qui est complètement interdit par la
loi non seulement dans les travaux souterrains des mines,
mais encore le plus souvent dans leurs dépendances au
jour), on ne peut de même que se féliciter de le voir
réduit à de justes limites qui excluent tout surmenage de
l'enfant, mais à condition cependant qu'elles permettent
de faire gagner de bonne heure quelque argent aux fils
d'une famille nombreuse, et qu'elles laissent, en outre,
toutes les facilités nécessaires à l'apprentissage.

Ce sont là des points qui sont essentiellement d'ordre
législatif et qui devraient, comme cela a lieu en France,
et comme cela a également lieu en principe en Nouvelle-
Zélande, être réglés par la loi. Or ce que les ouvriers
ont bien souvent demandé à la Cour d'arbitrage, et ce
qu'elle n'a pas su leur refuser dans plus d'un cas, c'est
d'aller plus loin que la loi, et cela non plus seulement
pour sauvegarder la santé des enfants, ou éventuel-

lément pour empêcher qu'on ne confie à leur étourderie quelque besogne pouvant compromettre la sécurité générale, mais bien pour protéger les adultes contre la concurrence des enfants ou des jeunes ouvriers pour les travaux que ceux-ci peuvent parfaitement bien exécuter. En entrant dans cette voie, la Cour d'arbitrage, bien qu'elle ait pour elle le texte extrêmement large de la loi, me paraît commettre un véritable abus de pouvoir (*); elle accorde à l'ouvrier adulte, au détriment de l'enfant ou du jeune homme, une protection abusive contre la concurrence de celui-ci, et elle gêne singulièrement l'apprentissage, qui a une importance toute particulière dans l'industrie des mines. C'est d'ailleurs ce qu'elle a bien su mettre en avant dans l'arbitrage relatif aux mines d'or du district d'Hauraki (paragraphe relatif aux gamins et aux jeunes gens, des considérations qui précèdent la sentence) pour motiver son refus de céder sur ce point aux exigences des ouvriers, mais elle ne s'est pas toujours conformée à ces justes observations.

Enfin, la puissance syndicale trouve dans la loi sur l'arbitrage obligatoire un appui considérable ; le droit donné à toute Union, et soigneusement refusé à tout ouvrier isolé, d'appeler le patron devant le Comité de conciliation, puis devant la Cour, augmente singulièrement les moyens d'action des Unions, et, suivant l'intention bien arrêtée du législateur, incite l'ouvrier à s'y

---

(*) La Cour d'arbitrage de la Nouvelle-Zélande ne s'est pas effrayée d'un semblable abus dans plusieurs cas particuliers ; d'autre part, elle paraît décidée à introduire successivement dans toutes ses sentences certaines clauses relatives aux contrats d'entreprises, à la préférence d'embauche accordée aux unionistes, etc., qui deviendront de la sorte à bref délai des lois générales régissant toutes les industries néo-zélandaises. La Cour d'arbitrage de la Nouvelle-Galles du Sud, qui en est encore tout au début de ses fonctions, paraît avoir posé en principe qu'elle ne veut pas s'engager dans cette voie, ainsi que je l'indiquerai ci-après.

affilier. Il est vrai que ce droit n'est accordé qu'aux Unions régulièrement enregistrées, c'est-à-dire à celles qui se plient à certaines règles n'ayant d'ailleurs en vue que la régularité du fonctionnement des Unions et leur publicité ; en outre, il entraîne une personnalité impliquant le droit d'ester en justice, c'est-à-dire à la fois l'avantage de pouvoir poursuivre et l'inconvénient (considéré souvent comme fort redoutable) de pouvoir être poursuivi, c'est-à-dire de pouvoir être rendu civilement responsable de ses actes.

Mais, ici encore, la Cour d'arbitrage a été beaucoup plus loin que la loi ; la loi s'était contentée d'engager les ouvriers à s'affilier aux Unions par les privilèges qu'elle accordait à celles-ci ; la Cour contraint les ouvriers à s'y affilier, du moins pour les Unions qui groupent déjà la majorité des ouvriers du corps de métier intéressé, en leur enlevant, s'ils n'en font pas partie, le droit au travail par l'effet de la clause de préférence dont j'ai déjà fait mention (*). Sans doute, aujourd'hui, sous l'empire de la loi du 20 octobre 1900 le pouvoir législatif a formellement dévolu à la Cour d'arbitrage le droit d'en user ainsi (art. 2, 5e alinéa, rubrique e), mais il n'a fait là que sanctionner une pratique dont la Cour s'était arrogé le droit d'user, puisque, sous l'empire de la loi d'arbitrage de 1894 et de ses amendements successifs (qui ne comprenaient pas la rubrique e en question), la Cour avait déjà commencé à introduire la clause de préférence d'embauche en faveur des unionistes dans une

(*) Il n'est peut-être pas inutile de mentionner ici que cette clause de préférence (obligation pour les patrons d'embaucher de préférence les ouvriers unionistes, s'il s'en trouve de compétents pour le travail à exécuter, plutôt que des ouvriers non-unionistes) ne donne déjà plus satisfaction aux Unions ; c'est ainsi que l'Union des peintres en bâtiment de Wellington a demandé à la Cour de décider que les patrons ne pourraient embaucher d'ouvriers que sur la présentation de ceux-ci par le bureau de l'Union. Ce serait le retour complet au régime des corporations d'autrefois !

série de ses sentences, et notamment dans celle du 20 janvier 1900 relative aux mines d'or du district de Reefton.

J'ajoute que, si la loi d'arbitrage favorise le groupement des ouvriers, elle a voulu favoriser ou tout au moins paraître favoriser de même celui des patrons. Elle a tout d'abord accordé aux seules unions patronales, à l'exclusion des patrons isolés, le droit d'en appeler aux Comités et à la Cour; ensuite elle a donné à la Cour d'arbitrage le droit d'insérer dans ses sentences une clause de préférence en faveur des patrons membres des unions patronales, qui constitue en apparence la contrepartie de la clause de préférence en faveur des ouvriers : de même que le patron sera obligé d'embaucher un ouvrier unioniste de préférence à un non-unioniste, de même un ouvrier qui cherche du travail devra réserver ses services aux patrons membres de l'union patronale de préférence aux patrons qui n'en seraient pas membres. Je ne connais pas de cas où la Cour ait été sollicitée par les patrons d'introduire une telle clause dans une de ses sentences, et je ne crois pas qu'il soit exagéré de dire que cette clause serait purement illusoire. Il ne semble guère, en fait, que la loi d'arbitrage néo-zélandaise ait eu pour effet de pousser les patrons au groupement syndical ; l'utilité d'un tel groupement pour les patrons apparaît d'ailleurs beaucoup moins nettement que lorsqu'il s'agit des ouvriers.

En regard des graves inconvénients qu'elle présente, à savoir la suppression de toute initiative industrielle par une réglementation de plus en plus étroite des conditions du travail, et l'élévation incessante des frais de main-d'œuvre, inconvénients qui restreignent tout au moins, s'ils ne le paralysent pas complètement, l'essor de l'industrie, je ne vois donc à mettre au crédit de la loi d'arbitrage obligatoire de la Nouvelle-Zélande que des avantages bien restreints, touchant d'ailleurs uniquement les ouvriers ; les seuls réels d'entre ces avantages sont la diminution des heures de travail et l'accroissement de la puissance des groupements syndicaux. Je voudrais pouvoir faire, en outre, état d'un avantage autrement sérieux, celui en vue duquel la loi a été spécialement faite, c'est-à-dire la suppression radicale des grèves et le rétablissement de la bonne harmonie entre le capital et le travail; mais j'ai montré qu'en ce qui touche les grèves il serait prématuré, et même erroné, de dire que le résultat a été atteint, et quant à la bonne harmonie, elle est loin d'être parfaite.

§ II. — Nouvelle-Galles du Sud.

Résumé des dispositions de la loi. — En Nouvelle-Galles du Sud, l'arbitrage a également été rendu obligatoire, par une loi en date du 10 décembre 1901, qui venait d'être promulguée au moment de mon arrivée en Australie, et dont les premières. applications avaient lieu à l'époque même où j'ai quitté Sydney; ce n'est donc que par correspondance que j'ai pu avoir quelques détails sur les conditions dans lesquelles elle est appliquée. Je crois néanmoins devoir en dire quelques mots ici, après avoir résumé tout d'abord brièvement les dispositions de la loi, dont on trouvera le texte partiellement reproduit dans le rapport de M. Colliard que j'ai déjà cité (*).

Comme j'ai déjà eu l'occasion de le mentionner, c'est la loi néo-zélandaise de 1900 qui a servi de modèle à celle qui a été votée en Nouvelle-Galles du Sud. Celle-ci ne l'a d'ailleurs été qu'à la suite d'une enquête sur la pra-

---

(*) Loc. cit., pp. 113 à 121.

tique de l'arbitrage obligatoire faite, principalement en
Nouvelle-Zélande, par un des juges de la Nouvelle-Galles
du Sud. Son rapport d'enquête (*), qu'il m'a très obligeamment communiqué, contient nombre de précieux
renseignements sur l'application de la loi en Nouvelle-
Zélande, application qui paraît d'ailleurs l'avoir séduit plus
qu'elle ne m'a séduit moi-même; il se termine par d'intéressantes observations, dans lesquelles on trouve l'origine
d'une partie des notables différences qui existent entre
les lois d'arbitrage obligatoire des deux Colonies.

Le caractère obligatoire de l'arbitrage résulte en Nouvelle-Galles du Sud du droit, qui est donné par l'article 28
de la loi à toute union professionnelle enregistrée [l'enregistrement, qui confère la personnalité seulement en vue de
l'application de la loi d'arbitrage, a lieu, sur sa demande,
et sous des conditions analogues à celles de la Nouvelle-
Zélande (art. 4 à 12), soit pour toute trade-union ou section de trade-union constituée conformément à la loi
de 1881 sur les trade-unions (**), soit pour tout patron
ou groupe de patrons employant au moins 50 ouvriers]
de citer devant la Cour d'arbitrage (il n'y a pas de Comités
de conciliation connaissant des différends avant la Cour)
toute union professionnelle d'ouvriers ou de patrons ou
tout patron, exerçant toute industrie (***). Une sentence
rendue par cette Cour a le même caractère obligatoire
qu'en Nouvelle-Zélande (art. 37, 3° à 8°); elle peut être
étendue par la Cour à tous les patrons et ouvriers, qu'ils

(*) *Report of Royal Commission of inquiry into the working of com-
pulsory Conciliation and Arbitration Laws*, Sydney, Government
Printer, 1901.

(**) Cette loi prévoit la constitution d'une trade-union entre un
nombre quelconque d'ouvriers atteignant au moins sept.

(***) La définition du mot industrie est tout aussi large qu'en Nouvelle-Zélande; néanmoins le service domestique en est nommément
exclu, mais les chemins de fer et différents autres services publics y
sont compris.

soient membres des Unions intéressées par le différend primitif ou non, exerçant, dans des limites qu'elle fixe à son gré à l'intérieur de la Colonie, l'industrie à laquelle a trait le différend (art. 37, 2°).

Comme en Nouvelle-Zélande, peuvent être liées par une telle sentence toutes les personnes qui exercent ou qui viendront à exercer dans la région fixée par la Cour l'industrie en question (art. 37, 2°); peuvent être cités devant la Cour les unions professionnelles et tous patrons (art. 2, définition d'un différend industriel); peuvent en appeler à la Cour les seules unions professionnelles (art. 28). Ultérieurement, une fois une sentence rendue, toute personne qu'elle affecte peut solliciter de la Cour toute modification à ladite sentence (art. 38).

Dans ces conditions, lorsqu'un différend vient à s'élever entre patrons et ouvriers, les uns ou les autres des intéressés peuvent, à la condition d'avoir pour eux la majorité des membres présents à une assemblée extraordinaire d'une union professionnelle régulièrement enregistrée, soumettre le différend à la Cour d'arbitrage. Les membres dirigeants d'une Union peuvent même (art. 28, b), dans des cas spéciaux où le préposé aux enregistrements reconnaîtrait l'impossibilité d'une assemblée générale de l'Union, s'adresser d'eux-mêmes à la Cour dans des conditions fixées par celle-ci. D'autre part, la loi donne au préposé aux enregistrements le droit de porter devant la Cour tout différend qui s'élèverait entre des parties qui n'appartiendraient pas toutes à des unions professionnelles (art. 28, in fine). Il faut donc, pour que des parties entre lesquelles un conflit est soulevé soient assurées de pouvoir échapper, si elles y tiennent, à l'intervention de la Cour, qu'elles appartiennent toutes à des unions professionnelles régulièrement enregistrées et qu'elles soient d'accord pour ne vouloir se soumettre ni les unes ni les autres à l'arbitrage.

Le droit de faire grève ou de recourir au lock-out est non seulement enlevé aux patrons et aux ouvriers du fait que le différend qui les divise est pendant devant la Cour, mais encore il leur est supprimé tant qu'il ne s'est pas écoulé, à partir de la naissance du différend, une durée raisonnablement suffisante pour que l'une et l'autre des parties aient pu, si elles le désiraient, en appeler à la Cour (art. 34). Quiconque enfreindrait ces interdictions serait passible d'une pénalité pouvant atteindre jusqu'à 1.000 £ et d'un emprisonnement de deux mois au maximum; quiconque inciterait ou aiderait à commettre le délit ainsi prévu serait passible des mêmes peines. La loi ajoute que l'enregistrement d'une des Unions intéressées ne pourra pas être annulé pendant le cours d'une procédure d'arbitrage et (ce qui paraît d'une application bien difficile en ce qui concerne les ouvriers) que les membres desdites Unions ne pourront pas valablement s'en retirer pendant cette même durée (art. 9).

Les sentences rendues par la Cour règlent souverainement toutes les questions qui faisaient l'objet du différend, sauf celles que la Cour jugerait être sans importance ou devoir être réglées à l'amiable. Celle-ci peut, comme en Nouvelle-Zélande, fixer un tarif minimum de salaires (art. 36, a), réglementer l'emploi des différentes catégories d'ouvriers, assurer la préférence d'embauche aux membres d'une Union sur les ouvriers qui n'en sont pas membres (art. 36, b), etc.; enfin elle fixe les pénalités encourues pour inobservation de ses sentences (art. 37, 7°) (*); ces pénalités peuvent atteindre jusqu'à 500 £ à l'égard de

---

(*) Le refus par un patron ou par un ouvrier de faire travailler ou de travailler dans les conditions fixées par une sentence ne constitue pas nécessairement une inobservation de celle-ci, ce serait seulement le fait de faire travailler ou de travailler dans des conditions contraires aux dispositions de la sentence; d'autre part, la grève et le lock-out après que le différend a été tranché, ne sont pas formellement interdits par la loi.

toute union professionnelle ou de toute personne qui se trouverait liée par la sentence sans faire partie d'une union professionnelle, et jusqu'à 5 £ seulement pour tout membre d'une Union pris individuellement. Si les biens d'une Union sont insuffisants pour satisfaire aux amendes ou indemnités qu'elle doit, les membres en sont responsables jusqu'à concurrence de 10 £ chacun (art. 40).

J'ajoute que, comme en Nouvelle-Zélande, la loi sur l'arbitrage obligatoire prévoit (art. 13 à 15) l'enregistrement d'arrangements amiables conclus entre patrons ou unions patronales, d'une part, et unions ouvrières, d'autre part ; un tel enregistrement leur donne la valeur d'une sentence de la Cour et soumet leur inobservation aux mêmes pénalités.

Une fois la durée des arrangements ou sentences expirée, chacun peut reprendre sa liberté.

La formation et le fonctionnement des unions professionnelles sont soumis à des règles qui, édictées par des règlements du gouvernement, sont analogues à celles de la loi néo-zélandaise. En ce qui concerne en particulier les unions ouvrières, aucune disposition formelle (*) n'assure qu'elles soient ouvertes à tous ; d'autre part, la loi prévoit, sans lui en faire un devoir absolu, la possibilité pour le préposé aux enregistrements de refuser d'enregistrer une Union faisant double emploi avec une autre (art. 5, avant-dernier paragraphe).

La composition de la Cour d'arbitrage est la même qu'en Nouvelle-Zélande. Elle comprend trois membres nommés par le Gouverneur, savoir : un président pris parmi les juges du tribunal suprême, et deux assesseurs désignés parmi les personnes recommandées au choix du Gouverneur, respec-

---

(*) Le règlement dit bien que des facilités suffisantes (reasonable facilities) doivent être laissées aux ouvriers pour s'affilier aux Unions.

tivement par les unions patronales et par les unions ouvrières (art. 16 et 17); la Cour peut d'ailleurs, pour toute affaire particulière qui touche à des questions techniques, s'adjoindre deux autres membres chargés de l'éclairer sur ces questions, et désignés respectivement par chacun des deux groupes intéressés dans le différend (art. 23).

Elle a les pouvoirs ordinairement dévolus à la justice pour mener à bien l'instruction des affaires qui lui sont soumises (art. 39); elle a le droit de citer tous témoins, de faire toutes enquêtes, de se faire présenter les livres de commerce, de nommer des experts, etc., et elle peut visiter ou faire visiter tous établissements industriels au sujet desquels elle est saisie d'un différend. Elle peut édicter, pour inobservation de toutes les décisions qu'elle rend en vertu des pouvoirs ci-dessus mentionnés, les mêmes peines que pour inobservation de ses sentences; c'est d'ailleurs elle qui applique lesdites pénalités, ou tout au moins qui en décide définitivement en appel (art. 37).

Elle exerce en outre une sorte de police sur le fonctionnement des unions professionnelles, elle peut en exclure tout membre, et annuler l'enregistrement de toute Union qui n'observerait pas ses statuts ou les décisions de la Cour; elle connaît des contestations qui peuvent s'élever entre les Unions et leurs membres (*ibid.*, 5° et 6°). Enfin elle est chargée de veiller à la défense des Unions contre les menées patronales, puisque la loi prévoit que tout patron qui congédierait un de ses employés pour cette seule raison qu'il est membre d'une Union ou qu'il bénéficie des dispositions d'une des sentences de la Cour, sera passible d'une amende maxima de 20 £ par ouvrier ainsi congédié, et qu'elle ajoute que, dans chacun des cas qui pourra être soulevé, il incombera au patron de prouver à la Cour que l'employé intéressé a été renvoyé pour des motifs autres que ceux ci-dessus visés (art. 35).

Les sentences de la Cour et toutes autres de ses décisions sont sans appel; aucun vice de forme ne peut en entraîner la nullité.

J'ajoute que la loi, d'après son texte même (art. 47), ne restera en vigueur, sauf vote ultérieur la prorogeant, que jusqu'au 30 juin 1908, c'est-à-dire pendant une période de six ans et demi.

Application de la loi. — Je n'ai, comme je l'ai déjà mentionné, que peu d'observations à présenter au point de vue de l'application de cette loi récente, qui paraît devoir offrir à peu près les mêmes avantages et les mêmes inconvénients que celle de la Nouvelle-Zélande.

J'indiquerai cependant ici que, dans les premières sentences qu'elle a rendues, du moins en matière de mines, la Cour a paru se préoccuper sérieusement d'éviter d'accroître les charges de l'industrie sans de très bonnes raisons. C'est en particulier ce qui ressort de la sentence en date du 3 décembre 1902 relative au différend entre les houilleurs d'Illawara et les exploitants des charbonnages du Sud (important district de Wollongong occupant 2.500 ouvriers et réalisant une production annuelle de 1 million et demi de tonnes), différend dont l'examen par la Cour débutait au moment de mon séjour en Nouvelle-Galles du Sud (août 1902).

D'autre part, je dois signaler ici son refus de s'engager dans la voie qui aurait consisté à régler elle-même des questions de principe relatives à l'organisation du travail, qui se représentent les mêmes dans toute une industrie, sinon dans toutes les industries, et dont la solution doit être dévolue au législateur. C'est là une réserve que la Cour d'arbitrage de la Nouvelle-Zélande n'a pas cru devoir garder, ainsi que je l'ai déjà mentionné, mais à laquelle la Cour de la Nouvelle-Galles du Sud a déclaré, dès le début, vouloir se tenir. Entre autres

revendications soumises à la Cour dans ce différend des
charbonnages du Sud, les ouvriers réclamaient la limitation stricte à huit heures de la durée du travail de tous
les mineurs ; cela revenait à l'abolition pour les piqueurs du
système des deux postes de huit heures chevauchant l'un sur
l'autre de manière à maintenir l'activité des roulages et services accessoires de la mine pendant dix heures, organisation du travail sur laquelle je reviendrai. La Cour n'a pas
voulu introduire dans sa sentence la limitation réclamée
et, dans les explications dont il a fait précéder le prononcé de sa décision, son président s'est exprimé en
ces termes : « L'adoption du poste unique de huit heures
« serait vraisemblablement étendue à tous les districts mi-
« niers. C'est là une question d'une très grande importance,
« et, puisqu'il s'agit de créer un précédent qui serait sans
« doute suivi dâns toutes les houillères de la Nouvelle-Galles
« du Sud, j'estime que le règlement de la question doit être
« laissé au pouvoir législatif (*). »

Il est un seul point, relativement aux conséquences de
la loi d'arbitrage de la Nouvelle-Galles du Sud, sur lequel
je tiens à insister, c'est celui qui a trait à la suppression
des grèves. J'ai discuté la question d'une façon générale
au sujet de la Nouvelle-Zélande, et j'ai fait allusion aux
exemples que la Nouvelle-Galles du Sud a déjà donnés
avec sa loi d'arbitrage toute récente ; j'en dirai quelques
mots ici.

Je mentionnerai d'abord un violent conflit qui se dé-
roulait pendant mon séjour dans la Colonie, bien qu'il n'ait
pas eu rapport aux mines. Il s'agissait de la fort impor-

(*) Comme je l'indiquerai ci-après, en Nouvelle-Zélande la durée du
travail dans toutes les mines est légalement limitée à huit heures du
jour au jour; en Nouvelle-Galles du Sud, il n'y a aucune limitation légale
de ce genre pour les ouvriers des houillères.

tante industrie de la laine : les tondeurs de moutons, gravement atteints par les conséquences de la sécheresse qui, décimant les troupeaux, leur enlevait le travail en même temps que la cherté de la vie augmentait considérablement, réclamaient aux propriétaires de troupeaux, non moins sérieusement affectés qu'eux-mêmes par cette calamité, une augmentation du prix payé pour la tonte du cent de moutons. Cette augmentation leur ayant été refusée, les tondeurs de moutons ont fait grève sans recourir à l'arbitrage, et se sont immédiatement mis en mesure d'arrêter les ouvriers étrangers à la corporation qu'on embauchait pour venir faire la tonte, les empêchant, malgré la police, de se rendre au travail, commettant même des violences sur eux, pénétrant de force dans les propriétés privées, etc. (j'ai sous les yeux le compte rendu de plusieurs condamnations correctionnelles prononcées contre des grévistes pour ces faits). La grève n'a pris fin qu'au bout de près d'un mois, par la capitulation des grévistes après épuisement de toutes les ressources qui leur permettaient de vivre.

L'industrie des mines n'est d'ailleurs pas exempte de semblables conflits : au milieu du mois d'août 1902, une grève, sans grande importance il est vrai, a éclaté parmi les rouleurs d'un des petits charbonnages de la Colonie (le charbonnage de Burwood), non affiliés à l'Union des mineurs; voulant protester contre l'embauchage d'un rouleur avec un salaire inférieur au taux normal, ces ouvriers ont cessé le travail, et ont arrêté de la sorte pendant plusieurs jours toute l'exploitation de la mine, sans qu'il ait été fait appel à la Cour d'arbitrage.

Mais le cas le plus intéressant dont j'aie à faire mention est celui qui s'est produit au début de l'année 1904 dans le district houiller de Teralba (bassin de Newcastle) : les ouvriers de deux des mines du district [houillères de Rhondda, et « Northern Extended Collieries », employant respectivement 70 et 120 mineurs avec des productions

annuelles de 54.000 et de 83.000 tonnes(*)] avaient provoqué, au mois de juin 1903, un appel en leur nom à la Cour
d'arbitrage de la part de la Fédération des ouvriers des houillères du Nord, Union enregistrée conformément à la loi et
dont leur groupement constituait une des sections (lodge).
L'objet principal de cet appel était d'obtenir une modification complète, avec sérieuse augmentation, du prix payé
pour l'abatage du charbon : ils demandaient qu'à une
rémunération déterminée pour une longueur donnée d'avancement d'un chantier [40 sh. pour chaque yard (**) d'avancement d'un front de taille de 8 yards de largeur dans une
couche de 2 yards à 2 yards et demi de puissance], fût
substituée une rémunération de 3 sh. 4 d. par chaque
tonne ou par chaque yard cube de charbon abattu. Le
taux, de 3 sh. 4 d. par tonne de tout-venant, qu'ils réclamaient correspondait sensiblement à celui qui était pratiqué à Newcastle (***) même, où la couche exploitée, souvent plus dure et d'un abatage moins facile, est en tout
cas constituée par du charbon beaucoup meilleur et dont
le prix de vente est notablement plus élevé. La Cour
d'arbitrage crut devoir faire droit à leur demande en ce
qui touche au mode de calcul des salaires, en l'identifiant
avec le mode adopté dans le reste du bassin, c'est-à-dire
qu'elle prescrivit le calcul à tant par tonne abattue ; mais,
au lieu d'accorder le taux fixe que demandaient les ouvriers,
la Cour instituait une échelle mobile peu différente de celle
de Newcastle et réglée d'après le prix moyen de vente du
charbon de la mine pendant le semestre précédent ; c'était
ainsi admettre le principe, plus que discutable, mais généralement observé en Nouvelle-Galles du Sud, d'une association complète de l'ouvrier aux difficultés commerciales

----

(*) Chiffres de 1901.
(**) Le yard équivaut sensiblement au mètre (exactement 0m,925).
(***) Le taux alors pratiqué à Newcastle était de 4 sh. 2 d., mais
devait incessamment être abaissé à 3 sh. 10 d., et se rapportait au cas
où l'on tient compte uniquement du gros produit.

de l'entreprise. C'est l'application de l'échelle mobile ainsi fixée que les ouvriers n'ont pas voulu accepter ; la sentence, rendue le 14 août 1903, devait entrer en vigueur le 1er janvier 1904, et le taux par tonne à payer à partir de cette date devait être déterminé d'après le résultat d'une vérification des écritures des deux compagnies intéressées pour le semestre écoulé. Le 12 janvier, le comptable désigné à cet effet faisait connaître le résultat de sa vérification : le prix moyen de vente du charbon ayant été de 6 sh. 6 d. (tandis qu'il était aux environs de 9 sh. 6 d. à Newcastle), le prix d'abatage par tonne devait être de 1 sh. 9 d., soit à peine plus que la moitié du taux qu'avaient réclamé les ouvriers. Informés de ce résultat, les mineurs des deux houillères en question décidaient la grève, et les deux sections de la Fédération des mineurs du Nord qu'ils constituaient signifiaient officiellement aux patrons leur refus de travailler plus longtemps dans ces conditions ; elles leur proposaient d'ailleurs le taux de 2 sh. 3 d. 1/2 par tonne (*). Sur le refus des patrons d'accepter cette modification à la sentence arbitrale, la grève éclatait immédiatement, et le travail cessait le 13 janvier dans les deux mines intéressées. La grève éclatait en même temps au charbonnage voisin, dit de Cardiff, employant quelque 30 mineurs, dont les ouvriers avaient récemment conclu avec leur patron un arrangement en vertu duquel ils seraient payés suivant le taux résultant de la sentence arbitrale pour les deux mines contiguës.

(*) On remarquera la différence entre ce que les ouvriers avaient demandé à la Cour et ce dont ils se seraient contentés pour ne pas faire grève ; j'en rapprocherai cette déclaration, faite par un des grévistes dans une réunion publique, pour démontrer la nécessité de la continuation de la grève, qu'avec le taux de 1 sh. 9 d. les mineurs ne pourraient pas se faire plus de 8 sh. (10 fr.) net par jour, ce qui correspondrait à 15 sh. 3 d. (19 fr. 05) avec le tarif qu'ils avaient réclamé de la Cour et à 10 sh. 6 d. (13 fr. 12) avec celui dont ils offraient de se contenter.

En présence de cette grève, l'Union des exploitants des houillères du district du Nord, à laquelle appartenaient les exploitants des charbonnages intéressés, s'adressa immédiatement à la Cour, lui dénonçant l'infraction commise ainsi, suivant elle, par les ouvriers à la sentence du 14 août 1903 ; elle lui demandait d'infliger à la Fédération des ouvriers des houillères du Nord, qui représentait les contrevenants pour l'application de la loi, la pénalité de 200 £ prévue par la sentence en cas d'infraction commise à celle-ci par une Union. Il faut d'ailleurs ajouter que dès le début les membres dirigeants de la Fédération (qui comprend environ 6.000 membres) désapprouvèrent ouvertement l'attitude prise par les quelque 200 grévistes ainsi que par les membres dirigeants des deux sections en question de leur Union, et les engagèrent à reprendre le travail ; d'aucuns ont prétendu, mais sans pouvoir, à ma connaissance, en fournir aucune preuve, ni même pouvoir alléguer aucun fait qui fût de nature à le faire présumer, que ce n'était là qu'une attitude de façade, et qu'en fait la Fédération avait soutenu les grévistes (*).

La Cour, saisie de la question, ou plutôt des deux questions soulevées par l'action intentée par les patrons, à savoir : 1° les ouvriers ont-ils commis une infraction à la sentence en refusant de travailler au taux fixé ? et 2° la Fédération peut-elle être rendue responsable de l'acte commis par deux de ses sections ? a débouté les patrons. Dans une longue décision, dont j'annexe la traduction au présent travail, elle déclare qu'une sentence ne saurait obliger les ouvriers à travailler dans des conditions déter-

---

(*) On a cependant fait observer que, si la Fédération avait voulu nettement prendre parti contre les grévistes, elle aurait fort bien pu les exclure de l'Union, ce qui, en vertu de la clause de préférence accordée par l'arbitrage aux membres de l'Union, équivalait pour eux à l'obligation d'aller chercher du travail dans un autre bassin houiller ou dans une autre industrie.

minées, pas plus qu'elle n'oblige les patrons à faire travailler dans ces conditions, mais qu'elle fixe seulement celles auxquelles les uns et les autres devront se soumettre, s'ils veulent travailler ou faire travailler. On ne peut donc, décide la Cour, reprocher aux ouvriers que d'avoir quitté le travail sans observer le délai de prévenance d'usage (délai de quatorze jours); mais, comme l'observation de ce délai n'était pas une des clauses de la sentence, il n'y a pas eu de leur part infraction à celle-ci. La Cour estimait seulement, sans d'ailleurs se prononcer aucunement sur le bien-fondé de telles poursuites, que les patrons pourraient se prévaloir de la faute ainsi commise par les ouvriers pour leur intenter, devant la justice criminelle, les poursuites prévues par l'article 34 de la loi d'arbitrage (*). Ayant jugé qu'il n'y avait pas eu, de la part des ouvriers, infraction à la sentence, la Cour déclarait n'avoir pas à rechercher si, au cas où cette infraction aurait eu lieu, la Fédération aurait pu en être rendue responsable. Les patrons ayant, en présence de ce jugement, sollicité de la Cour l'autorisation prévue par

---

(*) L'article 34 de la loi d'arbitrage du 10 décembre 1901 est ainsi conçu:

« Quiconque :

« a) Soit avant qu'une durée suffisante se soit écoulée pour permettre « de porter le différend devant la Cour,

« b) Soit durant le temps où un différend industriel est pendant « devant la Cour,

« 1° fait quoi que ce soit de tel qu'un lock-out ou une grève, ou « bien encore suspend ou interrompt soit l'emploi de ses ouvriers, « soit son travail dans l'industrie intéressée; ou

« 2° incite ou aide un tiers à commettre l'un des actes ci-dessus in- « diqués,

« se rend coupable d'un délit, et est passible d'une amende de 1.000 £ « au maximum et d'un emprisonnement d'une durée maxima de « deux mois.

« Cependant les dispositions du présent article n'interdisent pas la sus- « pension ou l'abandon d'une industrie, ou la cessation du travail par l'un « des ouvriers de cette industrie, pour toute autre juste raison.

« Aucune poursuite en vertu du présent article ne pourra être entre- « prise qu'avec l'autorisation de la Cour. »

l'article 34 de poursuivre les ouvriers en vertu dudit
article, celle-ci la leur accorda ; mais les patrons n'en
firent pas usage, soit que, ainsi que cela était à supposer
étant donné le texte de l'article 34 (la sentence de la
Cour sur l'objet du désaccord ayant été rendue quelques
mois auparavant, on ne se trouvait dans aucun des deux
cas *a* ou *b*), ils aient craint d'être à nouveau déboutés,
soit que, comme ils l'ont fait dire dans les journaux, ils
n'aient pas voulu se donner l'odieux de poursuivre eux-
mêmes leurs ouvriers pour arriver de nouveau au résultat
auquel ils étaient arrivés quelques mois auparavant par
une semblable poursuite, c'est-à-dire pour aboutir à une
condamnation à 1 £ d'amende ou six jours de prison à
défaut de paiement, immédiatement suivie d'une remise
de l'amende. C'est d'ailleurs ce sur quoi les grévistes
paraissaient bien compter, puisque, dès les premiers jours
de la grève, ils répondaient à ceux qui les adjuraient de
ne pas se mettre en révolte contre la Cour d'arbitrage :
« On n'aura pas de prisons assez grandes pour nous y en-
fermer tous » ; ou bien : « On ne peut cependant pas nous
dépouiller de nos pantalons pour recouvrer l'amende
qu'on nous infligerait. »

L'arrêt de la Cour, bien que flétrissant la conduite des
grévistes et les exhortant à la reprise du travail, ne
changea rien à la situation. Quelques jours plus tard, la
Fédération des ouvriers demandait aux patrons une en-
trevue pour examiner les conditions dans lesquelles le
taux des salaires pourrait être modifié, ou pour se mettre
d'accord avec eux en vue de solliciter de la Cour une
revision de sa sentence ; les patrons refusèrent tous pourparlers sur ces sujets, et la grève se prolongea longtemps
encore, chacune des parties persévérant dans son attitude.
Enfin, comme la situation du marché du charbon restait
peu favorable et ne donnait aucun espoir de voir les
patrons consentir à quelque augmentation de salaires, le

Gouvernement se décida à menacer de poursuites les meneurs de la grève. Devant cette attitude, qu'il eût dû prendre dès le début semble-t-il, le travail fut repris dans les deux mines intéressées aux conditions fixées par la sentence ; l'une d'elles en profita d'ailleurs pour introduire dans ses chantiers l'emploi des haveuses, ce qui a beaucoup diminué l'importance qui s'attachait au taux fixé par la Cour pour la rémunération de l'abatage à la main.

On avait déjà souvent fait observer que l'arbitrage obligatoire réussirait, encore à condition que l'on y ait recours, à empêcher les grèves, tant que les ouvriers voudraient bien se soumettre aux sentences rendues, mais que les dispositions de la loi destinées à les y contraindre pourraient bien être inefficaces. L'expérience vient, dans ce cas, de confirmer pleinement ces craintes, en montrant l'exemple d'une cour d'arbitrage qui n'a même pas cru devoir essayer d'appliquer de semblables dispositions, et qui s'est contentée de constater qu'il n'y a aucun moyen de contraindre des ouvriers à ne pas se mettre en grève, à moins de leur imposer des travaux forcés. Répondrait-elle de même par un aveu d'impuissance en présence d'un patron qui procéderait à un lock-out ? Il faut l'espérer au nom de l'équité ; mais autant le Gouvernement serait bien armé contre lui, — tout particulièrement en matière de mines grâce aux dispositions relatives à l'inexploitation injustifiée des concessions —, et autant il hésiterait peu sans doute à se servir de ses armes, autant il est peu armé à l'égard d'une collectivité d'ouvriers en grève et autant il hésitera toujours à intervenir contre elle (*). D'ailleurs il est relativement de peu d'importance

_____

(*) On n'a pas manqué cependant de faire remarquer que les pouvoirs publics auraient pu, dans le cas que je viens de mentionner agir de deux manières, soit par l'intervention de l'action publique pour la répression du délit qui, prétendait-on, avait été commis par les

de faire ressortir l'inégalité du traitement qui attend d'un côté les patrons et de l'autre les ouvriers qui refuseraient de se soumettre à une sentence de la Cour d'arbitrage. Le fait capital que vient de mettre en lumière l'expérience de la Nouvelle-Galle du Sud, c'est qu'il est légalement bien difficile, sinon impossible, — et pratiquement impossible —, d'empêcher des ouvriers de faire grève lorsqu'ils jugent inacceptables les conditions de travail qui leur sont offertes, qu'elles le soient librement par les patrons ou qu'elles le soient en vertu d'une sentence arbitrale quelconque.

J'ajouterai encore que la récente expérience de la Nouvelle-Galles du Sud a montré d'une façon bien nette que, sitôt votée une loi d'arbitrage obligatoire, et sitôt les ouvriers instruits de ce qu'ils peuvent en attendre (et ils le savaient dès l'abord en Nouvelle-Galles du Sud par l'exemple, vieux de sept ans déjà, de la Colonie voisine de Nouvelle-Zélande), les différends industriels naissent de toutes parts : la loi ayant été promulguée le 10 décembre 1901, et la Cour d'arbitrage ayant été constituée au mois d'avril 1902, il se trouvait déjà, au début du mois d'août suivant, lorsque j'ai séjourné dans la Colonie, un nombre considérable de conflits portés devant elle, si bien qu'elle faisait connaître aux mineurs de Broken-hill, qui

---

ouvriers en violation des dispositions de l'article 34 de la loi d'arbitrage, soit plutôt par l'usage fait par la Cour d'arbitrage des pouvoirs que lui donne l'article 37, paragraphe 6, de la loi d'arbitrage. Cet article prévoit, en effet, qu'« au cours de tout débat devant elle la Cour pourra, « pour assurer l'observation de sa sentence, ordonner que tout membre « d'une union industrielle cessera d'en faire partie à dater du jour et pen- « dant la durée qu'elle fixera »; en raison de l'existence de la clause de préférence, c'eût été là une punition fort efficace à l'égard des ouvriers grévistes, pour peu que le Gouvernement eût effectivement assuré la liberté du travail. Il est inutile d'insister sur ce fait que des raisons politiques ne conseillaient au Gouvernement ni l'un ni l'autre de ces deux partis; il a préféré agir à la fin par pression et par intimidation sur quelques meneurs.

s'adressaient à elle, qu'elle ne pourrait vraisemblablement pas examiner leur cas avant dix-huit mois de là !

§ III. — AUSTRALIE OCCIDENTALE.

La loi d'arbitrage obligatoire de l'Australie Occidentale a été presque entièrement calquée sur celle de la
Nouvelle-Zélande. Promulguée d'abord à la date du 5 décembre 1900, elle a été rédigée avant la mise en
vigueur de la loi néo-zélandaise du 20 octobre 1900 ;
aussi le texte dont elle s'est inspirée est-il celui de 1894
avec ses amendements de 1895, 1896 et 1898. Amendée
le 19 février 1902, elle diffère aujourd'hui fort peu de la
loi néo-zélandaise de 1900, et certains articles y sont
même textuellement empruntés. On en trouvera une analyse dans le rapport de M. Colliard(*).

Je n'ai qu'à noter ici les quelques différences qui suivent
par rapport à la loi de la Nouvelle-Zélande. Tout d'abord
ne sont considérés comme ouvriers, au point de vue de
la loi, ni les apprentis, ni les personnes employées à un
travail de bureau ; ensuite une union professionnelle ne peut
être constituée qu'entre des patrons, au nombre de deux au
moins, ayant occupé plus de 50 ouvriers en moyenne pendant les six derniers mois, ou entre 15 ouvriers au moins.
Une telle Union ne peut s'adresser à la Cour d'arbitrage,
comme autrefois en Nouvelle-Zélande, que conformément
à un vote de la majorité de ses membres et, en outre,
qu'après avoir fait preuve d'une certaine solvabilité en
faisant un dépôt, fixé, pour une union patronale à une
somme de 100 £, et pour une union ouvrière à une somme
de 25 £ si elle ne comprend pas plus de 50 membres, à
une somme de 50 £ si elle en comprend plus de 50 et
moins de 100, et à une somme de 100 £ si elle compte
plus de 100 membres ; enfin, en vue d'écarter les de-

(*) *Loc. cit.*, pp. 109 à 112.

mandes qui ne répondraient pas à la volonté d'un nombre
sérieux d'entre les ouvriers de la corporation, il est spécifié que toute union professionnelle affiliée à une association professionnelle (groupement de différentes unions
similaires d'un même district ou de la Colonie tout entière),
et qui n'aurait pas au moins 100 membres par elle-même,
ne pourra avoir recours à la procédure d'arbitrage qu'avec
le consentement dudit groupement. Un patron peut en
appeler au Comité de conciliation et à la Cour d'arbitrage sans être affilié à aucune union professionnelle,
contrairement à ce qui a lieu en Nouvelle-Zélande ; de
même, si le Comité de conciliation auquel il en est référé
en premier lieu n'arrive pas à réaliser une entente
amiable, il ne fait pas de recommandations ; il peut seulement soumettre telle ou telles questions à la Cour, et
chacune des parties intéressées peut de son côté en appeler à elle ; mais le différend peut aussi demeurer sans solution si personne ne le porte devant la Cour ; inversement,
les parties peuvent, d'un commun accord, le soumettre
directement à celle-ci. La grève et le lock-out sont interdits, dans les mêmes conditions qu'en Nouvelle-Zélande,
une fois le différend porté devant le Comité de conciliation
ou devant la Cour d'arbitrage et sous les mêmes sanctions ;
et l'observation des sentences à intervenir est assurée de
même. Mentionnons enfin que la loi de l'Australie Occidentale ne prévoit pas, comme le font celles des deux
Colonies dont je viens de parler, le droit pour la Cour d'assurer la préférence d'embauche aux membres des Unions.

Une des importantes applications de cette loi venait
d'avoir lieu au moment où j'ai séjourné dans la Colonie
(septembre-octobre 1902) : la section de Boulder et de
Kalgoorlie (*) de l'Association générale des mineurs des

(*) Boulder et Kalgoorlie sont les deux localités minières contiguës

champs d'or (the Goldfields amalgamated miners Union of workers, désignée couramment par les initiales A. M. A. de « Amalgamated miners Association' »), — à laquelle s'est jointe ensuite l'Union des ouvriers d'Hannan (*) et de Boulder, qui est une section de l'Association générale des Travailleurs (Amalgamated workers Association ou A. W. A.), mais dont 90 p. 100 des membres travaillent dans les mines —, avait cité les dix plus importantes d'entre les Compagnies de mines du district de Kalgoorlie directement devant la Cour d'arbitrage.

La sentence de la Cour, rendue le 30 août 1902, fixait un taux minimum de salaires sensiblement plus élevé que le taux courant (taux dont les compagnies minières réclamaient l'abaissement dans quelques cas, afin de le rendre uniforme d'une exploitation à l'autre) ; en même temps elle consacrait le principe légal des postes de huit heures. Cette décision, dont les stipulations constituaient un moyen terme entre les salaires minima alors pratiqués (**) et les demandes des ouvriers, a été assez bien accueillie des uns et des autres, comme réalisant une médiation entre les deux parties. Néanmoins des protestations se sont élevées, et un certain mécontentement s'est manifesté chez les ouvriers, lorsque les compagnies

---

qui se développent au voisinage immédiat de la ligne de gisements des champs d'or de Coolgardie-Est, et qui ont produit, en 1901, environ 990.000 onces d'or, sur une production totale de 1.840.000 pour l'Australie Occidentale.

(*) Hannan, qui est le nom de celui qui a le premier découvert l'or au voisinage de la localité actuelle de Kalgoorlie, sert à désigner cette même région aurifère.

(**) Les chiffres que voici permettent d'en juger :

	Taux admis avant l'arbitrage	Taux demandés par les ouvriers	Taux accordés par la sentence
Mineurs employant des perforatrices	11sh.8d. à 13sh.4d.	15sh.»	14sh.4d. et 13sh.10d.
Rouleurs et remblayeurs	10 » à 10 6	11 8	10sh 6d.

minières ont ramené à huit heures le poste du samedi, restreint jusque-là à sept heures ; cependant les compagnies
ne faisaient ainsi qu'appliquer le texte même de la sentence, qui n'avait d'ailleurs été distribué aux ouvriers par
l'Association générale des mineurs que tronqué, et en en
faisant disparaître en particulier la clause, défavorable
aux mineurs, qui limitait les postes à huit heures dans
tous les cas. Sous prétexte que le texte en question
n'était pas suffisamment clair, l'A. W. A. en a immédiatement sollicité de la Cour une interprétation, ce
qui équivalait à rien moins que de lui demander de
revenir sur celle des dispositions de sa sentence qui ne con-
venait pas aux ouvriers ; cette interprétation a été donnée par la Cour conforme à celle qui avait été admise par
les compagnies, et depuis lors la sentence paraît avoir été
loyalement observée par les uns et les autres. Entrée en
vigueur le 1er septembre 1902 pour dix-huit mois, cette
sentence, qui expirait le 1er mars 1904, a été prorogée
d'égale durée, par entente amiable, grâce à de légères
concessions faites aux ouvriers, en particulier en ce qui
touche la réduction du poste du samedi à sept heures.

Cette sentence appelle une dernière remarque : l'A.M.A.
ayant demandé que la préférence d'embauche fût accordée
à ses membres, la Cour a refusé de donner satisfaction à
cette demande ; et, alors qu'il lui eût été facile de fonder
son refus sur l'existence de deux Unions différentes, ou
sur la faiblesse relative de leurs effectifs par rapport au
personnel intéressé, elle l'a motivé ainsi : « La Cour n'a
« pas le pouvoir de décider que la préférence d'embauche
« doit être accordée aux membres de l'Union. » Au cours
des débats, le président de la Cour avait déclaré à ce
sujet que la Cour doit s'en tenir aux dispositions de la
loi, et que celle-ci ne mentionne nullement une semblable
chose ; il avait ajouté, à l'appui de cette manière de voir,
cet argument que l'un des projets qui avaient été soumis au

Parlement comportait le droit pour la Cour d'introduire ladite clause, « dont l'effet serait d'ailleurs d'empêcher « un ouvrier non-unioniste de poursuivre le métier auquel « il s'est adonné », et que la disposition en question avait été rejetée.

Il est bon d'ajouter que, pas plus en Australie Occidentale qu'ailleurs, une telle loi n'évite complètement les grèves : peu de temps avant mon séjour dans cette contrée, une grève partielle des ouvriers des mines d'or de Frazers à Southern-Cross (production en 1901 : 1.880 onces d'or) avait eu lieu sur le refus de l'exploitant d'accorder aux ouvriers une augmentation de salaires qu'ils réclamaient ; mais, devant l'intention bien arrêtée de l'exploitant de fermer la mine (*), dont la situation était peu florissante, plutôt que d'en passer par les volontés des ouvriers, ceux-ci ne tardèrent pas à abandonner leurs prétentions sans en appeler à la Cour d'arbitrage.

§ IV. — AUSTRALIE DU SUD ET VICTORIA.

Loi d'arbitrage de l'Australie du Sud. — Je mentionnerai enfin que, pour l'Australie du Sud, il existe une loi d'arbitrage du même genre, la « Loi du 21 décembre 1894 « pour faciliter la solution des conflits industriels » ; mais, contrairement à ce qui a lieu aujourd'hui (**) dans les trois Colonies dont je viens de parler, cette loi ne donne la

(*) L'exploitant ne pouvait abandonner temporairement son exploitation, sans encourir la déchéance, que par autorisation du ministre accordée sur avis du « Warden » (magistrat spécialement chargé de l'application des lois minières) ; mais l'avis de celui-ci avait été favorable à la demande, malgré l'intervention du président de l'Union ouvrière qui protestait contre son bien fondé.

(**) La loi actuelle de la Nouvelle-Galles du Sud a été précédée par deux lois d'arbitrage facultatif votées en 1892 et 1899, mais qui n'avaient eu pratiquement aucun effet, de même que la loi néo-zélandaise de 1894 avait été précédée par une première loi d'arbitrage en 1886.

faculté aux unions ouvrières régulièrement enregistrées
de citer en conciliation que les unions patronales enregistrées de même ; le Conseil central de conciliation a
ensuite un droit de *conciliation obligatoire*, c'est-à-dire
d'arbitrage, au cas où la conciliation n'a pas été réalisée
par le conseil local. Les patrons s'étant gardés de soumettre leurs unions, lorsqu'ils en avaient formé, à la dangereuse formalité de l'enregistrement, la loi est restée
lettre morte, puisque ses dispositions ne se trouvaient, de
la sorte, pas être en fait obligatoires pour les patrons (*).

Aucune loi d'arbitrage obligatoire n'a été promulguée
jusqu'ici dans les autres États de l'Australie, Victoria,
Queensland et Tasmanie ; mais le Parlement du Commonwealth vient, comme je l'ai déjà dit, de voter une loi
fédérale organisant l'arbitrage obligatoire dans l'ensemble
des six États du continent australien en cas de conflits
intéressant plusieurs d'entre eux ; la discussion de cette
loi n'a d'ailleurs pas été sans donner lieu à des débats
passionnés et même à des crises ministérielles.

**Fixation de salaires minimum dans l'État de Vic-
toria.** — Je ne crois pas pouvoir terminer ce qui a trait à
la fixation impérative des conditions du travail par délé-
gation de la loi sans faire mention des dispositions législatives spéciales en vertu desquelles, dans l'État de Victoria, il a été fixé pendant quelques années des tarifs
minimum de salaires pour un certain nombre d'industries.
Ces dispositions ne s'étendaient d'ailleurs précisément
pas à l'industrie des mines (**), puisqu'elles avaient essen-

---

(*) Voir, pour plus de détails sur cette loi et les conditions dans
lesquelles l'application en a été tentée sans succès, *Législation ouvrière
et sociale en Australie et Nouvelle-Zélande, Mission de M. Albert Métin*,
publication de l'Office du Travail, 1901, p. 105 et suiv.

(**) On trouvera également de plus amples détails sur ces dispositions
dans le rapport de M. Métin, ci-dessus cité, p. 91 et suiv.

tiellement pour but de mettre fin au « sweating system » dans certaines industries, ou plutôt dans certains métiers spéciaux. C'est la loi sur les fabriques et magasins (Factories and shops Act), datant de 1890, mais successivement modifiée en 1896 (par deux fois au cours de l'année), puis en 1897, 1898 et 1900, qui a contenu les prescriptions en question depuis 1896 jusqu'au milieu de 1902 : ces prescriptions étaient éventuellement applicables à toutes « fabriques » (factories), c'est-à-dire, suivant la définition de la loi, à « tous bureaux, constructions ou empla-
« cements dans lesquels quatre personnes au moins, autres
« que des Chinois, ou bien un nombre quelconque de Chi-
« nois, sont employés, directement ou indirectement, soit à
« un métier quelconque, soit à la préparation ou à la fabri-
« cation d'articles destinés à être vendus ou mis dans le
« commerce, en y comprenant les carrières superficielles
« ou souterraines d'argile exploitées ou occupées par les
« propriétaires de briqueteries ou de fabriques de poterie,
« ainsi que tous les bureaux, constructions ou emplacements
« dans lesquels sont employées une ou plusieurs personnes
« et où il est fait usage de moteurs à vapeur, à eau, à gaz,
« à pétrole, ou électriques, pour produire des articles des-
« tinés au commerce ou à la vente, ou dans lesquels sont
« fabriqués des objets de mobilier, ou encore dans lesquels
« du pain ou de la pâtisserie sont préparés ou cuits en vue
« d'être vendus ». L'industrie des mines reste donc en dehors des industries auxquelles s'appliquent lesdites dispositions, qui, pour les industries en question, permettent la fixation d'un minimum de salaire, — ou plutôt permettaient cette fixation. Ces dispositions n'avaient en effet été réinsérées dans la dernière loi sur les fabriques et magasins, en date du 1er mai 1900, qu'en spécifiant qu'elles ne resteraient applicables que jusqu'à la clôture du Parlement qui suivrait immédiatement la fin d'une période de deux ans révolus à partir de cette date, à

moins que le Parlement ne proroge la loi avant l'expiration de ce délai : or cela n'a pas eu lieu, le Parlement ayant été dissous au début du mois de septembre 1902, alors que la Chambre haute était en train de discuter la prorogation de la loi, prorogation qui n'était d'ailleurs pas sans y soulever une opposition très vive et très nombreuse. Cette dissolution, et l'abrogation qui en résultait des dispositions en question, étaient l'objet de toutes les préoccupations du monde industriel durant mon séjour dans l'État de Victoria ; je ne crois pas que ces dispositions aient été depuis lors votées à nouveau par le Parlement.

Voici en quoi elles consistaient : le Gouvernement pouvait, à toute époque, décider la création, pour l'une quelconque des industries visées par la loi, d'un Comité chargé de fixer un tarif minimum de salaires (tarif à la journée, tarif aux pièces, ou tarif prévoyant l'un et l'autre modes de rémunération), une durée maximum de la journée de travail, et enfin une proportion maximum du nombre des apprentis par rapport aux ouvriers adultes ; et tout cela sous peine d'amendes pour ceux, patrons ou ouvriers, qui ne s'y conformeraient pas. Néanmoins la loi donnait à l'Inspecteur du travail du district le droit d'autoriser tout ouvrier âgé ou infirme à travailler pour un salaire moindre que le salaire minimum fixé, et au Ministre chargé de l'exécution de la loi celui d'autoriser tout ouvrier âgé de plus de vingt et un ans à travailler à titre d'apprenti.

A la fin de 1900, il avait déjà été créé 27 Comités pour 27 industries différentes, et pendant l'année 1901 ainsi qu'au début de 1902, il en avait encore été créé un grand nombre de nouveaux ; chacun d'eux comptait de 4 à 10 membres, élus en nombres égaux respectivement par les patrons et par les ouvriers de l'industrie en question, et qui, une fois élus, choisissaient un président en dehors d'eux.

Le fonctionnement de ces Comités, qui, en somme, différait peu de celui des Cours d'arbitrage dont je viens de parler, a abouti, de même, à une élévation du taux des salaires dans presque toutes les industries. Les deux reproches principaux qui ont été adressés à ce système ont été fondés, d'une part, sur le tort considérable porté à certaines industries dans leur concurrence avec les industries similaires des Colonies voisines ou de l'étranger, et, d'autre part, sur l'impossibilité pour les ouvriers médiocres de trouver du travail, étant donné que la main-d'œuvre est surabondante dans l'État de Victoria. On a, en outre, signalé que, dans un très grand nombre de cas, patrons et ouvriers s'entendaient pour ne pas appliquer la loi, et on a insisté sur la difficulté qu'il y avait à découvrir de semblables contraventions. Enfin j'ajoute que les fixations faites par ces Comités n'ont pas toujours été acceptées sans difficulté par les ouvriers intéressés ; je n'ai cependant pas connaissance de cas où ils se soient mis en grève à la suite de telles fixations.

Je n'ai aucune appréciation personnelle à formuler sur cette loi, que je n'ai pas vu appliquer à l'industrie dont j'ai eu à m'occuper; je crois cependant pouvoir affirmer qu'elle a eu peu de succès, puisque, comme je l'ai dit, elle n'a pas été prorogée après expiration de la période d'application qui lui avait été assignée.

Telles sont les lois d'arbitrage obligatoire, ou les dispositions législatives analogues, qui sont intervenues en Australasie pour faire régler impérativement celles des conditions du travail que ne fixe point la loi, et que les tendances politiques ne voulaient plus admettre qu'on laisse débattre librement entre patrons et ouvriers, sous la menace éventuelle de grèves au cas où l'entente ne pourrait pas s'établir.

Comme je crois l'avoir montré, l'application de ces lois n'a pas été sans imposer a l'industrie des charges souvent très lourdes, en n'assurant finalement aux ouvriers que des avantages le plus souvent illusoires; mais, et c'est ce qui est peut-être le plus grave, elles n'atteignent pas le but essentiel que s'étaient proposé de réaliser à tout prix leurs promoteurs, la suppression radicale des grèves. Non seulement la grève reste légalement possible si ni ouvriers ni patrons ne veulent recourir à l'arbitrage, mais elle reste matériellement possible, et la jurisprudence semble même dire licite, pour les ouvriers tout au moins, s'ils ne sont pas satisfaits de l'arbitrage. Des grèves se produisant dans ces conditions, et il s'en est déjà produit, ne pourront qu'enlever rapidement toute autorité à de telles lois. Celles-ci semblent donc devoir tomber en désuétude, — si elles ne sont pas abrogées auparavant, — dans un délai d'autant plus rapide que le déplorable exemple de grève dont j'ai fait mention sera plus souvent suivi par d'autres Unions ouvrières ou même par des patrons.

DEUXIÈME PARTIE.

LES SALAIRES DES MINEURS ET LE TRAVAIL FOURNI EN ÉCHANGE.

CHAPITRE Ier.

LES SALAIRES.

Quelque développées que soient les lois ouvrières en Australasie et quelque nombreuses même que soient celles qui touchent aux salaires pour les protéger, on n'y trouve à ma connaissance aucune stipulation concernant directement le mode suivant lequel les salaires seront établis, ou le taux auquel ils devront être fixés. Il y a quelques années seulement, on aurait pu ajouter qu'en Australasie, comme dans toutes les autres contrées du monde (*), les salaires se trouvaient être réglés, sous une forme ou sous une autre, par une entente directe entre intéressés, — plus ou moins facile à réaliser d'ailleurs, — qui d'une part tenait compte des habitudes établies dans chaque région, et qui d'autre part était dominée par la loi de l'offre et de la demande. Aujourd'hui il n'en est plus ainsi dans la majeure partie déjà des Colonies de l'Australasie (Nouvelle-Zélande, Nouvelle-Galles du Sud, Australie Occidentale, et partiellement Victoria), puisque, ainsi que je l'ai indiqué en détail dans ce qui précède, des lois d'arbitrage obligatoire

----

(*) Je rappelle cependant, d'après M. Colliard (*loc. cit.*, pp. 3 et 4), que l'arbitrage obligatoire a été institué pour les mines de la Nouvelle-Écosse par la loi de 1900-1901, et que la fixation des salaires par voie d'arbitrage obligatoire est inscrite dans la loi du 10 février 1900 du canton de Genève.

ont remis en dernière analyse à une tierce autorité, qui
est une émanation de la loi, le soin de régler le taux des
salaires et leur organisation même. Jusqu'ici, d'ailleurs,
cette autorité n'est intervenue d'une façon importante que
pour la fixation du taux des salaires, et elle a presque
toujours respecté le mode même suivant lequel une longue
expérience les avait fait établir dans chaque région et
pour chaque catégorie d'industries.

Dans ces conditions, l'organisation même des salaires
dans les industries de l'Australasie, et dans les mines en
particulier, dérive à peu près des mêmes habitudes qu'en
Europe : certains ouvriers (shift-men) sont payés à la
journée (day-wages) ; — d'autres sont payés aux pièces
(piece-work), c'est-à-dire à tant par unité produite ;
— d'autres encore, généralement associés par groupes, travaillent à l'entreprise (contract system), c'est-à-dire reçoivent à forfait une somme globale déterminée pour un travail déterminé, ordinairement de longue haleine ; — enfin,
dans certaines mines, des groupes d'ouvriers travaillent
suivant le système du « tribut », qui correspond à une
véritable amodiation d'une partie de la mine à ces ouvriers,
lesquels se trouvent dès lors rémunérés non plus d'après
le travail produit, comme en matière d'entreprise, mais
d'après la valeur du minerai extrait.

§ I. — Indications générales.

Avant de donner quelques détails sur ces différents
modes de rémunération du travail, je dirai un mot de leur
fréquence relative.

Je signalerai tout d'abord que le nombre des ouvriers
payés à la journée est relativement restreint dans les
mines de l'Australasie. Dans les houillères, tous les
piqueurs qui abattent le charbon, et qui assurent d'ail-

leurs en même temps le boisage des tailles et parfois
aussi le chargement dans les bennes, sont payés suivant
la quantité de charbon produite. Or, dans des bassins houillers comme ceux de la Nouvelle-Zélande et surtout ceux de
la Nouvelle-Galles du Sud, la grande majorité des ouvriers
du fond travaillent au charbon, et le nombre des ouvriers
du jour est faible ; c'est ainsi, pour prendre deux exemples
au hasard, qu'au moment de mon passage, la mine de
Mount-Kembla (N. G. S.), occupant 320 ouvriers au fond,
ne comptait pas moins de 220 piqueurs, tandis que le
personnel du jour n'atteignait pas plus de 125 ouvriers
toutes opérations de transport et d'embarquement du
charbon comprises, et que la « Newcastle Coal Company », sur 860 ouvriers occupés dans ses mines, comptait 450 piqueurs, 200 ouvriers divers au fond, et
210 ouvriers au jour. Il faut d'ailleurs ajouter que, parmi
les hommes ne travaillant pas au charbon, il en est
encore souvent un bon nombre qui ne sont pas payés à la
journée, soit que le salaire aux pièces soit étendu à certaines opérations accessoires, telles que les manœuvres
aux recettes ou le roulage des bennes au fond et au jour,
soit que ces mêmes opérations accessoires soient données
à l'entreprise à des groupes d'ouvriers associés. Ce dernier cas est par exemple celui d'une partie des roulages
à la mine de Granity-Creek (N. Z.); mais, par contre, à
cette même mine, l'emploi, récemment adopté, de
haveuses conduites par des haveurs à la journée a diminué
sensiblement le nombre des ouvriers au charbon qui sont
payés proportionnellement à leur production.

Dans les mines métalliques, la nature trop irrégulière
des gîtes ne permet guère la pratique des salaires aux
pièces, car un même taux fixe ne saurait convenir aux
différents chantiers de la mine, les uns poursuivant une
mince ramification d'un filon, les autres ouverts dans le

minerai massif, offrant ceux-ci une roche très dure, et
ceux-là plus tendre, etc..., et ne saurait même être équi-
tablement applicable deux jours de suite au même endroit
où les conditions du travail peuvent changer avec la
rapidité que l'on sait. C'est donc, là où l'on n'adopte pas
simplement le travail à la journée, le système de l'entreprise qui est préféré, puisqu'il permet de fixer pour
chaque cas un prix de base différent suivant l'allure du
gisement, et qu'il assure, pendant la durée toujours
longue à laquelle s'applique le contrat, une compensation
entre les variations passagères, dans un sens et dans
l'autre, que subissent les conditions de l'abatage au
chantier.

Les ouvriers des mines métalliques ne peuvent donc guère
qu'être payés à la journée ou bien être employés à l'entreprise : dans la plupart des districts, on cherche à développer le plus possible le second de ces systèmes, qui
assure naturellement plus d'efficacité au travail de l'ouvrier; mais encore faut-il que les conditions naturelles
dans lesquelles se présente le gîte le permettent.

Aux célèbres mines de plomb argentifère de Broken-
hill (N. G. S.), la plupart des ouvriers du fond travaillent
à l'entreprise, suivant un mode qui diffère d'ailleurs assez
peu du travail aux pièces. C'est le cas non seulement de
tous les mineurs proprement dits, mais encore d'une partie des rouleurs et des remblayeurs, si bien que la plus
importante des compagnies de ce centre minier, la
« Broken-hill Proprietary Company », comptait, au moment de mon séjour à Broken-hill, plus de 1.000 ouvriers
travaillant à l'entreprise sur un personnel total du fond
de 1.236 hommes ; par contre, à la surface, dans les
dépendances de toutes sortes de la mine et dans les
immenses ateliers de préparation du minerai, les ouvriers
étaient presque tous payés à la journée; ils étaient au
nombre de près de 900 pour cette même compagnie.

Dans beaucoup de mines d'or, le travail à l'entreprise est plus difficile à instituer, soit en raison de l'extrême irrégularité du gîte, soit en raison de la difficulté qu'il y a parfois à distinguer du stérile le minerai qui vaut le traitement; d'autre part, on considère généralement que la conduite des perforatrices à air comprimé, dont l'emploi y est fort développé, rend moins nécessaire, à l'égard de ceux qui s'en servent, l'aiguillon que constitue pour eux le principe de l'entreprise, et que l'on peut, mieux que dans le cas du travail au pic et à la barre à mine, compter sur le rendement d'un ouvrier payé à la journée et quelque peu surveillé. Cependant, aux mines d'or de Waihi (N. Z.), par exemple, le système de l'entreprise a été résolument généralisé et étendu même à certains roulages; si bien que, sur 650 ouvriers occupés au moment de ma visite tant dans la mine que dans ses dépendances du jour, la moitié travaillaient à l'entreprise. Au contraire, le travail à la journée est fort répandu dans les gisements exploités à Kalgoorlie (A. O.), qui sont, comme on sait, constitués par des filons (peut-être bien des filons-couches) de quartz au milieu de masses d'amphibolite d'allure mal définie; de l'or libre très disséminé, de la pyrite et du mispickel aurifères, et enfin des tellurures d'or, sont fort capricieusement répartis, tantôt seulement dans le quartz, tantôt également dans la roche encaissante, soit au voisinage immédiat du filon quartzeux, soit parfois à une certaine distance. Le travail du mineur doit donc être constamment contrôlé et guidé par des analyses, ce qui rend presque aussi difficile l'organisation des salaires aux pièces que l'institution du travail à l'entreprise; ce dernier ne peut guère trouver place que pour le traçage des différents niveaux et exceptionnellement pour quelques dépilages. C'est pour cela que, malgré le désir des ingénieurs de développer le plus possible le travail à l'entreprise, celui-ci reste presque l'exception, de telle sorte que, dans une d'entre les plus importantes mines de Kalgoorlie que j'ai visitée, le personnel total des 726 hommes employés tant au fond (373 hommes) qu'au jour et que dans l'usine de traitement ne comprend que 146 ouvriers travaillant à l'entreprise, à savoir : tous les mineurs en traçage, à peine plus d'un tiers des mineurs en dépilage et presque tous les rouleurs.

Quant au système du « tribut » — véritable amodiation partielle de la mine, rémunérant l'ouvrier en raison de la valeur du minerai extrait — qui est en principe applicable à toute nature de gisement, ce n'est guère qu'un expédient ; on n'y a recours que dans les districts peu florissants et le plus souvent dans ceux qui sont en période de décadence, en vue de prolonger l'exploitation de mines dont les propriétaires ne croient plus avoir à espérer grand'chose de bon, et où le paiement de salaires normaux aux ouvriers ne laisserait plus de bénéfices à l'exploitation. On arrive ainsi, dans des régions où la main-d'œuvre est surabondante, à faire travailler les ouvriers pour des salaires ressortant finalement à des chiffres qui sans cela leur paraîtraient tout à fait inacceptables, mais dont ils se contentent parce qu'ils sont soutenus par l'espoir, toujours vivace au fond du cœur des mineurs d'or, qu'ils seront un jour assez heureux pour tomber sur une portion de filon d'une richesse suffisamment exceptionnelle pour faire leur fortune. Je n'ai eu l'occasion de voir appliquer ce système que dans deux districts plus ou moins déchus aujourd'hui de leur antique prospérité ; celui de Thames en Nouvelle-Zélande, où l'on n'est pas encore, après vingt ans de recherches, arrivé à retrouver des filons exploitables avec profit au-dessous de chapeaux à or libre qui avaient donné lieu à des surprises merveilleuses, et celui de Ballarat dans l'État de Victoria, où, bien que l'on compte encore quelques exploitations fructueuses, il s'en trouve plus d'une qui ne parvient pas à extraire du quartz suffisamment riche pour valoir le traitement, et cela aux points mêmes qui ont été, il y a quelque cinquante ans, le théâtre des exploits des premiers chercheurs d'or de l'Australie, et où des fortunes se sont édifiées en quelques jours.

§ II. — SALAIRES À LA JOURNÉE.

En ce qui touche à l'organisation des salaires à la journée, dont je viens d'indiquer la rareté relative dans les travaux souterrains, je n'ai guère à insister ici que sur leur taux élevé, me réservant d'indiquer au chapitre suivant que la somme de travail qu'ils rémunèrent est loin d'être aussi élevée. Mais je dirai dès maintenant en passant, quitte à revenir ultérieurement en détail sur ce point, que, si les salaires nominaux sont élevés, leur pouvoir d'achat est partout assez faible.

Situation relative des houillères et des mines métalliques. — Si l'on met à part les régions reculées et dépourvues de toutes ressources naturelles, où ce pouvoir d'achat est beaucoup plus faible encore, je dois tout d'abord signaler que, contrairement à ce que l'on s'imaginerait volontiers, les salaires journaliers sont sensiblement plus élevés dans les houillères (*) que dans les mines d'or et même que dans les mines métalliques en général. C'est là un fait un peu surprenant, non seulement pour celui qui partagerait cette superstition que, parce qu'une mine est une

---

(*) La différence est surtout sensible lorsque l'on compare les piqueurs, qui abattent le charbon, aux mineurs, qui abattent le minerai dans les mines métalliques : elle est moins marquée pour les ouvriers auxiliaires, boiseurs, rouleurs, etc..., et pour les ouvriers du jour ; cela tient en partie à ce que pendant longtemps les Unions des bassins houillers n'ont été constituées que par les piqueurs.

mine d'or, c'est-à-dire une mine où l'on trouve le plus
précieux des métaux, elle doit nécessairement être plus
riche qu'une mine d'un autre minéral, qu'elle doit donner
de plus beaux bénéfices à ceux qui l'exploitent, et qu'elle
peut donc permettre de rémunérer plus largement le travail des ouvriers grâce auxquels le précieux métal est
mis au jour, mais encore pour celui qui a pu examiner
les conditions du travail dans les mines métalliques, et
tout particulièrement dans les mines d'or des districts un
peu anciens, tels que Bendigo et Ballarat dans l'Etat de
Victoria, Orange en Nouvelle-Galles du Sud, Gympie dans
le Queensland, Thames et Waihi en Nouvelle-Zélande.
Dans ces districts, les puits sont en effet assez profonds
aujourd'hui ; et, après avoir enlevé autrefois les plus belles
parties de riches filons, on en est réduit actuellement à
poursuivre jusque dans leurs étranglements les ramifica-
tions et les branches pauvres de ces filons, ce qui rend le
travail du mineur notablement plus pénible et plus dangereux que dans les houillères. Les chantiers sont donc
étroits, chauds, mal aérés, fréquemment fort humides,
ailleurs infestés par la poussière que produisent les perforatrices ; leur atmosphère est souvent pour longtemps
rendue difficilement respirable par l'emploi de quantités
importantes de dynamite. Enfin les installations sont faites
plus petitement, et offrent par suite des conditions générales de sécurité moindres que dans les charbonnages.

Malgré cela, le paradoxe que je signale paraît s'expliquer et se justifier par les raisons que voici.

L'histoire même du développement des différents districts
miniers en fournit une première ; tandis que dans les bassins
houillers l'exploitation a généralement été entreprise, dès
le début avec des capitaux d'une certaine importance,
par un riche patron ou par une compagnie financière, et
tandis qu'il a fallu dès l'abord créer et développer une population ouvrière assez nombreuse, en lui offrant, pour l'at-

tirer dans les mines, des salaires plus élevés que ceux qu'elle gagnait d'autre part, l'exploitation de l'or s'est au contraire partout, ou presque partout, trouvé débuter dans des conditions toutes différentes. Elle a commencé, en effet, dans la plupart des districts, par les entreprises individuelles des laveurs d'or; et ce n'est que beaucoup plus tard que se sont montées des compagnies importantes, lorsque les efforts isolés furent devenus impuissants soit à traiter par des procédés perfectionnés les alluvions moins riches, précédemment dédaignées, qui restaient seules à exploiter désormais en même temps que des sables déjà lavés une fois, mais imparfaitement, soit à poursuivre à quelque profondeur l'exploitation de filons dont la tête avait aisément fourni autrefois du minerai facile à traiter. Ces compagnies ont donc trouvé de suite l'aide de gens déjà habitués à l'exploitation de l'or et résidant déjà dans le pays, mais ne réussissant plus à y gagner leur vie d'une manière suffisante, pour poursuivre les travaux que ces ouvriers n'étaient plus à même de mener à bien. Elles ont ainsi généralement rencontré sur place, en nombre largement suffisant, tout le personnel voulu, constitué par des hommes qui étaient accoutumés depuis d'assez longues années à travailler dur pour ne plus gagner qu'une maigre existence là où on avait fait fortune quelques années auparavant, et qui avaient à tout moment le choix entre les salaires modestes, mais assurés, que leur offraient les exploitations importantes, et la vie aventureuse, mais le plus souvent misérable, du chercheur d'or à son compte.

A côté de cela la dissémination relative de la plupart des gisements aurifères actuellement exploités est également peu favorable à l'élévation des prétentions des mineurs; au contraire, les mines de houille, concentrées en des bassins peu nombreux, réunissent une population ouvrière considérable en quelques centres seulement, et c'est ce qui facilite singulièrement les groupements syndicaux des houilleurs, lesquels, surtout en Australasie, sont un des facteurs importants de l'élévation des salaires.

Il faut enfin tenir compte du caractère de nécessité impérieuse qu'ont très vite pris la continuité et la régularité de l'exploitation des houillères de Nouvelle-Zélande et d'Australie, sitôt que les divers bassins importants se sont créés, en même temps que s'ouvraient des débouchés pour lesquels leurs fournitures sont immédiatement devenues indispensables. Tout au contraire, l'or surtout, mais même les métaux que produisent les autres mines métalliques de l'Australasie, objets d'une faible consommation sur place et destinés beaucoup plutôt à l'alimentation du marché mondial, seraient facilement remplacés dans tous leurs usages par les produits des mines similaires des autres parties du monde. C'est ce qui explique que, là-bas comme chez nous, une grève, ou une simple menace de grève, ait un caractère tout particulièrement redoutable, et par suite une efficacité beaucoup plus grande pour l'obtention d'augmentations de salaires, lorsqu'il s'agit de bassins houillers.

Telles sont les trois principales raisons qui me paraissent pouvoir faire comprendre que la situation des ouvriers qui extraient la houille en Australasie soit notablement meilleure que celle des mineurs qui travaillent dans les mines d'or, de cuivre ou de plomb argentifère. C'est ce que montrent les quelques chiffres que je donne ci-dessous relativement aux salaires.

Taux des salaires à la journée dans les différentes régions. — Quoi qu'il en soit, j'ai groupé dans les tableaux suivants les renseignements qui permettent de comparer les salaires que gagnaient, au moment de mon séjour dans les différents districts miniers, les ouvriers de ces districts. Il est cependant nécessaire d'ajouter que, si les salaires dans les mines d'or sont en principe fixes, ceux des deux plus importants tout au moins d'entre les bassins houillers de l'Australasie (Newcastle et Wollongong) varient suivant une échelle mobile en raison des prix de vente du charbon : ces prix étant demeurés hauts pendant mon séjour, il s'ensuit que les salaires que j'ai vu gagner par les houilleurs étaient relativement élevés. Mais quelques années auparavant ils étaient, dans l'ensemble, de 1 shelling par jour, soit 1 fr. 25, plus bas que ceux que je donne ci-dessous; c'est dire qu'ils n'étaient guère plus élevés que ceux des mineurs d'or des districts placés dans des conditions économiques comparables à celles des bassins houillers. Il n'en reste pas moins qu'en moyenne les salaires des houilleurs sont notablement supérieurs à ceux des autres mineurs. Je dois d'ailleurs faire observer que précisément dans les périodes où le charbon se vend mal, par suite d'une surproduction par rapport aux besoins, les raisons que je donne ci-dessus pour expliquer l'élévation des salaires dans les mines de houille au-dessus de ce qu'ils sont dans les mines métalliques tombent en partie; la dernière même d'entre elles se retourne complètement.

Si l'on examine d'abord les salaires dans les différentes régions minières de la Nouvelle-Zélande, qui sont dans des conditions économiques à peu près identiques entre elles, et généralement bonnes au point de vue des ressources (sauf l'élévation extrême des prix de tous les objets manufacturés), on relève, ou du moins on relevait au début de 1902, les taux suivants pour les salaires fixés à la journée.

CATÉGORIES D'OUVRIERS	HOUILLÈRES		MINES D'OR EN ROCHE		DRAGAGE DE L'OR	
	Bassin de West-port (*)	Mines de Kaïtan-gata (*****)	district de Reefton (**)	district de Waihi (***)	District de West-coast (*****)	District d'Otago (*****)
	francs	francs	francs	francs	francs	francs
Travail souterrain — Mineurs (travail à la main) lorsqu'ils travaillent à la journée	15,00	12,50	11,875 à 12,50	9,375 à 10,00	»	»
Conducteurs de perforatrices	13,75	»	13,125	10,00 à 10,625	»	»
Boiseurs	13,125	12,50	11,875	10,00 à 11,25	»	»
Receveurs et freinteurs	11,25	»	11,25 à 12,50	9,375 à 10,00	»	»
Rouleurs	11,25	10,00	10,00	8,75 à 9,375	»	»
Travail au jour — Mécaniciens	12,50	11,25	14,55	11,25 à 12,50	»	16,65 à 18
Manœuvres	10,00	10,00	10,00	8,75 à 9,375	12,50	10 à 12,50
Gamins : à partir de	6,25	6,25	6,25	5,00	6,25	»
Ouvriers spéciaux des usines d'extraction de l'or	»	»	11,875	9,375 à 10,00	12,50	10 à 12,50
Ouvriers de la cyanuration	»	»	11,25	9,375 à 10,00	»	»
Manœuvres dans les usines	»	»	10,00	8,75 à 9,375	12,50	10 à 12,50

(*) Suivant la sentence de la Cour d'arbitrage en date du 3 mars 1902.
(**) — — 21 janvier 1900.
(***) — — 4 octobre 1901.
(****) Suivant la convention en date du 13 février 1902.
(*****) Suivant les usages établis dans le district.

Pour l'Australie continentale, il convient de distinguer complètement, d'une part les districts miniers voisins des côtes, généralement assez bien arrosés et par suite fertiles, et en même temps aisément accessibles, autour desquels ont pu se grouper non seulement des villes importantes, mais encore des colonies agricoles, et d'autre part ceux qui, situés plus avant dans l'intérieur des terres, se trouvent déjà dans la région désertique du continent, et dans lesquels on n'a pu créer, et encore au prix de difficultés considérables, que des camps miniers où tout ce qui est nécessaire à l'existence, souvent même jusqu'à la moindre goutte d'eau, doit être apporté de fort loin. Les bassins houillers se trouvent tous parmi les districts du premier groupe, et il ne saurait guère en être autrement, puisque le charbon ne peut pas supporter des frais de transport un peu élevés; aussi ne peut-on comparer les salaires des houilleurs qu'à ceux des ouvriers des mines métalliques voisines des côtes ; cette comparaison donne des résultats identiques à ceux que je viens de mettre en évidence pour la Nouvelle-Zélande.

| | | BASSINS DE | | |
CATÉGORIES D'OUVRIERS		Newcastle (*)	Wollongong (*)	Ipswich
		francs toujours aux pièces	francs	francs
Travail souterrain	Piqueurs			10,00
	Boiseurs	10,625	10,00 à 11,25	10,00
	Rouleurs	8,75	8,75	7,50
	Manœuvres...........	8,75	8,75	7,50
	Gamins	5,00	3,75 à 6,25	3,125 à 6,25
Travail au jour	Receveurs...........	8,75 à 9,125	8,75	»
	Mécaniciens..........	12,50	10,00 à 12,50	9,125
	Rouleurs et manœuvres	»	»	7,50
	Gamins, trieurs, etc...	2,50 à 4,15	»	3,125 à 6,25

(*) Les chiffres que je donne ici varient à peu près proportionnellement au prix de vente du charbon.

Le tableau ci-dessus indique ce qu'étaient, au début de 1902, les salaires dans les trois principaux bassins houillers de l'Australie, à savoir : celui de Newcastle, situé à 120 kilomètres au nord de Sydney, au bord même de l'Océan, et dont la production annuelle est de 4 millions de tonnes de houille ; celui de Wollongong, également en Nouvelle-Galles du Sud, à 70 kilomètres au sud de Sydney et au bord de l'Océan, produisant environ 1.250.000 tonnes par an ; et enfin celui d'Ipswich dans le Queensland, avec une production annuelle de 420.000 tonnes, situé à 35 kilomètres de Brisbane, la capitale, laquelle est au bord d'une large rivière et suffisamment près de son embouchure pour que les bateaux charbonniers viennent y chercher leur chargement, apporté d'ailleurs par chemin de fer depuis les mines.

De ces chiffres on peut rapprocher ceux des salaires dans les districts aurifères anciens, c'est-à-dire dans les districts du voisinage des côtes, aisément accessibles et habitables, tels que Ballarat et Bendigo dans l'Etat de Victoria, Orange en Nouvelle-Galles du Sud, et Gympie dans le Queensland. Voici ces chiffres :

CATÉGORIES D'OUVRIERS		DISTRICTS AURIFÈRES DE			
		Ballarat	Bendigo	Orange	Gympie
		francs	francs	francs	francs
Travail souterrain	Mineurs	9,125 à 10,40	9,125 à 10,40	9,125	10,40
	Conducteurs de perforatrices............	»		10,40	12,50
	Boiseurs..........	10,40	10,40	10,40	12,50
	Receveurs	»	8,30	»	10,40 à 11,50
	Rouleurs	6,25 à 7,50	7,50	7,50	8,30
Travail au jour	Mécaniciens.........	10,40	10,40	10,00	12,50
	Manœuvres........	6,25 à 7,50	»	7,50	»
	Ouvriers des usines ..	8,125	8,125	9,375	8,30 à 9,375
	Gamins	4,15 à 6,25	»	»	6,25 à 7,50

Je donnerai enfin, pour compléter ces renseignements, le tableau des salaires qui étaient pratiqués dans un certain nombre d'entre les districts miniers les plus reculés des divers États de l'Australie, lorsque je les ai visités. Ces districts sont : celui des mines de cuivre et des mines d'or de Cobar (N. G. S.), situé à quelque 600 kilomètres à l'Ouest de la côte orientale de l'Australie, en pleine solitude, et où l'on devait, au moment de mon séjour, faire venir par chemin de fer, d'une distance de quelque 200 kilomètres et au prix de 1 fr. 40 le mètre cube(*), toute l'eau nécessaire non seulement aux besoins domestiques, mais encore aux usages industriels ; — celui de la grande mine d'or de Mount-Morgan dans le Queensland, qui est beaucoup moins loin de la côte, mais qui, au Nord du tropique du Capricorne, se trouve déjà dans la région torride, et où l'eau, tout aussi rare qu'à Cobar, était également amenée par chemin de fer au cours de l'hiver austral pendant lequel je m'y trouvais ; — celui des très célèbres

---

(*) Les chemins de fer qui appartiennent à l'Etat avaient consenti, pour ce transport, des prix très réduits, inférieurs aux frais qu'ils entrainent.

mines de plomb argentifère de Broken-hill, situé en Nouvelle-Galles du Sud, mais si loin des côtes de cette Colonie que c'est par Adélaïde (A. S.) qu'on y accède, grâce à une ligne de chemin de fer de 500 kilomètres de longueur; c'est l'un des exemples les plus typiques d'un grand camp minier de 20 à 25.000 habitants développé en plein désert sur les affleurements d'un des plus beaux gîtes minéraux connus; — et enfin le récent et très florissant district de Kalgoorlie en Australie Occidentale, autre remarquable conquête de l'industrie sur une nature inhospitalière, où s'élève aujourd'hui, là où il n'y avait rien il y a seulement quelque dix ans, une grande ville de 25.000 âmes, reliée à la côte par une ligne de chemin de fer de 600 kilomètres, et par une canalisation dans laquelle 8 relais de pompes refoulent 20.000 mètres cubes d'eau douce par jour, à la place de l'eau salée qu'on extrayait jusqu'ici des travaux souterrains pour alimenter les chaudières des nombreuses mines et usines de traitement, pour assurer le traitement des minerais, et pour la distiller en vue des usages domestiques.

CATÉGORIES D'OUVRIERS	DISTRICTS MINIERS DE			
	Cobar (Nouvelle-Galles du Sud)	Mount-Morgan (Queensland)	Broken-hill (Nouvelle-Galles du Sud)	Kalgoorlie (Australie Occidentale)
	francs	francs	francs	francs
Travail souterrain				
Mineurs travaillant à la main..............	variable, à l'entreprise	11,25 à 12,50	11,25	14,55
Conducteurs de perforatrices		»	11,25	17,25 à 17,90
Boiseurs	10,40 à 13,75	11,25 à 12,50	12,50	16,65
Receveurs.............	»	»	10,40	14,55
Rouleurs	11.875	10,00	9,375	13,125
Travail au jour				
Mécaniciens...........	12,50 à 13.125	12,50	13,125	16,65
Ouvriers employés au traitement chimique des minerais........	9,375	10,00	10,40	14,55
Manœuvres dans les usines..............	8,75	10,00	9,375	13,125
Manœuvres au dehors..	8,75	9,375 à 10,00	9,375	12,50 à 13,75
Gamins..............	»	»	3,125 à 6,25	10,40

A consulter les tableaux qui précèdent, l'Européen, et en particulier le Français, ne peut qu'être très frappé du taux fort élevé des salaires des mineurs de l'Australasie, comparés à ceux de nos ouvriers français. On sait en effet qu'un bon piqueur au charbon gagne de 6 à 7 francs par jour (il en est à peu près de même d'un bon mineur dans les rares mines métalliques de notre pays), — que les manœuvres employés au fond (rouleurs, remblayeurs, chargeurs, etc.) reçoivent de 3 fr. 50 à 4 francs ou 4 fr. 50, — qu'au jour les adultes sont généralement payés de 3 à 4 francs, sauf les ouvriers à compétence spéciale, — et qu'enfin les jeunes ouvriers gagnent de 2 fr. 50 à 3 francs par jour.

§ III. — TRAVAIL AUX PIÈCES.

Le travail aux pièces est réglé selon des modes très variables d'un district minier à l'autre, suivant la nature du gîte à exploiter et suivant des traditions plus ou moins anciennes.

La rémunération est toujours proportionnelle à l'effet produit. Le taux de proportionnalité ou prix unitaire est en principe invariable et absolument fixé, mais il est néanmoins susceptible de deux sortes de corrections : les unes sont applicables de même à toute époque et sont destinées à tenir compte de celles des particularités du gîte ou du travail, influant sur l'effet utile de l'ouvrier, qui sont accessibles à une mesure (épaisseur des délits stériles intercalés dans le charbon, par exemple), ou qui sont tout au moins susceptibles d'être constatées avec certitude (présence de l'eau au chantier, par exemple) ; les autres changent d'une époque à l'autre, et suivent plus ou moins rigoureusement, en vertu du principe de l'échelle mobile, les variations des cours du minerai ou du minéral extrait ;

ce principe s'applique d'ailleurs également aux salaires à la journée. Comme j'ai déjà eu l'occasion de le faire remarquer, l'échelle mobile ne saurait intervenir dans l'industrie des mines d'or.

Mines de houille. — Dans les mines de houille, le salaire est proportionnel à la quantité de charbon abattue. Cette quantité peut être mesurée par le vide réalisé, d'autres fois elle est évaluée d'après le volume du charbon sorti, en comptant le nombre de bennes d'une capacité déterminée qu'il a permis de remplir (c'est là le système le plus fréquent en France); mais le plus souvent elle est exactement déterminée par la pesée de toutes les bennes sortant de la mine. Lorsque ces constatations portent sur le charbon produit, c'est tantôt sur le tout-venant chargé tel quel dans les bennes, tantôt seulement sur le gros ramassé à la fourche (c'est là un reste des anciennes coutumes consistant à laisser le menu au chantier, ou à le rejeter au dehors comme inutilisable), et plus fréquemment aujourd'hui sur le gros et sur le menu pesés séparément, de manière à donner lieu chacun à une allocation déterminée d'après des taux différents.

Mais, la quantité de charbon produite étant loin d'être rigoureusement proportionnelle à la somme de travail qu'il faut développer dans les différentes circonstances, l'ouvrier réclame, et obtient de plus en plus souvent, qu'il soit minutieusement tenu compte des circonstances spéciales au chantier qui viennent diminuer l'efficacité de son travail. Ces circonstances peuvent tenir : soit à la nature de la couche, suivant qu'elle est de charbon pur ou qu'elle comporte des intercalations de nerfs stériles, — soit à la partie de la couche que l'ouvrier doit exploiter, suivant qu'il enlève toute la couche en une fois entre toit et mur, ou qu'il travaille en plein milieu du charbon, ou enfin qu'il abat soit des mises de charbon restées suspendues

sous le toit, soit une banquette subsistant sur le mur de
la couche (*), — soit à la période même de l'exploitation,
traçage de niveaux plus ou moins larges, ouverture de
recoupes, ou dépilage de piliers précédemment découpés,
— soit à la conduite du chantier à un ou à plusieurs postes
(dans un chantier à un seul poste, le charbon travaille
de lui-même plus que dans un chantier où le travail est continu) ou avec un plus ou moins grand nombre
de piqueurs à la fois (des ouvriers trop nombreux au
chantier se gênent mutuellement), — soit à l'élévation de
la température ou à des venues d'eau plus ou moins
abondantes, etc... Pour en prendre un exemple typique,
je citerai les conditions du travail dans les houillères
de la région de Westport telles qu'elles se sont trouvées
réglées par de nouvelles sentences de la Cour d'arbitrage au moment de mon séjour en Nouvelle-Zélande.
La sentence en date du 3 mars 1902, qui est relative
aux mines de Denniston, fixait comme suit les tarifs
suivant lesquels seraient payés les piqueurs :

1° Lorsque les piqueurs feront l'abatage à la main à tant
par tonne, les règles suivantes devront être observées :
Le taux par tonne (**) dans tout travail au massif sera de 2 sh. 4 d.
(2 fr. 90). Au-dessous de 4 pieds (1m,22) de puissance, le chantier sera réputé défectueux (***). Dans le cas où la Compagnie voudrait faire travailler à tant par tonne, exclusivement dans des
chantiers où la puissance du charbon serait inférieure à 5 pieds
(1m,52), la détermination du taux à adopter par tonne aurait
lieu ainsi qu'il est prévu à l'article 30 (****) de la présente sen-

_____

(*) L'exploitation par tranches successives est inconnue en Australasie.
(**) C'est-à-dire par « long ton » anglaise, soit 1.015 kilogrammes.
(***) Aux chantiers dits défectueux, les piqueurs travaillent à la journée dans les conditions fixées par l'article 24 de la sentence qui prescrit, de même d'ailleurs que le dernier paragraphe de l'article 1er, que,
« si un piqueur travaillant normalement à tant par tonne est chargé de
tout autre travail, il ne devra pas recevoir moins de 12 sh. (15 fr.) par
jour ».
(****) Cet article 30 est ainsi conçu : « Toute question qui viendrait à

tence. Tous les chantiers de 6 pieds (1ᵐ,83) de puissance et au-dessous seront à un seul piqueur.

Lorsque des ouvriers seront payés à la journée pour abattre à la main du charbon, ils recevront au moins 12 sh. (15 fr.) par jour. Cette disposition n'est applicable qu'aux piqueurs, et ceux-ci auront toujours le droit, s'ils le préfèrent, d'être payés au tonnage suivant les stipulations de la présente sentence.

2º Les recoupes auront 18 pieds de large (5ᵐ,49); cependant, dans le cas où le toit serait mauvais, le directeur aurait le droit de réduire leur largeur jusqu'à 16 pieds (4ᵐ,88) au minimum.

Traçages. — 3º Dans les niveaux et les montages de 6 pieds (1ᵐ,83) de largeur, il sera payé en sus 7 sh. (8 fr. 75) par yard (0ᵐ,92) d'avancement, dans ceux de 9 pieds (2ᵐ,74) de largeur, 6 sh. (7 fr. 50) par yard, et dans ceux de 12 pieds (3ᵐ,66), 5 sh. (6 fr. 25) par yard. Dans les descenderies humides, le supplément sera fixé par accord.

4º L'enlèvement, sur toute la largeur d'une recoupe, d'une banquette d'une épaisseur quelconque supérieure à 3 pieds 6 pouces (1ᵐ,06) sera payé au même taux que le dépilage; pour une banquette comprise entre 3 pieds 6 pouces (1ᵐ,06) et 2 pieds (0ᵐ,61) d'épaisseur, le taux sera celui de l'abatage en recoupe; au-dessous de 2 pieds (0ᵐ,61) d'épaisseur, le chantier sera considéré comme défectueux. Lorsqu'il y aura à enlever des banquettes sur de faibles largeurs, il sera payé en sus : 1 sh. (1 fr. 25) par yard (0ᵐ,92) d'avancement si la largeur est comprise entre 9 et 12 pieds (2ᵐ,74 à 3ᵐ,66), et 2 sh. (2 fr. 50) par yard si cette largeur est comprise entre 6 et 9 pieds (1ᵐ,83 à 2ᵐ,74).

5º S'il y a à pratiquer une recoupe étroite à travers un pilier, l'ouvrier recevra la prime ordinaire d'avancement en plein pilier, soit 4 sh. (5 fr.) par yard (0ᵐ,92). Cette stipulation ne s'appliquera d'ailleurs que lorsqu'il n'y aura à recouper qu'un seul pilier ; si l'ouvrier avait à en recouper plusieurs successivement, il recevrait simultanément le prix habituel par tonne abattue et la prime par yard d'avancement au massif.

---

se poser ou toute difficulté qui viendrait à s'élever sur un sujet qui n'aurait pas été réglé par la présente sentence serait soumise à l'examen simultané de la Compagnie et du Bureau de l'Union des mineurs, en vue de chercher à réaliser l'entente sur ce sujet. »

Dépilages. — 6° Les taux adoptés en dépilage seront les suivants : pour une puissance de couche comprise entre 4 pieds (1m,22) et 5 pieds 6 pouces (1m,68), 2 sh. (2 fr. 50) par tonne ; entre 5 pieds 6 pouces (1m,68) et 6 pieds 6 pouces (1m,98) 1 sh. 10 d. (2 fr. 35) par tonne ; entre 6 pieds 6 pouces (1m,98) et 9 pieds (2m,74), 1 sh. 9 d. (2 fr. 20) par tonne ; au-dessus de 9 pieds 1 sh. 8 d. (2 fr. 10) par tonne. Les chantiers de moins de 4 pieds (1m,22) de hauteur seront considérés comme défectueux.

Les taux ci-dessus sont applicables lorsque le toit est net et solide. Dans le cas où il y aurait un faux toit ou un mauvais toit, les taux précédents seraient majorés de 3 d. (0 fr. 30) par tonne.

7° Tous les chantiers de dépilage de moins de 6 pieds (1m,83) de hauteur ne seront qu'à un seul piqueur. Cependant le directeur aura le droit d'y mettre deux piqueurs, si cela est nécessaire.

8° L'enlèvement des croûtes laissées sous le toit sera payé au même taux que le dépilage ordinaire.

9° Lorsque la puissance du charbon sera inférieure à 6 pieds (1m,83) et qu'il existera des nerfs de rocher intercalés dans la couche ou des nerfs sous le toit qui ne puissent pas être laissés en place, les allocations supplémentaires à accorder seront les suivantes : 1 d. (0 fr. 10) par tonne pour toute épaisseur de nerfs jusqu'à 3 pouces (0m,076) et 1/2 d. (0 fr. 05) pour chaque pouce (0m,025) en plus de 3. Il ne sera payé d'allocation que pour ceux des nerfs qui seront d'une épaisseur telle qu'il faille les séparer du charbon. Lorsque l'épaisseur totale du charbon à abattre dépassera 6 pieds (1m,83), il n'y aura aucune allocation supplémentaire pour les nerfs.

10° . . . .

Tel est l'esprit dans lequel se trouvent réglés les salaires aux pièces dans les mines. Cette réglementation n'est pas partout aussi minutieuse : elle l'est relativement peu là où l'arbitrage n'existe pas, et de même elle l'est moins là où il n'a encore été pratiqué qu'exceptionnellement, et là où ces questions sont encore réglées par des arrangements amiables, que là où l'arbitrage a déjà fonctionné plusieurs fois successivement.

Dans ce dernier cas (qui est celui de la mine de Denniston), chaque sentence, complétant et précisant à la demande des ouvriers les points laissés dans l'ombre par la précédente, marque un nouveau pas dans cette voie, et diminue encore un peu plus la liberté que le patron devrait avoir pleine et entière pour la conduite du travail. Par la sentence dont je viens de citer une partie, le patron se voit interdire de faire travailler à un même chantier le nombre de piqueurs qu'il lui conviendrait d'y mettre ; il lui faut pouvoir justifier que le toit est réellement mauvais pour réduire un peu la largeur normale des traçages, et le texte semble même lui interdire de la réduire au-dessous de 16 pieds (en réalité, rien ne l'en empêche, mais à la condition de renoncer à faire travailler aux pièces, c'est-à-dire à avoir une action quelconque sur l'efficacité du travail des ouvriers). Ailleurs une sentence, à peine plus libérale, lui laisse bien le droit de multiplier le nombre des ouvriers d'un chantier, mais à la condition que, pour chaque piqueur qu'il ajoutera au nombre normal que fixe la sentence, le taux par tonne se trouvera légèrement relevé ; il en sera de même s'il veut faire travailler à deux postes à tel ou tel chantier, et il devra relever le taux davantage encore s'il veut le pousser à trois postes.

Malgré tant de stipulations diverses, il se trouve encore que certains chantiers sont dans des conditions moins favorables que d'autres, sans qu'une des primes prévues vienne compenser cette infériorité, et les Unions redoutent d'y voir placer systématiquement leurs membres les plus actifs, tandis que les non-unionistes, s'il y en a, obtiendraient les meilleures places. Aussi les ouvriers demandent-ils souvent, et obtiennent-ils, que la direction s'interdise toute intervention dans la distribution des piqueurs entre les divers chantiers ; c'est ainsi qu'à Newcastle (N. G. S.) un roulement régulier fait changer les ouvriers entre eux tous les trois mois, et que, pour prendre un autre exemple, l'arrangement conclu le 13 février 1902 entre les mineurs de Kaïtangata (N. Z.) et la direction de la mine institue un tirage au sort trimestriel de tous les chantiers entre les piqueurs, et spécifie même que si, au cours de la durée du trimestre, un chantier vient à devenir vacant, ou un chantier nouveau vient à être ouvert, la direction ne pourra pas le confier à qui elle voudra, mais devra le tirer au sort entre les candidats qui le désireront.

Les taux par tonne adoptés dans les différentes mines de houille sont naturellement variables non seulement avec la nature du gîte (laquelle est universellement très favorable dans toutes les houillères exploitées en Australasie), mais encore avec l'organisation du travail, suivant que le piqueur accomplit, en outre de l'abatage, tout ou partie des opérations accessoires à faire au chantier. C'est ainsi qu'au moment de mon séjour le taux par tonne de tout-venant abattu (hewing rate) était de 2 sh. 4 d. (2 fr. 90) (*) dans le district de Westport (N. Z.), et de 2 sh. 6 d. (3 fr. 125) (**) à Kaïtangata (N. Z.), où le piqueur ne fait que l'abatage et éventuellement un peu de boisage. mais où des ouvriers auxiliaires interviennent dès le chargement du charbon dans les bennes. A Wollongong (N. G. S.), où il en est de même, ce taux était de 1 sh. 9 d. 1/2 (2 fr. 25) par tonne de tout-venant,

(*) Notons en passant l'élévation de ces prix par rapport à ceux de chez nous : sans doute le charbon de ces contrées est particulièrement dur et son abatage exige beaucoup de poudre que l'ouvrier paye ; mais les autres conditions (puissance de la couche, largeur des chantiers, solidité du toit) sont très favorables, et l'on peut bien comparer ces chantiers à ceux de certaines de nos mines où les piqueurs, qui payent également leur poudre, reçoivent de 0 fr. 50 à 1 franc par tonne abattue, boisage compris, mais chargement dans les bennes non compris.

(**) Ce prix était précédemment de 3 sh. 6 d. (4 fr. 375), mais les piqueurs avaient alors à assurer le chargement dans les bennes et le roulage, qu'ils faisaient faire à leurs frais par des manœuvres.

soit de 2 sh. 6 d. (3 fr. 125) par tonne de criblé à la dimension de 3/4 de pouce ou 19 millimètres (best screened) ; à Newcastle (N. G. S.), au contraire, où les piqueurs assurent en outre le chargement de leur charbon dans les bennes, le tarif était, au moment de mon séjour, de 4 sh. 2 d. (5 fr. 20) par tonne de criblé, avec une allocation généralement très faible (quelques décimes) par tonne de menu, ce qui peut correspondre à environ 3 fr. 50 par tonne de tout-venant. Il ne faut pas oublier d'ailleurs que ces prix sont en outre variables avec l'époque pour suivre les fluctuations des cours du charbon, ainsi que je l'indiquerai ci-après.

Mines métalliques. — Comme je l'ai déjà dit, dans les mines métalliques l'absence fréquente de distinction nette entre ce qui est minerai et ce qui ne l'est pas, et la difficulté de les séparer l'un de l'autre, comme aussi la constante variabilité des gîtes, rendraient le plus souvent l'adoption du travail aux pièces impossible, et ce n'est que tout à fait exceptionnellement, là où le mineur peut pratiquer l'abatage en plein massif, qu'il est possible d'assigner d'une façon à peu près uniforme, ou au moins permanente pour chaque chantier, une rémunération déterminée par tonne ou par mètre cube de minerai abattu.

C'est ce qui a lieu à peu près pour la plupart des chantiers des riches mines de pyrite cuivreuse de Cobar (N. G. S.). Ces mines, où le filon exploité présente couramment plusieurs mètres d'épaisseur de minerai compact, constituent, par la puissance et la continuité de la minéralisation, une exception parmi les mines métalliques : aussi les mineurs, qui travaillent d'ailleurs presque toujours à la perforatrice, peuvent-ils recevoir une somme de tant par tonne, fixée à l'avance, et périodiquement revisable, qui varie, suivant la dureté du minerai et sui-

vant toutes autres circonstances, de 2 sh. 1/2 à 4 sh.
par chaque trois bennes de minerai de 500 kilogrammes
environ chacune, ce qui représente de 2 à 3 francs par
tonne abattue (*). Un tel système diffère assez peu des
contrats de quinzaine à tant par tonne pratiqués à Broken-
hill, que j'aurai à signaler ci-après.

Partout ailleurs, ou tout au moins presque partout ailleurs, dans les mines métalliques, on a dû recourir à
l'entreprise lorsqu'on a voulu stimuler le zèle des ouvriers
mieux que l'on n'y parvient avec les salaires à la journée.

Mentionnons néanmoins encore quelques cas où l'on
conserve le principe des prix unitaires en les appliquant, non plus au minerai abattu, mais au travail de
l'ouvrier constaté sous une autre forme, par exemple en
lui payant tant par mètre de trou de mine foré.

En dehors de l'abatage, quelques-uns des autres travaux de la mine sont susceptibles de rémunération à la
pièce, par exemple le roulage, le boisage, les manœuvres
aux recettes, etc... C'est ainsi qu'aux mines de cuivre de
Cobar (N. G. S.) et, partiellement tout au moins, aux mines
d'or de Waihi (N. Z.), les roulages donnent lieu à une allocation, fixée à un taux plus ou moins élevé suivant la longueur
des parcours, de tant par benne roulée, et que, dans
presque toutes les houillères, la pose, tantôt de tous les
cadres de boisage et chandelles, tantôt seulement de ceux
qui sont considérés comme exceptionnels ou supplémentaires, donne droit au mineur à une rémunération proportionnelle spéciale. A Newcastle (N. G. S.), par exemple, les
piqueurs sont tenus de poser au fur et à mesure les chandelles
nécessaires pour soutenir le toit, à condition qu'elles aient
moins de 15 pieds ($4^m,58$) de haut ; lorsqu'elles atteignent

---

(*) En France, dans des cas comparables (gisements de pyrite de fer),
l'allocation par tonne ne dépasse guère 1 fr. 50, sans que l'on mette des
perforatrices à la disposition des ouvriers.

ou dépassent cette longueur, elles sont payées en sus aux piqueurs à raison de 1 sh. (1 fr. 25) pièce ; les longrines sous le toit, lorsqu'il en faut, leur sont toutes comptées à raison de 6 d. (0 fr. 625) pièce, et les cadres complets à raison de 2 sh. 6 d., soit 3 fr. 125 (*).

Dans certaines mines, à Broken-hill par exemple, les receveurs, sans être à proprement parler payés aux pièces, puisqu'ils ont un salaire fixe, reçoivent, à côté de ce salaire fixe qui est faible, une prime par chaque benne encagée ou décagée.

Contrôle des ouvriers sur l'établissement des salaires. — La pratique des salaires aux pièces exige une organisation qui permette aisément de compter le nombre d'unités attribuables à chaque chantier, et qui soit susceptible d'une numération contradictoire.

Lorsque c'est la benne de charbon ou de minerai qui est l'unité, le compte en est facile à faire, et l'attribution à chaque chantier a lieu grâce à des marques, à des jetons ou à des médailles, qui sont placés dans la benne ou sur la benne par les ouvriers du chantier, et qui sont recueillis au jour ; ils sont ensuite comptés, et conservés pour être remis aux intéressés, qui peuvent les compter à leur tour. C'est ce qui a lieu en France, mais ce qu'on ne retrouve que rarement, dans quelques mines seulement, en Australie.

Il n'y a non plus aucune difficulté lorsque l'ouvrier est rémunéré en raison du vide qu'il a créé (ce qui a plutôt lieu pour les entreprises que pour le travail aux pièces), comme c'est le cas presque exclusivement dans les mines métalliques.

Dans la plupart des bassins houillers de l'Austra-

(*) Soit à peu près le double de ce qui est payé en France en pareil cas.

lasie, le salaire est, au contraire, réglé d'après le tonnage; le contenu de chaque benne qui sort de la mine doit donc être pesé (tantôt tel quel et tantôt après criblage), et doit profiter en raison de son poids aux ouvriers du chantier d'où provient la benne. Cette pesée, faite naturellement au jour, loin des piqueurs intéressés, ne serait susceptible d'aucun contrôle de leur part, s'ils n'avaient un délégué chargé de la surveiller. Or il est bien à la fois dans les habitudes de défiance que les organisations ouvrières affectent à l'égard des patrons, et dans leur esprit d'initiative, d'avoir voulu charger un ouvrier d'exercer cette surveillance pour tous ses camarades, comme cela a lieu dans les bassins houillers anglais. Le principe en est aujourd'hui formellement reconnu par la loi pour les mines de houille, qui sont celles où cela présente le plus d'utilité réelle. Dans certaines mines métalliques, cela pourrait en avoir autant; mais, sauf à Broken-hill, où tel est le cas, l'habitude ne s'en est pas établie, et les ouvriers en sont quittes, comme me le disait le président d'une de leurs Unions, pour avoir confiance dans le basculeur appointé par la Compagnie qui, somme toute, est un de leurs camarades.

Des stipulations sont insérées à cet effet dans la loi sur les mines de houille (Coal mines Act) de Nouvelle-Zélande, dans la loi de police des mines de houille (Coal mines regulation Act) de Nouvelle-Galles du Sud, dans le paragraphe spécial aux charbonnages du titre de la loi des mines (Mining Act) du Queensland qui réglemente l'exploitation, dans la partie de la loi de police des mines (Mines regulation Act) d'Australie Occidentale qui traite des houillères, etc... C'est ainsi que l'article 40 de la loi de police des mines de houille de la Nouvelle-Galles du Sud dispose que « les « ouvriers travaillant dans une mine, qui sont payés « d'après le poids de matière abattue, peuvent, à leurs « frais, déléguer une personne (désignée dans la présente

« loi sous le nom de « check-weigher ») pour, en chacun
« des points où ont lieu la pesée des produits et la déter-
« mination des déductions à y apporter, prendre exacte-
« ment note, au nom de ses commettants, du poids des
« matières et, le cas échéant, des éléments servant à
« déterminer les déductions à faire subir à ce poids. »
Ce même article ajoute que, lorsqu'un tel peseur-contrôleur (check-weigher) a été désigné par le vote de la
majorité des ouvriers payés d'après le poids des produits
qu'ils extraient, celui-ci a le droit d'exiger de chacun
de ces ouvriers la part contributive de ses appointements,
et, qu'avec l'assentiment de la majorité, le patron peut
retenir sur le salaire de tous les intéressés les appointe-
ments.de ce peseur-contrôleur.

C'est dans ces conditions qu'à Newcastle et à Wollongong (N. G. S.) il existe, à chaque recette d'extraction, un
« check-weigher » appointé par l'Union des ouvriers ; il
tient un double de toute la comptabilité des pesées des
bennes au sortir de la mine, mais il ne fait, en somme, que
faire acte de présence : son rôle consiste uniquement à
s'assurer de la correction des pesées faites par l'agent de la
Compagnie, à côté duquel il s'installe, et qu'il est censé
empêcher de « donner le coup de pouce » au détriment
des ouvriers. Dans le bassin houiller de Westport (N. Z.),
bien que la loi néo-zélandaise reproduise presque textuellement les dispositions ci-dessus citées de la loi de la
Nouvelle-Galles du Sud, le « check-weigher » n'existe
point ; les ouvriers n'ont pas cru, jusqu'ici, qu'il fût nécessaire pour sauvegarder leurs intérêts, et ils ont jugé la
dépense trop élevée par rapport aux résultats à en
attendre. Il est bon, d'ailleurs, de rappeler que le développement des haveuses dans les mines de ce district a
diminué beaucoup le nombre des ouvriers payés au tonnage, c'est-à-dire le nombre de ceux qui pourraient retirer
quelque bénéfice de l'existence du check-weigher, et qui

seraient seuls légalement tenus de contribuer à ses appointements.

Les dispositions légales relatives aux mines métalliques ne contiennent rien de semblable, car ce n'est qu'exceptionnellement que les ouvriers sont rémunérés d'après le poids de minerai extrait. Lorsqu'ils ne sont pas payés purement et simplement à la journée, ils travaillent le plus souvent à l'entreprise, et leur salaire est déterminé d'après des mesurages qui peuvent avoir lieu contradictoirement avec les intéressés eux-mêmes et qui peuvent être contrôlés à tout moment. Dans le seul cas de travail aux pièces proprement dit, institué normalement, que j'aie eu à relever (mines de cuivre de Cobar, en Nouvelle-Galles du Sud), les ouvriers sont payés non pas exactement d'après le poids du minerai produit, mais d'après le nombre des bennes extraites, ce qui se prête à un comptage très aisé et facile à vérifier.

Mais à Broken-hill, où les contrats comportent, comme j'aurai l'occasion de l'indiquer ci-après, un paiement à tant par tonne, le « check-weigher » retrouve toute son utilité. Aussi, lorsqu'en 1899 les Compagnies minières de Broken-hill ont imposé aux ouvriers travaillant à l'entreprise la substitution de la tonne produite au mètre cube abattu comme base de leur rémunération, les ouvriers ont-ils réclamé et obtenu le droit de faire vérifier la façon dont est établi le compte de chaque chantier. C'est ainsi que les mineurs de la Compagnie « Broken-hill Proprietary », au nombre de 1.000 environ, n'entretiennent pas moins de 3 peseurs-contrôleurs (check-weigher) et de 1 contrôleur-comptable (check-clark), chacun au salaire de 10 sh. (12 fr. 50) par jour, pour assurer cette vérification.

J'indiquerai ci-après, en même temps que pour le travail à l'entreprise, quels peuvent être les salaires que gagnent les ouvriers mineurs sous l'empire des deux systèmes de rémunération, à la pièce et à l'entreprise, et quelles sont les variations qu'ils subissent, tout comme les salaires à la journée d'ailleurs, avec les cours du charbon ou des métaux.

§ IV. — TRAVAIL A L'ENTREPRISE.

Le travail à l'entreprise (contract system) est organisé le plus souvent dans des conditions qui ressemblent fort à celles des « marchandages » de nos mines du Nord et du Pas-de-Calais : le travail à exécuter, soit traçage d'une certaine galerie, soit dépilage d'un lopin déterminé de la couche ou du filon en exploitation, est mis en adjudication entre les ouvriers ; ceux-ci doivent se constituer en groupe (*) pour effectuer, moyennant un prix unitaire à fixer, l'ensemble d'un travail généralement important et susceptible d'occuper une dizaine ou une quinzaine d'entre eux durant quelques mois. C'est en principe l'équipe qui fait la soumission la plus basse qui l'emporte ; néanmoins la direction se réserve la faculté discrétionnaire d'écarter tels soumissionnaires qu'elle voudra, même ceux qui offrent le prix le plus bas, afin, déclarent toujours les patrons, de pouvoir éviter les difficultés et les retards dans l'exécution du travail, qui se produisent fatalement lorsque des ouvriers insuffisamment expérimentés apprécient mal les difficultés de l'entreprise et offrent un prix notoirement trop bas. La direction conserve également un droit de contrôle sur les ouvriers que les soumissionnaires amènent avec eux, ayant à en assurer la sécurité comme de tous autres ouvriers de la mine, et ayant à surveiller à tous points de vue leur conduite dans les travaux, en particulier en tant qu'elle peut intéresser la

_____

(*) Un tel groupe est généralement formé de plusieurs associés et de manœuvres qu'ils salarient.

sécurité de la mine entière et de tout le personnel. C'est
en mettant ces dernières raisons en avant que les directeurs de mines ont toujours entendu avoir le droit d'exiger le renvoi de tel ou tel des ouvriers d'une équipe à
l'entreprise, sans avoir à justifier des motifs d'une semblable mesure, et c'est ce qui explique que la Cour d'arbitrage de la Nouvelle-Zélande, cependant peu suspecte de
partialité en faveur des patrons, ait toujours refusé de
leur interdire, comme l'ont souvent réclamé les ouvriers,
d'introduire de semblables clauses dans les contrats d'entreprise (voir, au paragraphe intitulé « Entreprises », dans
les considérations qui précèdent la sentence relative au
différend des mines d'Hauraki ci-annexée, les motifs qui
dictent ce refus à la Cour).

Lorsqu'un travail nouveau doit être entrepris, ou lorsqu'un chantier nouveau doit être ouvert, les ouvriers de
la localité, aussi bien ceux qui travaillent actuellement
à la journée dans la mine intéressée que ceux qui n'y sont
pas occupés, en sont avisés par des affiches telles que
celle-ci, que j'ai relevée dans une rue d'une des localités
minières du district de Waihi (N. Z.).

Des soumissionnaires sont invités à se présenter le ....., pour le
dépilage de 2.500 tonnes de quartz aurifère au 2° niveau au-dessous du tunnel de ....., dans le quartier de .....

Il peut être pris connaissance au bureau de la mine des conditions spéciales dans lesquelles ce travail aura lieu.

La Compagnie se réserve la faculté d'écarter toute soumission,
même la plus basse.

Les amateurs sont toujours autorisés à aller examiner sur
place les conditions dans lesquelles se présente le travail.

Quant aux stipulations spéciales du contrat à intervenir, elles varient naturellement avec la nature du travail
à exécuter (approfondissement d'un puits, fonçage d'un
faux puits, traçage d'un niveau ou d'un travers-bancs,

exploitation d'un pilier, etc.), mais aussi avec les habitudes locales, ou avec les règles fixées soit par les conventions conclues entre patrons et Unions ouvrières, soit par les sentences d'arbitrage. En ce qui touche ce dernier point, je ne puis que renvoyer au texte typique de la sentence d'Hauraki, dont j'annexe la traduction à la présente étude, et aux considérations qui la précèdent. Comme on le verra par cet exemple, la Cour d'arbitrage de la Nouvelle-Zélande s'est refusée jusqu'ici à céder à la prétention des ouvriers de voir introduire dans les contrats d'entreprise une clause assurant aux ouvriers une rémunération par journée de travail au minimum égale au salaire des hommes à la journée de la même catégorie; comme la Cour l'a fort bien reconnu, cela reviendrait pratiquement à la suppression de tous les avantages que le système de l'entreprise présente aux yeux des patrons.

Pour mieux préciser par un exemple dans quelles conditions a lieu le travail à l'entreprise, je donne ci-dessous la traduction de la formule imprimée pour les contrats d'entreprises courantes de l'une des mines les plus importantes du district de Kalgoorlie (A. O.).

Équipe n° .

Entreprise de travail souterrain
(Niveaux, travers-bancs, descenderies, etc...)

Contrat passé le ..... entre les soussignés agissant en qualité d'entrepreneurs, d'une part, et la Compagnie de ....., d'autre part.

Il est convenu par les présentes que les entrepreneurs exécuteront et achèveront, dans la mine de la Compagnie sise à ....., le travail ci-après spécifié, dans les conditions ci-dessous.

1° Le travail à exécuter suivant le présent contrat consistera dans ..... ;

2° Les entrepreneurs sépareront le minerai du remblai ou des matières à rejeter, et livreront le minerai dans les conditions qui seront prescrites par le directeur ou son représentant;

3° ..... hommes au moins seront employés conformément au

présent contrat : ce seront des ouvriers mineurs compétents, et la liste devra en être soumise à l'approbation du directeur ou de son représentant avant que le travail ne soit commencé ;

4° Des ouvriers supplémentaires, dont la désignation sera approuvée comme il est dit ci-dessus, devront être employés à travailler conformément au présent contrat, dans les conditions et aux époques que prescrira le directeur ou son représentant ; ces ouvriers supplémentaires seront, tout le temps durant lequel ils seront ainsi employés, considérés comme prenant part à l'entreprise au même titre que ceux qui ont signé originairement le présent contrat, et ils devront y apposer leur signature (*) ;

5° Les entrepreneurs devront, au cours du travail à exécuter conformément au présent contrat, établir tous les boisages qui seront, par le directeur ou son représentant, jugés être nécessaires pour assurer la sécurité du travail ;

6° Chacun des entrepreneurs aura droit, sur le montant gagné au cours du travail conformément aux stipulations du présent contrat, à une part calculée proportionnellement au nombre des postes qu'il aura faits ; et, dans le cas où l'un des entrepreneurs viendrait à abandonner le travail avant son achèvement, il ne serait fondé à réclamer avant l'expiration de la durée du contrat le paiement d'aucun autre acompte sur le travail accompli par lui ;

7° Le directeur, ou son représentant, aura le droit, s'il le juge nécessaire, de remplacer par un ou plusieurs autres ouvriers, à sa discrétion, et pour tel nombre de postes qu'il jugera utile, tout ouvrier de l'entreprise qui serait absent, qui aurait quitté le travail, ou qui aurait été renvoyé ;

8° Le directeur aura la faculté discrétionnaire, et sans avoir à en justifier aucunement, de renvoyer tout ouvrier de l'entreprise ; l'ouvrier ainsi renvoyé n'aura droit, au moment de l'achèvement du travail, qu'au paiement d'une somme proportionnelle au nombre des postes qu'il aura faits jusqu'au moment de son renvoi ;

9° L'importance du travail à exécuter en vertu du présent contrat, tel qu'il est défini ci-dessus, n'est indiquée qu'à titre approximatif, et le directeur, ou son préposé, aura le plein pouvoir de mettre fin à toute époque à la présente entreprise sans que la

----

(*) Ce texte de contrat ne prévoit pas l'emploi par les entrepreneurs d'ouvriers à la journée, d'autres contrats le prévoient au contraire.

Compagnie puisse jamais être tenue de payer aucune indemnité pour rupture injustifiée du contrat (*) ;

10° La Compagnie n'encourra à l'égard des ouvriers travaillant en vertu du présent contrat aucune responsabilité du fait de toute blessure ou de tout dommage qui résulterait pour eux de l'exécution tant du contrat que de tout travail entrepris en vertu dudit contrat (**) ;

11° La Compagnie accepte de payer au taux de ..... francs par ..... le travail qui sera exécuté, conformément aux présentes stipulations, à la satisfaction du directeur ou de son représentant ;

12° Tout ouvrier de l'entreprise travaillant en vertu du présent contrat qui s'absenterait pendant les heures habituelles de travail, sans avoir au préalable obtenu congé du directeur ou de son représentant, serait considéré comme ayant abandonné l'entreprise ;

13° Les paiements auront lieu entre les mains de chacun des ouvriers de l'entreprise deux fois par mois, aux jours de paye usuels, en se fondant sur les indications du contrôleur des présences de la Compagnie. Les ouvriers autorisent par les présentes la Compagnie à retenir, à chacune de ces payes, 25 p. 100 du montant qui leur sera dû en raison de l'avancement du travail ; si les ouvriers, ou l'un quelconque d'entre eux, viennent à manquer d'observer l'une quelconque des stipulations des présentes, le complément ainsi retenu restera formellement acquis à la Compagnie, et tous les droits des ouvriers intéressés seront immédiatement forclos. Chaque ouvrier consent à contribuer à raison de 2 sh. (2 fr. 50) par paye au fonds de secours médicaux, et il autorise la Compagnie à retenir cette somme sur ses gains ;

14° La Compagnie fournira tous les outils et toutes les bougies (***) nécessaires à l'accomplissement du travail ; lesdits outils demeureront la propriété de la Compagnie et ne devront pas être emportés des chantiers ; en cas de perte ou d'avarie des outils ou de toute autre propriété de la Compagnie, résultant soit de la volonté soit de la négligence de l'ouvrier qui en a la charge, la valeur des

---

(*) C'est contre une semblable clause qu'est dirigée la stipulation du dernier alinéa du paragraphe 11 de l'arbitrage d'Hauraki.

(**) Il paraît fort vraisemblable que, le cas échéant, la justice considérerait cette clause comme contraire à l'ordre public.

(***) Dans toutes les mines métalliques de l'Australasie, on ne s'éclaire qu'à la bougie.

objets en question sera immédiatement payée par l'ouvrier responsable, et la Compagnie aura le droit de retenir cette valeur sur toutes les sommes à lui qui seraient entre les mains de la Compagnie ou qui y viendraient ultérieurement ;

15° Les ouvriers de l'entreprise paieront tous les explosifs qu'ils consommeront pour le travail, et le montant leur en sera retenu suivant le tarif qui sera affiché au magasin de la Compagnie ; les ouvriers acceptent et autorisent par les présentes ladite retenue ;

16° Le terme « directeur » employé ci-dessus doit s'entendre du directeur, de son adjoint ou de celui qui fait fonctions de directeur de la Compagnie à l'époque considérée, ou encore de toute personne que l'un de ceux-ci aura désignée à toute époque pour le représenter ;

17° Le travail devra être exécuté conformément aux règlements de la Compagnie, c'est-à-dire tant conformément à ceux qui sont actuellement affichés à la mine que conformément à ceux qui viendraient à l'être ultérieurement durant le cours de l'entreprise ; il devra aussi être exécuté conformément aux règlements édictés par le gouvernement de l'Australie Occidentale, en tant que ceux-ci imposent des obligations aux entrepreneurs ou ouvriers travaillant à la présente entreprise. Les ouvriers acceptent formellement par les présentes tous les risques personnels, courus tant au jour que dans les travaux du fond, que peut comporter l'exécution dudit travail.

En foi de quoi les parties contractantes ont apposé leurs signatures, à ....., le jour que dessus.

Signatures des ouvriers.

Témoins de la signature du contrat.

Tantôt le travail à faire dans de telles conditions doit durer des mois et ne peut être exécuté que par un nombre important d'ouvriers : tel est le cas lorsqu'il s'agit, par exemple, de l'avancement, sur quelque cent mètres ou davantage, d'une large galerie à mener à trois postes, ou lorsque l'entreprise comprend, en outre, des travaux accessoires tels que le boisage, la pose d'une voie, le transport du minerai et des déblais jusqu'à une certaine distance, etc. ; le concours de 6 ou 8 mineurs proprement dits et de plu-

sieurs boiseurs et rouleurs, soit 12 ou 15 hommes au total,
peut alors être nécessaire. D'autres fois il ne s'agit que
du seul abatage du minerai à un chantier, susceptible
d'occuper seulement pendant quelques semaines un mineur
et son aide à chaque poste. A Broken-hill, les conventions,
purement verbales, qui règlent les entreprises d'abatage aux
chantiers normaux, ne s'appliquent en règle générale qu'à
une durée de quinze jours ; dès lors on en revient presque
au travail aux pièces, avec cette différence cependant que
le prix unitaire est fixé pour chaque chantier en particulier, qu'il l'est, ou tout au moins qu'il est censé l'être, contradictoirement avec les intéressés, et que, si ceux-ci ne
trouvent pas suffisant le prix unitaire proposé à un chantier déterminé, ils peuvent s'offrir à prendre tel autre
chantier vacant, moyennant tel autre prix unitaire.

Quoi qu'il en soit, l'entreprise comprend toujours plusieurs
mineurs expérimentés, associés entre eux sur un pied
d'égalité, dont l'un au moins travaille à chaque poste, et
le plus souvent, en outre, un nombre plus ou moins considérable de manœuvres que les entrepreneurs emploient à
la journée avec salaire fixe, en leur accordant au besoin,
pour les intéresser au travail, une prime en raison de la
rapidité de l'avancement. Quelquefois le contrat impose
aux entrepreneurs l'obligation d'allouer un salaire journalier minimum à leurs manœuvres. D'autres fois les ouvriers
s'interdisent, à l'instigation de leur Union (comme à Broken-
hill), d'avoir recours à des manœuvres dans ces conditions,
ou bien simplement les habitudes locales ne l'admettent
pas (*) ; cela a d'ailleurs l'inconvénient d'exclure une bonne
division du travail, puisque cela amène tous les copartage-
geants, qui sont généralement d'habiles mineurs, à abandonner de temps en temps le fleuret et la massette pour
charger le minerai dans des bennes et le rouler, si l'entre-

(*) Comme par exemple à Kalgoorlie ; voir le contrat d'entreprise ci-
dessus cité.

prise comprend ces travaux accessoires comme cela est
le cas à Broken-hill, par exemple.

Sans donner encore ici de chiffres au sujet des salaires
que peuvent se faire les ouvriers qui participent aux
entreprises, je puis affirmer qu'ils sont généralement très
beaux ; mais ils ne le sont, naturellement, qu'autant qu'il
s'agit de bons ouvriers, à la fois habiles dans leur métier
et courageux au travail ; c'est là une première raison qui
peut expliquer l'aversion des Unions pour le système
antiégalitaire des entreprises. Il paraîtrait d'ailleurs que
les entrepreneurs sont souvent parmi les non-unionistes,
ce qui semble montrer qu'en Australie, comme ailleurs,
ce ne sont pas toujours les meilleurs travailleurs qui sont
le plus prompts à s'affilier aux syndicats ; et cela fournit
une deuxième explication de l'aversion des unionistes
pour les entreprises, dont ils jalousent les titulaires sans
être à même de les leur disputer. Les Unions critiquent
d'ailleurs surtout ouvertement le système de l'entreprise
de ce fait que les manœuvres qui travaillent pour les
entrepreneurs seraient exploités ; ils sont, disent-elles, peu
rémunérés et étroitement contrôlés et surveillés par ceux-
ci, à côté desquels ils travaillent, si bien qu'ils sont astreints
à une régularité et à une continuité d'efforts qui ne sont
généralement pas celles que donnent des ouvriers à la
journée. Cette dernière observation est certainement très
juste ; quant à celle qui est relative aux salaires, elle l'est
moins, car lorsqu'un tarif minimum de salaires a été fixé
les entrepreneurs sont obligés de s'y conformer à l'égard
des manœuvres qu'ils emploient à la journée, et souvent (à
Waihi, par exemple) ils leur donnent systématiquement
1 sh. (1 fr. 25) de plus par jour, afin de s'assurer le
concours des meilleurs ouvriers et de pouvoir en exiger
un travail soutenu. Certaines Unions, comme celle de
Broken-hill, sont d'ailleurs arrivées, comme je l'ai déjà dit,

à faire supprimer complètement l'emploi des manœuvres à la journée par les entrepreneurs.

Les patrons, au contraire, voient dans le système de l'entreprise le moyen d'assurer au travail des ouvriers un rendement meilleur que celui qui peut être obtenu par la surveillance, même la plus active, et par suite aussi le moyen, tout en leur faisant gagner de beaux salaires, d'abaisser les prix de revient en même temps que s'accroît la production journalière d'un même nombre de chantiers, ce qui diminue les frais généraux. Aussi non seulement défendent-ils énergiquement le principe des entreprises toutes les fois qu'il est mis en question devant les Cours d'arbitrage, mais encore cherchent-ils à multiplier le plus possible les cas où le travail a lieu de la sorte. C'est, je le rappelle, la règle générale pour l'abatage dans les mines métalliques, et cette règle a même été étendue au roulage dans nombre de cas : c'est ainsi, comme je l'ai déjà mentionné, qu'à Broken-hill (N. G. S.) la plus importante des Compagnies minières ne compte pas moins de 1.000 mineurs environ travaillant à l'entreprise sur 1.036 mineurs occupés au total dans les travaux souterrains, et il faut y ajouter encore un grand nombre d'entre les rouleurs et les remblayeurs. Aux mines d'or de Waihi (N. Z.), une partie du roulage est censée avoir lieu à l'entreprise, et il en est de même aux mines de cuivre de Cobar (N. G. S.), ainsi que dans une partie des mines d'or du district de Kalgoorlie (A. O.); mais, en dépit du mot employé pour caractériser ce mode de salaire (contract system), c'est plutôt une organisation du travail aux pièces, ce qui offre d'ailleurs à ce point de vue les mêmes avantages que l'entreprise.

Je signalerai en passant les types spéciaux de contrats qui étaient pratiqués récemment encore dans quelques-unes des petites mines du district aurifère de Waihi, sous le nom de « système des forfaits mensuels » (monthly take system). Ce système a été aboli pour tout ce district par la Cour d'arbitrage peu de temps avant mon séjour (voir la sentence ci-annexée relative au différend d'Hauraki, art. 12), et je n'ai pas connaissance qu'il soit encore pratiqué nulle part ailleurs.

D'après ce que j'ai pu en apprendre, il consistait en ceci : un travail déterminé, défini comme dans le cas d'une entreprise, était confié à un groupe d'ouvriers moyennant un prix unitaire à forfait que le patron fixait de sa propre autorité (tout comme un patron fixe en principe de sa propre autorité le salaire journalier qu'il offre à ses ouvriers), pour être accompli en un mois ou dans un nombre de mois déterminé. La paye se faisait chaque quinzaine par acomptes de 75 p. 100 du total résultant de l'application du prix unitaire au résultat produit, et le solde n'était payé aux ouvriers que s'ils avaient achevé le travail dans le temps qui leur avait été imparti ; sinon ce solde restait acquis au patron ainsi qu'un cautionnement que les ouvriers avaient dû déposer au début(*). Les ouvriers subissaient donc tous les aléas d'une entreprise et en outre un gros aléa supplémentaire relatif à la durée totale du travail, sans avoir eu cette garantie de pouvoir discuter le prix unitaire auquel il leur conviendrait de s'en charger ; ce prix était, au contraire, fixé par le patron seul, et ils ne pouvaient que l'accepter ou renoncer à travailler ; il en était d'ailleurs de même de la durée impartie pour l'achèvement du travail. On n'est pas surpris, dans ces conditions, que la Cour d'arbitrage ait supprimé ce mode de rémunération afin qu'il y soit substitué le mode par entreprise, tel que je viens de

---

(*) Rappelons pour expliquer, je ne dis pas pour justifier, ces dispositions quelque peu draconiennes, l'intérêt vital qu'il y a, tout particulièrement pour une mine d'or, à être assuré d'une certaine production minima de minerai pour alimenter l'usine de traitement établie au jour et pour produire une quantité déterminée d'or, quantité qui est toujours regardée comme la mesure essentielle de la prospérité de la mine.

le faire connaître ; ce dernier mode offre en effet plus de garanties à l'ouvrier, sans enlever au patron aucune des prérogatives essentielles que les nécessités industrielles exigent qu'on lui laisse.

§ V. — AMODIATIONS.

Il me reste enfin à dire quelques mots du système connu sous le nom de « tribut ». Ce n'est, comme je l'ai déjà indiqué, qu'une amodiation, pour un temps déterminé, à un groupe d'ouvriers (employant s'il y a lieu des manœuvres à la journée) d'une partie de la mine avec son matériel d'exploitation. Ces ouvriers profitent, suivant le cas, de tout ou partie des services généraux de la mine ; ils font faire à leurs frais le traitement du minerai extrait (minerai d'or) par les usines de traitement publiques qui existent dans les districts aurifères en question, et ils payent au propriétaire de la mine une redevance de tant pour cent de l'or produit ; cette redevance varie pratiquement depuis 5 p. 100 jusqu'à 50 p. 100. Tel était, par exemple, le cas de l'une des mines de Thames (N. Z.), qui occupait, au moment de mon passage, soixante ouvriers, dont une grande partie, répartis par groupes de deux, travaillaient suivant le système du « tribut ». Chaque groupe abattait le minerai à son chantier et faisait, ou faisait faire à ses frais, toutes les opérations accessoires du chantier, tandis que la Compagnie assurait à forfait le sortage du minerai produit, moyennant 6 d. (0 fr. 625) par benne [cette somme était d'ailleurs remise aux mineurs si leur salaire ressortait à moins de 2 £ (50 fr.) par semaine]. Le minerai de chaque équipe était mis à part pour être traité séparément aux frais des ouvriers, et ceux-ci recevaient la pleine valeur de l'or extrait jusqu'à concurrence de 2 £ (50 fr.) par homme

9

et par semaine ; au-dessus de ce chiffre, il y avait partage entre la Compagnie et les ouvriers d'après un tarif progressif tel que, pour une valeur de minerai de 3 £ (75 fr.) par ouvrier et par semaine il en revenait à la Compagnie 5 p. 100, pour une valeur de 4 £ (100 fr.) 10 p. 100, pour une valeur de 5 £ (125 fr.) 15 p. 100, etc., et pour une valeur de 20 £ (500 fr.) ou au-dessus 50 p. 100.

Dans ces conditions, pendant une période de quinze mois, il avait été produit pour 7.118 £ (177.950 fr.) d'or, sur quoi une somme de 5.954 £ (148.850 fr.) était restée acquise aux hommes et une somme de 1.164 £ (27.910 fr.), soit 16,3 p. 100, était revenue à la Compagnie ; celle-ci avait d'ailleurs eu à payer une série de frais généraux, tels que l'épuisement, l'entretien général, la direction, les impôts et contributions, sans parler du sortage remboursé à forfait par les ouvriers, comme je l'ai dit, mais seulement lorsque leur gain ressortait à plus de 2 £ (50 fr.) par semaine. Il faut noter que, de cette somme de 2 £ par semaine et par homme, il y a à déduire les frais de traitement du minerai, les dépenses d'outils, d'explosifs, de bois s'il y a lieu à boisage, etc., ce qui ramène le gain net du mineur à un chiffre notablement inférieur à 8 francs par jour, chiffre bien faible pour le pays ; et les 2 £ par semaine ne sont pas toujours atteintes ! Le propriétaire de la mine, au contraire, expose relativement peu de dépenses et peut réaliser des bénéfices d'une certaine importance lorsque quelques-uns des chantiers se trouvent momentanément dans une zone riche.

Quoique peu avantageux dans l'ensemble aux ouvriers, ce système permet souvent de leur donner du travail là où les propriétaires ne croient plus pouvoir exploiter à leur compte, et où ils seraient prêts à fermer leurs mines ; d'autre part, il offre aux ouvriers l'aléa, dont ils sont toujours friands, d'un bon gain à réaliser s'ils tombent

sur quelque « bonanza ». Aussi ne paraît-il pas soulever de
protestations de la part des ouvriers dans les districts où
l'on y a recours, témoin la procédure du différend des mineurs d'Hauraki (qui comprennent les ouvriers de Thames)
où il n'est pas question du système du « tribut ». Dans
l'État de Victoria, il est même formellement prévu par
la loi (art. 158 et suiv. de la loi sur les mines du 27 septembre 1897), qui impose la communication à l'administration des contrats d'amodiation et qui fixe quelques
règles très générales auxquelles ils doivent satisfaire.

§ VI. — SALAIRES OBTENUS GRÂCE AUX DIFFÉRENTS MODES DE TRAVAIL.

Les résultats auxquels conduisent, au point de vue des
salaires effectivement gagnés, les différents systèmes de
rémunération que je viens de passer en revue, sont difficiles à préciser : suivant que l'on interroge, comme je
l'ai fait, patrons ou ouvriers, les chiffres que l'on recueille
sont assez notablement différents; il est vraisemblable
qu'en s'en tenant à une moyenne entre les affirmations
des deux parties, on doit être assez près de la vérité. Les
quelques indications qui suivent permettront de se faire
une idée des limites, en somme fort élevées comparati-
vement à ce qui a lieu dans nos mines, entre lesquelles
varient ces salaires nets.

Tout d'abord, pour ne pas passer sous silence une
source d'information qui a le caractère officiel, mais en
faisant toutes réserves sur la valeur des renseignements
qu'elle fournit, je mentionnerai que les rapports du service des mines de quelques-unes des Colonies de l'Australasie donnent, ou ont donné à certaines époques, des indications sur les salaires moyens gagnés dans l'année par
les ouvriers des différentes catégories de mines. Ces
moyennes sont, comme tous les chiffres statistiques,

sujettes à bien des erreurs soit accidentelles, soit systéma-
tiques ; elles résultent souvent, d'après les renseignements
que j'ai pu recueillir, de la division de la valeur des produits minéraux extraits, diminuée par voie d'appréciation
d'une somme devant représenter le bénéfice réalisé par
l'exploitant et les dépenses de frais généraux et de matières, par le nombre moyen des ouvriers occupés dans
l'année. On voit donc combien peu certains sont les bases
du calcul, et par suite aussi les chiffres qui en résultent ;
je dois, en outre, faire observer que pour les mines d'or le
salaire moyen des ouvriers, tel qu'il apparaîtrait s'il était
limité à ceux qui sont occupés dans les mines importantes,
se trouve de la sorte considérablement réduit du fait de
l'existence à côté d'eux d'une quantité de laveurs d'or
travaillant d'une manière très irrégulière et produisant
certainement fort peu d'or dans l'année, et cependant ils
interviennent dans le calcul au même titre que les ouvriers
permanents.

Quoi qu'il en soit, d'après ce mode de calcul les salaires
annuels des ouvriers mineurs en Nouvelle-Zélande seraient
ressortis, au cours des quelques années ci-dessous indi-
quées, aux chiffres suivants (*) (les plus récents rapports
du service des mines ne donnent plus ces chiffres) :

ANNÉES	1895	1897	1898
	francs	francs	francs
Mines d'or................	2.194	1.630	1.650
Mines de houille...........	3.088	2.700	2.725

Le rapport officiel du service des mines de la Nouvelle-
Galles du Sud pour l'année 1901 fait connaître que le
salaire moyen gagné, par poste de huit heures, par les

(*) En France, les salaires annuels moyens des ouvriers mineurs
(établis dans des conditions telles qu'ils aient beaucoup moins de
chances d'être systématiquement trop faibles, comme le sont certainement les chiffres donnés pour les mines d'or en Nouvelle-Zélande) ressortent entre 1.200 et 1.400 francs.

ouvriers de Broken-hill travaillant en vertu de contrats d'entreprise s'est élevé, pour l'ensemble des différentes mines du district, à des chiffres variant de 10 sh. (12 fr. 50) à 11 sh. 1 d. (13 fr. 85); ce rapport ajoute que, si l'on ne tient pas compte des résultats relatifs aux ouvriers inexpérimentés, le salaire des hommes d'une capacité moyenne a varié de 10 sh. 6 d. (13 fr. 125) à 11 sh. 6 d. (14 fr. 375), et que celui des mineurs vraiment habiles a atteint 15 sh. (18 fr. 75) en moyenne.

Dans l'État de Victoria, d'après la même source (Rapport annuel du secrétaire des mines au ministre des mines pour l'année 1901), les salaires payés par semaine dans les différents districts miniers auraient été les suivants en 1901 :

DISTRICTS DE	CONTREMAITRES	MINEURS	MANŒUVRES AU JOUR	GAMINS
	francs	francs	francs	francs
Ararat et Stawell.	62,50 à 68,75	52,50 à 62,50	45,00 à 56,25	25,00 à 37,50
Ballarat.........	62,50 à 75,00	56,25 à 62,50	43,75 à 52,50	18,75 à 37,50
Bendigo.........	68,75	56,25 à 62,50	43,75 à 52,50	18,75 à 37,50
Beechworth......	62,50 à 68,75	56,25 à 62,50	37,50 à 56,25	25,00 à 37,50
Castlemaine	62,50	50,00 à 62,50	43,75 à 56,25	18,75 à 31,25
Gippsland	62,50 à 75,00	56,25 à 62,50	43,75 à 52,50	18,75 à 37,50
Maryborough....	62,50 à 68,75	56,25 à 62,50	43,75 à 52,50	18,75 à 37,50

Pour l'Australie Occidentale, le rapport du service des mines pour l'année 1900 indique les salaires moyens suivants par semaine :

	OUVRIERS MINEURS		MÉCANICIENS	BOISEURS	MANŒUVRES
	au jour	au fond			
	francs	francs	francs	francs	francs
Mines d'or du district de Kalgoorlie..........	87,50	100	93,75	112,50	75
Mines d'or du district de Kimberley..........	100	100	112,50	112,50	100
Mines de houille......	63,75	110	75	87,50	63,75

Si l'on consulte les patrons, les chiffres qu'ils donnent, et qui sont, je n'en doute pas, parfaitement exacts, mais peut-être choisis quelquefois complaisamment, font ressortir des salaires plus élevés encore; ils sont d'ailleurs parfois confirmés par les ouvriers auxquels on s'adresse individuellement. Les représentants des Unions, au contraire, qui déclarent établir de leur côté des moyennes, mais qui font sans doute seulement la moyenne de ce que gagnent leurs adhérents, affirment que les salaires sont en réalité notablement moins élevés que ne l'indiquent les écritures produites par les patrons.

Voici quelques-uns des chiffres que j'ai pu recueillir personnellement :

Ouvriers des houillères. — Aux mines de Denniston (N. Z.), il m'a été communiqué, *à titre d'exemple de ce qui serait courant*, des comptes de chantiers où les ouvriers se font de 15 à 20 francs par journée de travail : c'est ainsi qu'à l'un de ces chantiers (placé dans des conditions tout à fait normales, m'a-t-on affirmé) deux piqueurs avaient, en huit jours de travail effectif, soit en seize postes, gagné 11 £ 10 sh. (287 fr. 50), ce qui représente un salaire moyen brut de 14 sh. 4 d. 1/2 (18 fr.) par poste, ou environ 17 francs net.

A Kaïtangata (N. Z.), le salaire moyen des piqueurs ressortirait, suivant la direction de la mine, à 12 sh. (15 fr.) net par jour; un des membres de l'Union des ouvriers m'a d'ailleurs confirmé qu'un bon piqueur se fait de 12 à 14 sh. (15 fr. à 17 fr. 50) par journée de travail.

A Newcastle (N. G. S.), le secrétaire de l'Union des ouvriers mineurs m'a affirmé, au contraire, que les piqueurs arrivent difficilement à plus de 10 à 11 sh. net par jour (soit 12 fr. 50 à 13 fr. 75), tandis qu'un ouvrier que j'ai interrogé au hasard à son chantier m'a déclaré gagner couramment 12 sh. (15 fr.). Je rapproche de ces renseignements les données des feuilles de paye détaillées et complètes qui m'ont été très obligeamment communiquées par le directeur de l'une des plus importantes compagnies houillères : il en résultait que, durant l'année 1901, les piqueurs de l'ensemble d'un puits ont touché en moyenne 5 £ 3 sh. 10 d. (129 fr. 75) par homme et par quinzaine, alors qu'ils n'ont travaillé au total que pendant 238 postes 3/4, soit 9,18 journées par quinzaine (*) ; cela représente un salaire brut de plus de 14 francs par jour, correspondant à un salaire net de 13 fr. 25 environ (déduction faite de la poudre, des dépenses d'éclairage, d'outils, etc., mais non des cotisations à l'Union, au Fonds de secours en cas de maladie, etc.). D'autre part, pendant le dernier mois, sur 138 équipes de piqueurs, les salaires journaliers bruts moyens par homme se répartissaient pour presque toutes les équipes entre 10 et 20 sh. (12 fr. 50 à 25 fr.) avec une grande majorité au voisinage de 15 sh. (17 fr. 50) ; il n'y avait que 14 équipes (soit 10 p. 100) dont les salaires étaient inférieurs, et de très peu, à 10 sh. (12 fr. 50) ; et il y avait 5 équipes dont les salaires étaient ressortis à plus de 20 sh. (25 fr.).

Aux mines de houille d'Ipswich (Q.), exploitées par une coopération ouvrière, le salaire moyen des ouvriers travaillant aux pièces ressort à 8 sh. 8 d. 1/2 par poste, soit 10 fr. 90.

Je répéterai ici, pour montrer combien les ouvriers des houillères se croient en droit de prétendre à des salaires élevés, que j'ai relevé, parmi les déclarations faites par les ouvriers au cours de la grève des charbonnages de Rhondda et Northern Extended (N. G. S.), dont j'ai longuement parlé ci-dessus, la suivante destinée à prouver combien les ouvriers avaient raison de s'insurger contre

---

(*) Le salaire moyen annuel de ces piqueurs ressortait ainsi à 3.373 fr. 50.

l'arbitrage : « Avec le taux de 1 sh. 9 d. (2 fr. 20)
« par tonne abattue (fixé par la Cour d'arbitrage), c'est
« tout au plus si nous pourrions nous faire des salaires
« nets (poudre, outils, etc., et *cotisations diverses* dé-
« duites) de 8 sh. (10 fr.) par jour. » Il est bon de rappeler que les ouvriers avaient demandé à la Cour d'arbitrage de fixer un taux de 3 sh. 4 d. par tonne (4 fr. 20),
presque double de celui accordé, qui aurait donc corres-
pondu, de leur aveu même, à des salaires journaliers
nets de plus de 19 fr. 30 !

Ouvriers des mines métalliques. — En ce qui concerne
les mines métalliques, les gains moyens restent, du moins
pour les districts aisément accessibles, sensiblement plus
bas que ceux que je viens de citer pour les houillères ;
mais ils s'élèvent au contraire au-dessus de ceux-ci pour
les camps miniers les plus reculés. C'est ce que j'ai déjà
eu l'occasion de signaler pour les salaires des ouvriers à
la journée, lesquels ouvriers sont d'ailleurs relativement
plus nombreux que dans les houillères.

A Waihi (N. Z.), les ouvriers mineurs à l'entreprise
se feraient couramment 9 sh. (11 fr. 25) net par jour ;
c'est ce que confirme d'ailleurs la Cour d'arbitrage, qui,
en rendant sa sentence dans le différend d'Hauraki, a
déclaré que « l'examen des relevés fournis à la Cour par
« les différentes compagnies employant des entrepreneurs
« montre que, s'il y a eu des cas isolés où il n'a été gagné
« qu'un salaire inférieur au salaire minimum pratiqué dans
« la région (c'est-à-dire 8 sh., soit 10 fr. par jour), ces cas
« sont peu nombreux en comparaison de ceux où les entre-
« preneurs et leurs hommes ont gagné des salaires supé-
« rieurs aux salaires pratiqués actuellement ».

A Cobar (N. G. S.), des renseignements provenant de
la direction de la mine donnent 10 sh. 6 d. (13 fr. 125)
comme salaire net couramment obtenu par les mineurs à

l'entreprise, et l'un des membres de l'Union m'indiquait 10 sh. (12 fr. 50) comme limite de ce que peut gagner par jour un bon ouvrier. A Lucknow (N. G. S.), dans une région où l'exploitation de l'or, autrefois très active, est aujourd'hui déchue de son ancienne splendeur, les ouvriers à l'entreprise ne gagnent guère plus de 9 sh. (11 fr. 25) net par jour.

A Mount-Morgan (Q.), au milieu d'une région sinon très reculée, du moins déjà quasi désertique et fort chaude, les salaires moyens nets d'une série d'équipes, prises au hasard sur les feuilles de paye du mois qui avait précédé ma visite, étaient ressortis aux chiffres suivants par jour : 11 sh. 7 d. (14 fr. 50), 12 sh. 6 d. (15 fr. 625), 13 sh. 10 d. (17 fr. 25), 11 sh. 8 d. (14 fr. 60), 11 sh. 2 d. (13 fr. 95), 10 sh. 10 d. (13 fr. 50) et 8 sh. 9 d. (10 fr. 95), soit la jolie moyenne de 14 fr. 30 par jour pour des *salaires nets*.

A Ballarat (Vict.), une des anciennes régions autrefois très activement exploitées, les rares ouvriers que l'irrégularité très grande des gites, où l'on ne fait plus que des glanages, permet de faire travailler à l'entreprise, ne se feraient pas plus de 8 sh. 4 d. (soit 10 fr. 40) par jour en moyenne.

A Broken-hill (N. G. S.), où le gisement est encore superbe et capable de retenir des milliers d'ouvriers dans une région des plus inhospitalières, les salaires sont notablement plus élevés; cependant, au moment de mon séjour dans cet important centre minier, la faiblesse extrême des cours du plomb avait amené la fermeture temporaire d'une partie des mines et avait provoqué un fléchissement général des gains des entrepreneurs. Quoi qu'il en soit, la comptabilité de l'une des plus importantes exploitations, pour les quelques quinzaines qui avaient précédé ma visite, montrait que le salaire moyen journalier des quelque mille mineurs travaillant à l'entreprise avait été sensiblement de 11 sh. (13 fr. 25) et avait varié, suivant

les quinzaines, de 8 sh. 6 d. 3/4 (10 fr. 70) à 13 sh. 11 d.
(17 fr. 40); j'y ai relevé, d'autre part, pour les équipes
les plus favorisées, des salaires journaliers moyens atteignant jusqu'à 1 £ 1 sh. 7 d., soit 27 francs (*). Ce sont là
d'ailleurs des salaires bruts dont il faut retrancher les
dépenses d'explosifs, d'outils, etc..., qui n'atteignent
généralement pas 1 franc par jour. Dans ces mêmes
mines de Broken-hill, une partie des rouleurs et remblayeurs travaillent à l'entreprise (ou plutôt aux pièces),
et le salaire journalier moyen de ces ouvriers avait varié,
dans la mine en question, au cours des mêmes quinzaines,
entre 6 sh. 11 d. (8 fr. 65) et 14 sh. (17 fr. 50).

A Kalgoorlie (A. O.), centre minier dans des conditions
naturelles analogues à celles de Broken-hill, mais en
plein développement, le taux général des salaires est plus
élevé encore; les entreprises n'y sont d'ailleurs pas très
fréquentes pour les raisons générales que j'ai déjà men-
tionnées relativement à l'exploitation des mines d'or, et
ce sont les salaires à la journée, dont j'ai indiqué l'importance ci-dessus, qui intéressent la majorité des mineurs. Cependant, dans l'une des grosses exploitations de
Kalgoorlie, il y avait, au moment de mon séjour, 19 contrats d'entreprise en cours, et les salaires moyens journaliers bruts réalisés, au cours de la première quinzaine
de septembre 1902, par les ouvriers des 19 équipes intéressées avaient varié depuis 11 sh. 10 d. 1/2 (14 fr. 80)
[ce minimum était d'ailleurs le seul chiffre de l'ensemble
qui fût inférieur à 13 sh. (16 fr. 25)] jusqu'à 15 sh. 8 d. 1/2
(19 fr. 65); pour 12 d'entre elles les salaires ressortaient
entre 13 et 14 sh. (16 fr. 25 à 17 fr. 50); pour 3, ils
étaient compris entre 14 sh. (17 fr. 50) et 15 sh.
(18 fr. 75), et enfin pour 3 également ils dépassaient

(*) Il y a lieu de rapprocher ces chiffres de ceux que le rapport officiel du service des mines donne pour l'année précédente (Voir ci-dessus,
p. 132-133).

15 sh. (18 fr. 75) ; la moyenne générale était de 17 fr. 25.

Je viens d'avoir plusieurs fois l'occasion d'indiquer quels sont les salaires moyens accusés par la comptabilité des compagnies minières et de mentionner que ce sont des salaires bruts et non des salaires nets, c'est-à-dire qu'ils ne profitent pas intégralement aux ouvriers ; pour les piqueurs ou mineurs, en effet, toutes les fois que les sommes à leur payer résultent d'un prix à la pièce ou d'un contrat d'entreprise, elles sont susceptibles de retenues pour remboursement des explosifs consommés, et souvent aussi pour affûtage des pics, barres à mines, etc. ; fréquemment les ouvriers assurent en outre à leurs frais leur éclairage. Lorsque j'ai cité au contraire des salaires nets, j'avais fait la soustraction de ces dépenses ou du moins avais-je tenu compte de leur importance approximative. Mais il est encore d'autres sommes que les ouvriers défalquent toujours de leurs salaires lorsqu'on leur demande quel en est le montant, et que je n'ai pas cru devoir décompter, ce qui peut, pour une part tout au moins, expliquer la différence presque constante entre les chiffres qui m'ont été indiqués par les ouvriers et ceux qui résultent des livres des exploitants ; ce sont les cotisations qu'ils payent à l'Union des mineurs, qui fait le plus souvent en même temps office de société de secours, au Fonds de secours en cas de maladie (Medical fund), à diverses sociétés de secours mutuels (friendly societies) et, dans les houillères, pour l'appointement du « check-weigher », etc..., cotisations dont le total peut atteindre et souvent même dépasser 1 sh. par semaine.

Quoi qu'il en soit, les indications qui précèdent suffisent à montrer, je crois, qu'il n'est pas exagéré de dire qu'au moment de mon séjour en Australasie les piqueurs des grands bassins houillers de la Nouvelle-Zélande et de la Nouvelle-Galles du Sud recevaient de 12 à 15 francs net par jour,

et que pour les mines métalliques des différentes Colonies,
et pour les mines d'or en particulier, les bons ouvriers
mineurs gagnaient de 10 à 12 francs dans les régions
facilement accessibles où la main-d'œuvre n'est pas rare,
et de 12 à 15 francs, parfois même jusqu'à 20 francs,
dans les districts plus reculés.

§ VII. — ÉCHELLE MOBILE.

Il faut d'ailleurs rappeler que ces salaires ne sont à
l'abri des fluctuations des cours que pour les mines d'or.
Dans les houillères, ils varient avec le prix de vente du
charbon, soit que cela se produise, comme en Nouvelle-
Zélande, par ce fait que la Cour d'arbitrage se base, pour
fixer le taux minimum des salaires, sur l'état de l'industrie houillère au moment, soit que cela soit exactement
réglé par une échelle mobile, ainsi que c'est le cas dans
les districts houillers de la Nouvelle-Galles du Sud. Pour
les mines de cuivre de Cobar (N. G. S.) comme pour les
mines de plomb argentifère de Broken-hill (N. G. S.), il
n'a pas été adopté jusqu'ici d'échelle mobile, mais les
salaires n'en ont pas moins suivi quelque peu les variations des prix des métaux. Dans cette dernière localité,
les baisses qui se produisent de temps en temps dans la
valeur du plomb ont plusieurs fois motivé des abaissements
de salaires ou des transformations du mode de rémunération : c'est ainsi que, les cours étant fort bas lors de
mon séjour, une partie des exploitations avaient dû proposer à leurs ouvriers d'abaisser de 10 p. 100 le taux général de salaires pour leur permettre de continuer à fonctionner; ceux-ci s'y étant refusés, plusieurs d'entre les
mines étaient fermées, et ce n'étaient que les plus puissantes qui travaillaient, non d'ailleurs sans que les prix
unitaires des travaux à l'entreprise se ressentissent de la

faiblesse des cours. En présence de cette situation, les ouvriers venaient d'en appeler à la Cour d'arbitrage tout récemment créée en Nouvelle-Galles du Sud; mais, comme je l'ai déjà dit, celle-ci, déjà assaillie de semblables demandes, leur avait fait connaître qu'elle ne pourrait vraisemblablement pas examiner la leur avant un an ou dix-huit mois; une partie des ouvriers congédiés avaient donc dû quitter la région, tandis que d'autres attendaient le relèvement des cours et cherchaient à gagner leur vie en s'occupant à d'autres travaux.

Ce n'est donc, en somme, que pour les houillères de la Nouvelle-Galles du Sud qu'existe réellement l'échelle mobile (sliding scale). Voici comment elle est réglée : les cours du charbon sont constatés par un prix parfaitement connu, dit « selling price » (prix de vente), qui représente le prix auquel le charbon criblé (best screened) est couramment offert sur le port d'embarquement (prix sur lequel les marchés importants réalisent toujours une certaine diminution), et c'est d'après ce prix que sont fixés tant le prix d'abatage par tonne (hewing rate) que les salaires à la journée.

C'est ainsi qu'à Newcastle, au moment de mon séjour (mars 1902), le « selling price » était de 11 sh., soit 13 fr. 75 la tonne, et le « hewing rate » de 4 sh. 2 d. (5 fr. 20) (*); les salaires à la journée étaient, dans les mêmes conditions, les suivants pour les principales catégories d'ouvriers:

(*) Ce prix, qui est le prix d'abatage normal, s'entend du gros criblé abattu en recoupe; il est, comme je l'ai dit ci-dessus, un peu plus faible ou un peu plus fort pour les chantiers se présentant dans des conditions spéciales.

	sh.	d.		fr.
Mineurs...........	10	»	soit	12,50
Boiseurs..........	8	6	—	10,625
Freinteurs........	7	6	—	6,375
Rouleurs..........	7	»	—	8,75
Cribleurs	6	6	—	8,125
Gamins...........	2 à 4 sh.		—	2,50 à 5 fr.
Petits trieurs......	2	»	—	2,50

Il était, en outre, entendu par les récentes conventions que, pour chaque shelling (1 fr. 25) de variation du « selling price » dans un sens ou dans l'autre (sauf cette restriction que, si le selling price tombait au-dessous de 7 sh., les salaires resteraient aux chiffres correspondant à 7 sh.), le « hewing rate » subirait une variation dans le même sens égale à 4 d. (0 fr. 40) (variation qui pouvait d'ailleurs se fractionner penny par penny) ; d'autre part, les salaires à la journée étaient passibles d'une réduction de 10 p. 100, si le prix de vente venait à s'abaisser de 2 sh. ou plus. Dans ces conditions, durant les vingt dernières années, le « selling price » et le « hewing rate » ont subi les variations parallèles qu'indique le tableau ci-dessous.

ÉPOQUES	SELLING PRICE			HEWING RATE		
	sh.	d.		fr.	sh.	d.	fr.
De 1877 à juin 1880.........	14	»	soit	17,50	5	» soit	6,25
De juillet 1880 à août 1880...	10	»		12,50	3	9	4,70
De sept. 1880 à déc. 1880....	9	6		11,875	3	9	4,70
De janvier 1881 à avril 1881..	8	»		10 »	3	6	4,40
De mai 1881 à déc. 1881.....	7	»		8,75	3	6	4,40
De janvier 1882 à déc. 1882..	10	»		12,50	3	10	4,80
De janvier 1883 à déc. 1891.	11	»		13,25	4	2	5,20
De janvier 1892 à juin 1893..	10	»		12,50	3	10	4,80
De juillet 1893 à déc. 1893...	9	»		11,25	3	6	4,40
De janvier 1894 à juin 1894..	8	»		10 »	3	2	3,95
De juillet 1894 à mai 1895....	7	6		9,375	3	2	3,95
De juin 1895 à mai 1896.....	7	»		8,75	3	»	3,75
De juin 1896 à déc. 1898.....	7	»		8,75	2	11	3,65
De janvier 1899 à août 1900..	8	»		10 »	3	2	3,95
De sept. 1900 à déc. 1900....	de 9 sh. à 10 sh.		soit de 11fr,25 à 12fr,50		3	6	4,40
De janvier 1901 à avril 1902..	11	»		13,75	4	2	5,20

On observera que les chiffres de ce tableau sont souvent

supérieurs à ce que donnerait l'application de la règle ci-dessus indiquée, qui, résultant des dernières ententes entre patrons et ouvriers, n'a pas toujours été imposée aux ouvriers dans sa pleine rigueur aux époques de baisse importante des cours du charbon (d'autant plus qu'avant 1900 il ne leur était rien payé du tout pour le menu extrait). On voit, en particulier, que le « hewing rate » aurait pu descendre à la limite inférieure prévue par l'entente, soit 2 sh. 10 d. ou 3 fr. 55, et qu'il s'est abaissé effectivement jusqu'à 2 sh. 11 d., soit 3 fr. 65, ce qui représentait moins de 70 p. 100 du taux de 4 sh. 2 d. (5 fr. 20) que j'ai vu pratiquer; le gain moyen net des piqueurs serait donc tombé entre 1897 et 1898 à 9 ou 10 francs au lieu de 13 à 14 francs, s'ils n'avaient pas, comme ils l'ont fait le plus souvent, réagi contre la baisse du prix unitaire par une augmentation de leur productivité.

. A Wollongong, le principe de l'échelle mobile avait également été suivi, dans une certaine mesure tout au moins, jusqu'à la mise en vigueur de la loi d'arbitrage en Nouvelle-Galles du Sud; à ce moment le « hewing rate » était de 1 sh. 8 d. (2 fr. 10) par tonne de tout-venant abattu en dépilage, pour un prix de vente officiel de 9 sh. (11 fr. 25). Il était entendu que, pour chaque variation de 1 sh. (1 fr. 25) dans ce prix, le « hewing rate » varierait dans le même sens de 2 d. (0 fr. 20).

La Cour d'arbitrage, sollicitée par les ouvriers de fixer les bases sur lesquelles seraient désormais établis les salaires à Wollongong, a, par sa sentence du 4 dé-cembre 1902, réglementé l'échelle mobile d'une façon beaucoup plus précise dans les termes suivants :

Le taux de l'allocation par tonne de charbon abattu sera réglé sur le prix moyen actuel de la totalité du charbon criblé vendu, prix qui sera calculé et vérifié ainsi qu'il est dit ci-après.

Ce taux sera fixé à 2 sh. 6 d. (3 fr. 125) par tonne de criblé et à 1 sh. 9 d. 1/2 (2 fr. 25) par tonne de tout-venant, pour l'abatage dans une couche de 5 pieds (1ᵐ,52) au moins de puissance, tant que le prix moyen de vente sera de 9 sh. (11 fr. 25) pour le criblé. Il sera augmenté ou diminué de 1 d. (0 fr. 10) par tonne de criblé et de 3/4 d. (0 fr. 075) par tonne de tout-venant, pour chaque augmentation ou diminution sur le prix de vente de 4 d. (0 fr. 40) jusqu'à concurrence de 1 sh. (1 fr. 25); et ensuite il variera de 1 d. (0 fr. 10) par tonne de criblé et de 3/4 d. (0 fr. 075) par tonne de tout-venant pour chaque nouvelle variation de 3 d. (0 fr. 30) sur ce même prix de vente. Toutefois le taux minimum des allocations d'abatage sera de 2 sh. (2 fr. 50) et de 1 sh. 5 d. (1 fr. 75) respectivement pour le criblé et le tout-venant.

Le prix moyen de vente du criblé sera déterminé par un comptable désigné d'accord entre les Unions demanderesse et défenderesse(*), ou, à défaut d'accord entre elles, par un comptable désigné par la Cour...

Il est ensuite expliqué comment ce comptable devra établir, au début de chaque semestre, le prix moyen de vente effectif du semestre précédent pour l'ensemble des mines du bassin de Wollongong, prix qui sera réputé être le prix moyen de vente actuel; il est en outre spécifié que le comptable aura le droit de consulter tous les livres des exploitants, Enfin la sentence ajoute que les salaires à la journée, qui étaient fixés entre 7 et 9 shellings pour la plupart des ouvriers du fond, varieront proportionnellement au prix moyen de vente du charbon, lequel était à ce moment de 9 shellings.

§ VIII. — PROTECTION DES SALAIRES.

Je ne saurais terminer ce qui a trait aux salaires sans signaler les nombreuses dispositions législatives destinées à les protéger.

(*) L'Union des patrons du bassin et celle des ouvriers.

C'est en Nouvelle-Zélande que ces mesures sont le plus nombreuses : j'ai déjà donné ci-dessus (Ire partie, chap. Ier, § 2) l'énumération des lois qui touchent à ce sujet spécial ; leur nombre n'est pas inférieur à sept, plusieurs font d'ailleurs double emploi entre elles. Les principales stipulations qu'elles comportent sont les suivantes :

Les ouvriers de tout entrepreneur ont un privilège sur les sommes qui lui sont dues (Workmen wages Act); les ouvriers occupés sur un terrain ou dans un immeuble ont première hypothèque sur lesdits terrain ou immeuble pour le paiement de leurs salaires (Contractor's and workmen lien Act); enfin, en cas de déconfiture d'une société, les créances des ouvriers de celle-ci en ce qui touche leurs salaires sont privilégiées (Bankruptcy Act). Les salaires sont déclarés insaisissables (Wages attachment Act). D'autre part, le « Truck Act », ou loi destinée à prévenir le « truck system », prescrit que les salaires seront toujours payés en espèces ou en chèques ; — qu'au cas où des avances seraient consenties aux ouvriers sur leurs salaires, il serait défendu au patron de leur retenir, en sus du montant de l'avance, aucun intérêt ou somme quelconque de ce chef ; — qu'il est interdit de stipuler que l'ouvrier fera tel ou tel emploi déterminé de tout ou partie de son salaire ; — que tout paiement partiel ou total en nature sera réputé nul ; — et que sera nulle également toute créance d'un patron, ou d'un magasin dans lequel ledit patron serait intéressé, pour toute fourniture faite à un de ses ouvriers ; — enfin que les retenues pour affûtage ou réparation d'outils ne pourront avoir lieu qu'avec l'assentiment des intéressés ; le tout sous peine de 10 £ (250 fr.) d'amende pour la première fois, de 25 £ (625 fr.) au cas d'une première récidive, et de 50 £ (1.250 fr.) pour les contraventions ultérieures ; exception est, néanmoins, faite à ces interdictions pour la fourniture de médicaments ou d'outils aux ouvriers, ainsi que pour toutes fournitures dans le cas spécial d'ouvriers

accompagnant leur patron dans une région inhabitée. Le
« Licensing Act » (loi sur les licences pour débits de boissons) complète les dispositions ci-dessus en interdisant
d'effectuer aucun paiement de salaires dans un débit de
boissons. Enfin une loi spéciale de protection des salaires
(Wages protection Act) défend de faire supporter aux
ouvriers, même par quelque voie détournée que ce soit, tout
ou partie d'une assurance contre les accidents qu'ils
peuvent subir au cours de leur travail.

Sans qu'elles résultent, comme en Nouvelle-Zélande,
de sept lois différentes, ces diverses mesures de protection des salaires se retrouvent à peu près identiquement
dans les législations de l'Australie (*) ; le « Truck Act »,
en particulier, existe partout avec une rigueur quelque
peu excessive. C'est ainsi que, dans les districts aurifères les plus reculés de l'Australie Occidentale, les patrons, s'étant préoccupés de la façon dont leurs ouvriers
sont rançonnés par les petits commerçants, ce qui les
amène à demander des salaires plus élevés encore que
ceux dont j'ai fait mention ci-dessus, n'ont pas cru, après
examen de la question, pouvoir ni fonder, ni même aider
en aucune façon à fonder une association coopérative
ouvrière, de peur de tomber sous le coup du Truck Act.

Il semble que cette loi ne soit pas partout observée aussi
strictement, à telles enseignes que, pendant mon séjour
en Nouvelle-Galles du Sud, l'administrateur délégué
d'une des mines d'or que j'ai visitées, qui joignait à ses
fonctions celles d'exploitant d'un important magasin d'épi-
cerie en gros et de fournitures diverses, et aussi d'ailleurs
celles de membre du Parlement, s'est vu condamner à

(*) Soit dans des lois spéciales applicables à toutes les industries, soit
même dans les lois relatives aux mines comme, par exemple, dans la
loi de police des mines de la Nouvelle-Galles du Sud dont une section
traite spécialement des salaires.

2 £ (50 fr.) d'amende pour contravention au Truck Act sur la plainte du secrétaire de l'Union des mineurs de l'endroit : celui-ci avait établi, au cours des débats, que, client du magasin en question, il n'avait pas pu solder en temps voulu un arriéré de 4 £ (100 fr.) qu'il y devait ; après une mise en demeure à lui adressée en vain par le propriétaire dudit magasin qui était en même temps à la tête de la mine où il travaillait, il s'en était vu congédier sans que l'on eût aucune faute professionnelle à lui reprocher.

CHAPITRE II.

LA DURÉE DE LA JOURNÉE DE TRAVAIL.

Après avoir recherché ce que sont les salaires, il convient de se demander ce qu'ils rémunèrent, et d'examiner si leur taux fort élevé répond à une somme de travail également élevée fournie par les ouvriers : je me propose donc d'indiquer maintenant quelle est la durée du travail dans les mines de l'Australasie et ensuite quelle parait être son efficacité.

En ce qui touche le premier point, ce n'est plus seulement, comme pour les salaires, dans les habitudes établies ou dans les décisions arbitrales qu'il faut chercher les règles qui fixent la durée du travail ; en effet, dans plusieurs Colonies, cette durée est limitée par la loi, tantôt pour tous les ouvriers et tantôt pour une partie au moins d'entre eux.

§ I. — NOUVELLE-ZÉLANDE.

Travail des jours ordinaires de la semaine. — A ce point de vue, contrairement à beaucoup d'autres, la Nouvelle-Zélande s'était laissé devancer d'une vingtaine d'années par la Colonie de Victoria, mais aujourd'hui elle a rattrapé cette avance, et elle se trouve, avec cette Colonie et celle de l'Australie Occidentale, à la tête du mouvement par rapport au monde entier : depuis 1901, elle a inscrit dans la loi la limitation à 8 heures, trajet compris, de la journée de tous les travailleurs souterrains, sanctionnant ainsi pour eux d'une manière complète le principe des trois huit (*). La loi sur les mines de houille de 1891 (Coal mines Act) ainsi que la loi sur les mines métalliques de 1898 (Mining Act) viennent, en effet, d'être amendées dans ce sens, la première le 7 novembre 1901, et la deuxième le lendemain.

Le texte voté par le Parlement, qui se retrouve identique dans l'un et l'autre amendements, est ainsi conçu :

Sous réserve des prescriptions de la présente loi, les ouvriers mineurs ne doivent pas être employés au fond pendant une durée de plus de huit heures par jour, non compris le temps consacré aux repas.

Cette durée de huit heures sera comptée depuis le moment où les ouvriers pénètrent dans la mine jusqu'à celui où ils la quittent.

Le nombre d'heures de travail ainsi fixé pourra être dépassé de temps en temps ; mais, chaque fois qu'il le sera, les ouvriers devront, pour la durée supplémentaire qui leur sera ainsi imposée, être payés à un taux égal à au moins une fois et un quart le taux ordinaire des salaires.

Au cas où une sentence de la Cour d'arbitrage, rendue avant la promulgation de la présente loi en vertu de la loi de 1900 sur la conciliation et l'arbitrage dans l'industrie, contiendrait des dispositions fixant ou limitant la durée du travail souterrain des ouvriers de quelque mine, ou bien réglant la rémunération des heures supplémentaires, l'observation des prescriptions du présent article serait, en ce qui concerne la mine intéressée, et jusqu'à l'expiration de la durée de la sentence, subordonnée à l'observation des stipulations de ladite sentence.

C'est là, comme on le voit, la reconnaissance par la loi du principe des huit heures, comptées du jour au jour

---

(*) Je rappelle qu'en Australasie ce n'étaient pas seulement les trois huit que réclamaient les ouvriers, mais bien les quatre huit, la quatrième représentant 8 shellings (10 francs) de salaire journalier ; ils ne s'en tiennent d'ailleurs déjà plus à cette formule, dans les mines tout au moins, puisque ce qui précède suffit à faire voir qu'ils ne se contentent plus que rarement des 8 shellings et que, comme je vais le montrer, huit heures de présence journalière au travail commencent à passer pour exagérées.

(from bank to bank)(*), sans autre tempérament que la déduction de la durée du repas; cette durée correspond d'ailleurs à un repos généralement collectif, tantôt avec arrêt de l'extraction, et tantôt sans que cet arrêt ait lieu, mais en tout cas sans que la loi en fasse une condition de la déduction en question. Cette règle, qui laisse place à des dérogations à la discrétion des patrons à condition que les heures supplémentaires soient payées à un tarif exceptionnel, prend de la sorte le caractère d'une disposition destinée plus à assurer à l'ouvrier une rémunération suffisante relativement à la somme de travail fournie qu'à protéger directement les travailleurs contre les dangers d'un labeur excessif.

On remarquera que, dans le cas où l'extraction n'est pas arrêtée au moment du repas, les ouvriers auxiliaires, rouleurs, freinteurs, etc..., peuvent ne pas profiter d'une façon satisfaisante du repos accordé au reste. du personnel souterrain, et on sera sans doute surpris au premier abord de trouver une pareille lacune dans la législation ouvrière néo-zélandaise. Cela tient à ce fait, que j'ai déjà eu l'occasion de signaler, que dans les mines de l'Australasie on a eu de tout temps une tendance plus ou moins marquée à ne considérer que les ouvriers des chantiers, qui sont de beaucoup les plus nombreux (dans les houillères, cela tient à la faible importance de l'entretien et aux facilités de roulage permettant l'emploi constant des traînages mécaniques; dans les mines métalliques, cela est une conséquence. de la difficulté de l'abatage et de la

---

(*) Il n'y a pas lieu, comme en France, de spécifier avec soin qu'il s'agit de la descente du dernier ouvrier et de l arrivée au jour du premier d'entre eux qui remonte (loi du 29 juin 1905 relative à la durée du travail dans les mines), parce que, dans les houillères de la Nouvelle-Zélande, les ouvriers circulent par galeries, et que les trajets souterrains sont beaucoup plus courts que chez nous ; la formule du jour au jour de la Nouvelle-Zélande, tout en étant en fait plus avantageuse aux ouvriers que la formule de notre loi, est donc en principe équivalente à celle-ci au point de vue patronal.

faiblesse relative des tonnages à rouler) ; ces ouvriers ont ainsi toujours eu la haute main dans les Unions de mineurs, à tel point que parfois les rouleurs constituent une Union à part ou s'affilient à des Unions de travailleurs quelconques.

Telle est donc la disposition législative qui venait d'être votée en Nouvelle-Zélande au moment du séjour que j'y ai fait, et qui n'était pas encore régulièrement appliquée partout. Elle modifiait en somme assez peu le *statu quo ante*, puisque la journée de 8 heures (et même moins en moyenne) est depuis longtemps passée dans les mœurs, d'une façon générale dans les mines de l'Australasie, et tout particulièrement dans celles de la Nouvelle-Zélande. C'est ce qui peut expliquer que patrons, Inspecteurs du Gouvernement, et même ouvriers (ceux-ci en tant tout au moins qu'il se fût agi de réduire la durée du travail, en même temps que de quelques hommes payés à la journée, d'un grand nombre de piqueurs ou de mineurs payés proportionnellement à leur production, c'est-à-dire à la durée même de leur travail au chantier) ne se soient guère préoccupés, depuis le vote de cette disposition, d'apporter aux heures de travail les modifications propres à en assurer le plus promptement possible la stricte observation. Presque partout, d'ailleurs, les conditions de travail étaient réglées soit par des sentences de la Cour d'arbitrage, soit par des arrangements industriels qui, une fois enregistrés par la Cour, ont la même valeur que des sentences (art. 36 de la loi d'arbitrage) et qui restent en vigueur jusqu'au jour où il leur est substitué un nouvel arrangement ou une sentence. Les dispositions du dernier paragraphe de l'amendement que j'ai cité ci-dessus remettaient donc jusqu'au prononcé d'une nouvelle sentence ou jusqu'à l'intervention d'un nouvel arrangement le moment où seraient appliquées les prescriptions du premier alinéa. Il m'a paru que, dans les cas où cette nouvelle sentence (ou ce nouvel arrangement) devait raccourcir la journée, les ouvriers se montraient fort patients.

C'est ainsi qu'à la fin du mois de février 1902, aux mines de houille de Granity-creek (district de Westport), je ne fus pas peu surpris, en en visitant les chantiers en compagnie du directeur de la mine et de l'Inspecteur du Gouvernement, d'apprendre que la journée de travail y était réglée comme suit : les ouvriers devaient être présents au chantier de 7 heures et demie du matin à 4 heures de l'après-midi, et ils avaient, de 11 heures et demie à midi, un repos pour le repas avec arrêt de l'extraction. Leur journée dépassait donc la limite légale de toute la durée des deux trajets, aller et retour, de l'entrée de la mine au chantier, soit à peu près une demi-heure en moyenne. Comme j'en faisais la remarque à mes compagnons, et plus particulièrement à l'Inspecteur des mines chargé de veiller à l'observation des différentes lois, et de l'amendement des 8 heures en particulier, ce dernier me répondit qu'il en était ainsi depuis longtemps et qu'il ne croyait pas devoir intervenir tant qu'aucun des intéressés ne se plaindrait à lui (*). La situation semble d'ailleurs n'avoir pas été illégale, puisque, jusqu'au 21 octobre 1901, elle se trouvait imposée aux deux parties par un arrangement dûment conclu entre elles deux ans auparavant, et qu'une nouvelle détermination des conditions du travail faisait précisément à ce moment-là l'objet d'une procédure devant la Cour d'arbitrage. Dès lors la combinaison des dispositions de la loi d'arbitrage, qui donne aux arrangements régulièrement conclus la valeur d'une sentence et qui

---

(*) La loi sur les mines prévoit explicitement que les ouvriers pourront signaler à l'Inspecteur des mines toutes infractions aux lois et règlements dont ils auraient à souffrir, et que celui-ci devra procéder à une enquête au sujet des infractions ainsi signalées.

en prolonge l'effet au delà de leur date d'expiration jusqu'au jour où il y sera substitué un nouvel arrangement
ou une sentence, avec les dispositions du dernier paragraphe de l'amendement des 8 heures, permet d'admettre
que les patrons étaient dans leur droit strict d'exiger
encore des ouvriers 8 heures de présence *au chantier*.
Mais on peut s'étonner que les ouvriers, forts du texte
de la loi, n'aient pas, sitôt qu'elle a été votée, réclamé
qu'il fût donné satisfaction immédiate à la demande, qu'ils
formulaient en même temps devant la Cour d'arbitrage,
de voir limiter désormais la durée de la journée à
8 heures du jour au jour — et non plus à 8 heures de présence au chantier —, déduction faite de la durée du repos
habituel d'une demi-heure au milieu du poste.

Il est d'ailleurs plus surprenant encore de constater que la
Cour d'arbitrage, statuant le 7 mars 1902 sur les demandes
des ouvriers et sur celle-là en particulier, ait décidé, par
l'article 16 de sa sentence, que la durée de la journée serait
de 7ʰ,55 minutes *au chantier, y compris* la durée du repos
habituel. Sans doute, il y a vraisemblablement une compensation assez exacte entre la durée des deux trajets
que la loi comprend dans les 8 heures et le repos, d'une
demi-heure environ, qu'elle en exclut, mais il eût été
beaucoup plus correct, du moins aux yeux de quelqu'un
qui attache à la loi l'autorité que nous sommes habitués
à y attacher, que la Cour ait conservé exactement le
mode d'évaluation de la durée de la journée fixé par la
loi elle-même. Si, en effet, pour quelque chantier, la durée
cumulée des deux trajets dépassait de plus de 5 minutes la durée du repos, la sentence se trouverait autoriser une durée de travail supérieure au maximum légal,
ce qu'elle n'a pas le pouvoir de faire ; si, au contraire, pour
d'autres chantiers, cette durée cumulée était inférieure
à ladite limite, la sentence aggraverait les sujétions de
la loi, ce qu'elle a le droit de faire, je ne l'ignore point,

mais ce qui paraît quelque peu abusif, ainsi que j'ai déjà eu l'occasion de le faire remarquer.

Dans l'autre important charbonnage que j'ai visité en Nouvelle-Zélande, celui de Kaïtangata (district d'Otago), la modification des heures de travail nécessitée par la nouvelle loi venait d'être effectuée, en même temps que les conditions de travail, précédemment fixées par une sentence de la Cour, étaient réglées à nouveau par un arrangement amiable : jusque-là les ouvriers, répartis en deux postes, passaient 8 heures et demie *au chantier*, avec un repos durant une demi-heure en principe et souvent davantage; désormais ils ne font plus que 8 heures au chantier (premier poste de 7 heures et demie du matin à 3 heures et demie de l'après-midi, et deuxième poste de 4 heures à minuit), avec une demi-heure de repos compensant la durée des trajets (par fendues et galeries) évaluée d'un commun accord à une demi-heure au total. Cette modification ne paraît d'ailleurs pas avoir sensiblement raccourci la durée du travail effectif, puisque, en même temps qu'elle était réalisée, les ouvriers ne faisaient pas de difficulté à signer un arrangement perpétuant le taux précédemment fixé pour l'abatage de la tonne de charbon ; la direction n'a, de son côté, constaté aucune diminution dans la production par journée d'ouvrier.

Dans les mines d'or, la nouvelle disposition législative était déjà partout (ou du moins presque partout) observée, puisque dès longtemps le principe des postes de 8 heures (tantôt poste unique, tantôt double poste, et souvent triple poste assurant un travail ininterrompu) était adopté, et que ce poste était uniformément réglé à 8 heures de présence au front de taille (from face to face) auxquelles il faut ajouter la durée des trajets et dont il faut retrancher celle des repos. Chacun des trajets, du jour au chantier et du chantier au jour, dure rarement plus d'un quart

d'heure, en raison de la faible extension des travaux de
la plupart des mines d'or et du nombre relativement restreint des ouvriers à remonter ou à descendre par chaque
puits. D'autre part, les repos comprennent nombre de
petites interruptions de travail et en outre un long repos
pour le repas ; celui-ci ne devrait théoriquement pas durer
plus d'une demi-heure, mais j'ai tout lieu de penser qu'il se
prolonge en fait davantage, surtout dans des mines telles
que celle que j'ai visitée à Reefton, puisqu'on y réserve,
en évitant de les remblayer, des vides suffisants pour constituer des « salles de repas », où les ouvriers de plusieurs
chantiers se réunissent pour manger et naturellement aussi
pour bavarder. Je ne suis donc pas loin d'admettre, comme
me le déclarait l'ingénieur qui m'accompagnait dans cette
visite, que, des 8 heures passées au chantier, il en est à
peine consacré 7 au travail.

A Waihi (district d'Hauraki), il n'en est guère autrement : la sentence arbitrale du 4 octobre 1901, antérieure
par conséquent au vote de l'amendement limitant la journée de travail souterrain à 8 heures (sentence dont le texte
est ci-annexé), a maintenu, comme précédemment, à
46 heures la durée totale par semaine des postes du matin
et de l'après-midi, et à 47 heures celle des postes de nuit, y
compris le temps habituellement consacré au repas, pour
tous les ouvriers mineurs proprement dits du fond comme
du jour. Pour les mineurs, qui en principe se remplacent
au chantier de 8 en 8 heures (sauf le samedi), cela ne fait
pas même 7 heures et demie de travail au chantier, soit
les 8 heures légales si l'on y ajoute la durée des trajets et
que l'on ne compte pas celle du repas.

On voit donc que la durée moyenne de 8 heures, trajets compris, récemment assignée par la loi au travail
souterrain dans les mines de la Nouvelle-Zélande, était,
dès avant la promulgation de ladite loi, observée le plus

souvent, et en tous cas dans les mines d'or ; elle l'est pratiquement partout aujourd'hui sans que cela soulève de
difficulté de la part des patrons, mais non sans que les
ouvriers réclament que l'on aille plus loin dans la voie des
courtes journées. S'ils acceptent encore la journée de
8 heures de présence pour ceux qui travaillent à des
chantiers se présentant dans des conditions normales, ils
cherchent déjà (et ils le cherchaient même déjà avant la
promulgation de la loi des 8 heures) tous les prétextes pour
la faire réduire à 6 heures dans de nombreux cas particuliers (*). C'est à quoi visent presque toujours, entre autres
objets, les revendications qu'en cas d'arbitrage ou de pourparlers en vue d'un arrangement amiable, ils formulent
relativement aux chantiers chauds, mal aérés, ou humides.
C'est ainsi que les demandes présentées à la fin de 1901
par les mineurs de Granity-creek à la Cour d'arbitrage,
portaient qu'à tous les chantiers humides le poste ne
serait que de 6 heures ; la sentence rendue le 7 mars 1902
l'a accordé, en spécifiant d'ailleurs avec soin que le plein
salaire normal serait néanmoins payé aux ouvriers pour
ces postes de 6 heures.

L'arrangement conclu le 11 février 1902 entre les mineurs de Kaïtangata et la Compagnie portait la même
condition, plus explicitement indiquée en ces termes :
« Aux chantiers humides, les ouvriers recevront le salaire
« à la journée pour un poste de 6 heures ; les chantiers
« humides sont ceux où les ouvriers travaillent avec de
« l'eau couvrant leurs souliers et ceux où l'eau dégoutte du
« toit au point de les gêner. » Dans le même ordre d'idées,
les clauses 3 et 5 de la sentence d'Hauraki, qu'on trouvera ci-annexée, disposent que « les ouvriers travaillant

---

(*) Ce n'est que tout à fait exceptionnellement qu'on a quelquefois
recours, en Europe, au travail à 4 postes de 6 heures pour des chantiers
se présentant dans des conditions tout particulièrement difficiles et pé-
nibles pour les hommes.

« dans des puits humides ou dans d'autres travaux humides
« recevront le salaire normal d'un poste pour un poste
« de 6 heures », et que « les ouvriers travaillant à des
« chantiers chauds ou mal aérés recevront également le
« salaire d'un poste entier pour un poste de 6 heures ».
C'est d'ailleurs d'accord entre un délégué des ouvriers et
la direction, ou, à défaut d'accord, par l'Inspecteur des
mines, qu'il sera décidé si un chantier doit être réputé
chaud ou humide.

Quant au travail des ouvriers du jour, il faut distinguer
parmi eux deux catégories : d'une part, les véritables
ouvriers de la mine, receveurs, machinistes d'extraction,
rouleurs aux abords de la recette, etc..., et, d'autre part
(pour les mines d'or), les ouvriers des usines de traitement
du minerai. Pour les premiers, la durée du travail correspond assez exactement à celle du personnel du fond ;
toutefois ils ne sont pas astreints (sauf les quelques hommes
qui assurent la circulation dans les puits et auxquels
il en est généralement tenu compte) à la présence pendant
le temps qui correspond à la descente et à la remontée
des ouvriers du fond ; tantôt ils profitent en outre de l'arrêt du travail souterrain pour le repas lorsque cet arrêt
comporte une suspension générale du travail et aussi de
l'extraction, tantôt, au contraire, ils ne peuvent prendre
leur repas qu'à temps perdu ; de toutes façons ils n'ont
généralement pas à fournir plus de 8 heures de travail
effectif, et souvent notablement moins.

Il en est sensiblement de même des ouvriers des usines
de traitement des minerais d'or ; ces usines, dont les installations sont le plus souvent réduites au minimum nécessaire pour traiter le minerai produit par la mine (*), tra-

---

(*) Il serait plus exact de dire qu'on cherche à faire produire à la
mine tout le minerai que l'usine est capable de traiter.

vaillent jour et nuit à trois postes ; les ouvriers y font
donc 8 heures de présence par jour, ce qui équivaut à
peu près à 8 heures de travail effectif, car il n'y a pas
d'arrêt pour le repas, et chaque ouvrier doit manger sur
le pouce pendant qu'un camarade assure momentanément
son service.

Travail du samedi, du dimanche et des jours de fête. —
Ce qui précède concerne la durée du travail pendant les
jours ouvrables, c'est-à-dire non pas pendant 6 jours
comme chez nous, mais seulement pendant les 5 premiers
jours de la semaine, le samedi étant considéré dans toute
l'Australasie, suivant la coutume anglaise, comme un
demi-jour de fête. Aussi n'est-il pas de mine où le travail
ait lieu le samedi comme les autres jours : tantôt il est
écourté, tantôt il est supprimé un samedi sur deux.

C'est la seconde de ces solutions qui est adoptée pour
les charbonnages : dans le bassin de Westport, les mines
chôment complètement chaque samedi de paye, c'est-à-dire
tous les 15 jours, et c'est là une des stipulations des sentences arbitrales qui règlent les conditions du travail. A
Kaïtangata, où l'on marche à deux postes, le même
résultat est obtenu par le chômage chaque samedi du
poste du soir, sous réserve d'un léger tempérament motivé
par ce fait que, faute de débouchés suffisants pour son
charbon, la mine chôme souvent par force dans la semaine. On s'attendrait, dans ces conditions, à voir le chômage du samedi soir limité au seul cas où il n'y aurait
pas eu de chômage imposé dans la semaine ; mais il faut
croire que les ouvriers mineurs de la Nouvelle-Zélande ne
jugent pas indispensable de travailler plus de 3 jours et
demi dans la semaine, puisque l'arrangement du 13 février 1902, que j'ai déjà cité plusieurs fois, prévoit
que « le poste du soir sera supprimé chaque samedi si

« l'on a travaillé à deux postes pendant les 3 jours précé-
« dents de la semaine ».

Au contraire, dans les mines d'or, où l'on trouve sans
doute plus facile de faire des postes écourtés, l'usage
constant est de réduire (généralement de 2 heures) la
durée des postes du samedi et souvent aussi de celui de
la nuit du dimanche au lundi. C'est ce que prescrit, par
exemple, la sentence de Reefton du 20 janvier 1900 :
« Le poste de jour du samedi aura lieu de 8 heures du
« matin à 2 heures de l'après-midi et le poste de l'après-
« midi de 2 heures à 8 heures du soir » ; d'autre part, la
mine est fermée depuis le samedi à 8 heures du soir jusqu'au lundi à 1 heure du matin. La sentence d'Hauraki
limite de même à 46 heures la semaine de travail des ouvriers des postes du matin et de l'après-midi et à 47 heures
celle des ouvriers du poste de nuit(*) ; de la sorte les
deux postes du matin et de l'après-midi du samedi ne
durent que 6 heures (8 heures du matin à 2 heures de
l'après-midi et 2 heures à 8 heures du soir), et celui de la
nuit du dimanche au lundi ne commence qu'à 1 heure du
matin pour se terminer à 8 heures.

Pour les ouvriers des usines de traitement, le travail se
poursuit le samedi comme les autres jours de la semaine,
d'autant plus que souvent il n'est même pas interrompu le
dimanche ; aussi est-ce en vain que l'Union des mineurs
de Thames avait demandé à la Cour d'arbitrage de fixer
à 46 et 47 heures par semaine, suivant le poste, tout
comme pour les travaux du fond, la durée du travail dans
les usines de traitement ; en rendant sa sentence (sentence
que j'ai désignée plusieurs fois ci-dessus sous le nom de
sentence d'Hauraki), la Cour a déclaré une telle prétention
abusive, en ce sens que les ouvriers des usines de traitement

(*) Les ouvriers changent de poste chaque semaine en vertu d'un
roulement régulier.

doivent beaucoup plutôt être assimilés aux ouvriers d'une industrie quelconque qu'aux ouvriers mineurs proprement dits.

Le dimanche, tout travail est légalement interdit dans toutes les mines et leurs dépendances : une loi spéciale, dite « Loi destinée à prévenir le travail du dimanche dans les mines » (Sunday labour in mines prevention Act), rendue le 18 décembre 1897, dispose en effet que :

Sauf en vertu d'une autorisation préalable donnée par écrit par l'Inspecteur des mines, il n'est permis à aucun particulier ni à aucune compagnie d'occuper, d'une manière directe ou indirecte, moyennant salaire ou récompense, aucun ouvrier à aucun travail manuel de quelque nature qu'il soit, à l'intérieur ou dans les dépendances de l'une quelconque des mines visées par la loi sur les mines de 1898 ou par la loi sur les mines de houille de 1891.

L'Inspecteur des mines ne devra donner l'autorisation prévue à l'article précédent qu'après s'être assuré que le travail ne saurait être suspendu le dimanche sans danger pour la conservation de la mine ou pour son exploitation ; et, lorsqu'il donnera une telle autorisation, il devra, dans chaque cas, spécifier par écrit les raisons qui la lui ont fait accorder, et indiquer le nombre des ouvriers qui pourront être employés, la nature du travail qu'ils pourront exécuter, et la durée pendant laquelle l'autorisation aura son effet.

La loi ajoute que toute contravention à ces dispositions sera passible d'une amende pouvant atteindre 5 £, soit 125 francs, sauf au cas où il serait établi que le travail effectué avait été rendu nécessaire par une avarie ou par quelque autre circonstance spéciale occasionnant un danger pour le personnel ou des dégâts pour le matériel.

La suppression, ainsi édictée, de tout travail souterrain le dimanche était trop conforme aux habitudes établies dès longtemps dans les districts miniers pour n'être pas fidèlement observée ; et, en fait, il ne se fait le dimanche, dans les mines mêmes, que des tournées de surveillance et éventuellement quelques travaux d'entretien urgent.

Pour les usines de traitement, il n'en est pas de même ; comme c'est pratiquement toujours leur capacité de production qui limite l'extraction des mines, et que cette capacité ne peut être accrue sans de grosses dépenses de premier établissement, l'habitude avait été prise dès longtemps de laisser ces usines en marche d'une manière absolument continue, même le dimanche. Comme, d'autre part, certaines opérations, telles que la cyanuration, ne peuvent être interrompues sans en compromettre le bon rendement, et que les différentes parties du traitement sont en connexité assez étroite les unes avec les autres, l'autorisation a le plus souvent été donnée de faire fonctionner les usines de traitement le dimanche tout comme les autres jours. Les Inspecteurs des mines étaient d'ailleurs poussés, souvent par les Unions ouvrières elles-mêmes, à user d'une large tolérance par cette considération que le fait d'arrêter un jour par semaine les usines de traitement oblige les mines à réduire leur production d'un septième, c'est-à-dire à congédier un septième de leur personnel.

C'est cela qui explique l'interprétation, plus que large, que j'ai vu donner aux termes ci-dessus cités de la loi, lesquels ne prévoient de dérogation qu'en cas de danger pour la conservation de la mine ou pour son exploitation (risk of injury to the mine or its operations), et c'est ce qui justifie bien, sinon dans la forme, du moins quant au fond, des observations telles que celles qu'aurait faites publiquement à ce sujet le président de la Cour d'arbitrage en rendant la sentence d'Hauraki (*).

Dans ces conditions, la grande majorité des ouvriers

_____

(*) Voir, dans les annexes au présent travail, les indications qui font suite au texte de la sentence elle-même.

des mines de la Nouvelle-Zélande, et, en particulier,
tous les véritables mineurs, ne donnent guère dans la
semaine que 45 heures environ en moyenne à l'exploitation : un peu plus si les postes du samedi sont seulement
écourtés, et un peu moins si le travail du samedi est complètement supprimé une fois sur deux. Ce n'est donc plus
la journée de 8 heures qu'ils pratiquent, mais la journée
de 7 heures et demie, et encore une partie de ces courtes
heures est-elle consacrée à gagner le chantier ou à le
quitter, ou bien à prendre un repas, ce qui abaisse la
durée du travail effectif à 7 heures et souvent même
moins.

Il me reste enfin à signaler la tendance des ouvriers
à multiplier en outre le plus possible les fêtes chômées,
bien qu'ils se trouvent de ce fait privés des salaires cor-
respondants.

La plupart des arrangements industriels ou des sentences d'arbitrage intervenus récemment en Nouvelle-
Zélande déterminent en effet, à la demande des ouvriers,
un certain nombre de jours de fête à l'occasion desquels
tout travail sera suspendu : ici (charbonnages du district
de Westport), ce seront les 25, 26 et 27 décembre,
les 1er et 2 janvier, le lundi et le mardi de Pâques, le jour
de la naissance du Roi et le jour de la fête du Travail ;
ailleurs (mines d'or de Reefton), on chômera pour les
fêtes de Noël du 24 décembre inclus au 1er janvier
inclus, et en outre le jour de la naissance du Roi et le
jour de la fête du Travail, et il est spécifié que, si les
ouvriers des usines de traitement du minerai peuvent
exceptionnellement être astreints à travailler ces jours-
là, leurs jours de congé devront leur être compensés
d'autre part ; plus loin (charbonnages de Kaïtangata), on
voit ajouter à une énumération telle que celles que je viens
de citer le jour du pique-nique annuel des mineurs.

Ces exigences au sujet des jours de chômage sont une manifestation de plus de la tendance qui pousse les ouvriers à réclamer, en même temps que l'augmentation incessante des salaires, une diminution également incessante du travail à fournir. Cette tendance correspond d'ailleurs bien à ce que me disait l'un de leurs représentants, tout en se plaignant de la modicité des salaires, à savoir que ce qui lui paraissait désormais le plus nécessaire à l'amélioration du sort des mineurs, c'est la réduction des heures de travail au-dessous des limites actuelles.

§ II. — AUSTRALIE.

Sur le continent australien la durée du travail dans les mines n'est, en fait, guère plus longue qu'en Nouvelle-Zélande ; tantôt elle n'est réglée par aucune mesure législative (Queensland, mines de houille de la Nouvelle-Galles du Sud), tantôt au contraire elle est limitée impérieusement par la loi dans des conditions peu différentes de celles de la Nouvelle-Zélande. C'est ainsi qu'en Nouvelle-Galles du Sud les articles 29 et 30 de la loi de police des mines métalliques fixent au maximum à 8 heures par jour et à 48 heures par semaine, sauf cas d'urgence, la durée du travail des ouvriers du fond et de ceux qui conduisent des machines au jour ; mais il n'est pas spécifié que cette durée doive être comptée du jour au jour, c'est donc la réglementation pure et simple du poste usuel de 8 heures. En Australie Occidentale, l'article 22 de l'amendement de 1890 à la loi sur les mines métalliques limite le travail de tout ouvrier du fond à 8 heures par jour, et à 48 heures par semaine « depuis le moment où il com- « mence à descendre dans la mine jusqu'à ce qu'il soit « relevé de son travail, et qu'il commence à remonter », sans qu'il soit fait mention d'aucune déduction des repos; et dans cette même Colonie l'article 6 de la loi de 1901

sur la police des mines de houille limite à 8 heures,
comptées du jour au jour, la journée de tous les ouvriers
occupés intérieurement. A Victoria, dès 1883, la loi sur
les mines faisait de même défense, sauf en cas d'urgence,
d'occuper aucun ouvrier dans les travaux souterrains pendant plus de 8 heures consécutives depuis le moment de la
descente jusqu'à celui où il est relevé de son travail.
Aujourd'hui il en est encore de même, puisque l'article 132
de la dernière loi (du 27 septembre 1897) amendant les
lois sur les mines prescrit que « personne ne peut être em-
« ployé au fond dans aucune mine pendant plus de 8 heures
« consécutives ni pendant plus de 48 heures par semaine,
« sauf en cas de nécessité absolue », et ajoute que « une
« personne est, de par la présente loi, déclarée être em-
« ployée au fond au service du propriétaire d'une mine
« depuis le moment où elle commence à y descendre
« jusqu'au moment où elle est relevée de son travail par
« le propriétaire ou par l'agent de celui-ci, et où elle com-
« mence à remonter au jour ».

C'est là une disposition plus favorable encore en fait à
l'ouvrier que celle de la loi néo-zélandaise, puisque, dans
les 8 heures, sont comprises, d'une part la durée du repos
usuel, qui atteint au moins une demi-heure, et d'autre part
celle de l'un des trajets, soit à peu près un quart d'heure
en moyenne, ce qui réduit la durée de la présence au
chantier à 7 heures un quart. Ces dispositions ne s'appliquent d'ailleurs qu'aux travaux souterrains, et, en fait,
presque uniquement à des mines d'or. Les usines de traitement qui y sont annexées ne sont pas visées par la loi;
on y travaille toujours par postes de huit heures, tout
comme en Nouvelle-Zélande.

Dans les autres mines du continent australien, c'est soit
l'usage tel qu'ont su l'imposer les Unions, soit, depuis peu
de temps, l'arbitrage obligatoire, qui fixent la durée de la
journée à huit heures au maximum.

Si nous examinons d'abord ce qui se passe dans les houillères et en particulier dans celles de la Nouvelle-Galles du Sud, nous y voyons la journée de 8 heures accordée seulement aux piqueurs qui constituent, je le rappelle, la grande majorité des ouvriers du fond, tandis que leurs auxiliaires, rouleurs, freinteurs, etc., sont astreints, sinon à plus de 8 heures de travail effectif, du moins à plus de 8 heures de présence au fond. L'organisation actuelle, qui se retrouve aussi bien dans le bassin de Wollongong que dans celui de Newcastle, est un reste de l'organisation antérieure aux grandes grèves de la période de 1888-1890, où la journée des piqueurs était de 10 heures de présence et où l'extraction se répartissait sensiblement sur toute cette durée. Lorsque la journée fut réduite à 8 heures, à la demande de piqueurs qui avaient la haute main sur les Unions de mineurs et qui avaient seuls mené les grèves, on voulut, autant dans l'intérêt des patrons que dans celui des piqueurs payés suivant leur production, éviter qu'il n'en résulte une diminution de la puissance de production des mines, limitée par l'extraction dont les puits étaient susceptibles en un temps donné. C'est dans ce but qu'on adopta la combinaison suivante : des deux piqueurs qui travaillent ensemble à chaque chantier d'abatage, l'un arriverait au chantier à 6 heures du matin et le quitterait à 2 heures de l'après-midi, tandis que le second, descendant à 8 heures, ne remonterait qu'à 4 heures. Les piqueurs passent ainsi chacun 8 heures au chantier, coupées d'ailleurs par les deux repas habituels en pays anglais, si bien que, de l'aveu même des ouvriers, ils ne fournissent guère plus de 7 heures de travail pic en main.

Cette organisation permet cependant à l'abatage de commencer peu après 6 heures du matin et le se prolonger jusque vers 4 heures de l'après-midi ; aussi le roulage et l'extraction peuvent-ils avoir lieu d'une ma-

nière sensiblement continue de 7 heures du matin à
4 heures du soir, soit pendant 9 heures ; et c'est là la
durée de présence qui est exigée des ouvriers de ces
services accessoires avec, pour les deux repas, deux
repos, atteignant chacun bien près de une demi-
heure en pratique, mais sans arrêt complet de l'extraction.
Les piqueurs fournissent donc environ 7 heures de
travail avec 8 heures de présence à la mine, et les
ouvriers auxiliaires, qui ne constituent d'ailleurs qu'une
minorité, 9 heures de présence et 8 heures de travail (*).

C'est cette organisation qui a fait, devant la Cour
d'arbitrage de la Nouvelle-Galles du Sud à peine créée,
l'objet d'une des principales revendications des ouvriers
dans le différend des mineurs du Sud (bassin de Wollongong). La Cour, saisie de la prétention des ouvriers de
voir ramener à 8 heures la durée de présence de tout le
personnel, n'a pas cru pouvoir y faire droit ; et, tout en
se déclarant personnellement partisan de la journée de
8 heures, le président de la Cour a — je l'ai déjà fait connaître ci-dessus et j'ai insisté sur l'importance et la jus-
tesse du principe qu'il a ainsi posé — déclaré que c'est au
pouvoir législatif, et non à la Cour d'arbitrage, qu'il appar-
tient de décider pareille modification dans le régime
du travail des houillères ; une semblable mesure s'appliquerait en effet fatalement non seulement à un des grands
bassins, mais à l'ensemble des bassins de la Colonie,
puisque la Cour n'aurait aucune raison de refuser aux
autres houilleurs ce qu'elle aurait accordé à un premier
groupe d'entre eux. L'organisation actuelle subsistera
donc vraisemblablement jusqu'au jour, qui n'est peut-être
pas bien éloigné, où la loi sera venue limiter à 8 heures
pour les houillères de la Nouvelle-Galles du Sud (comme

(*) Je rappelle que la loi française du 29 juin 1905, destinée à limiter
successivement à 9 heures, 8 heures et demie, et 8 heures la durée du
travail dans les houillères ne s'applique qu'aux ouvriers de l'abatage.

elle l'a déjà fait pour les mines métalliques de cette Colonie et pour toutes les mines de la Nouvelle-Zélande de Victoria, et de l'Australie Occidentale) la durée de la journée de travail des mineurs.

J'ajoute d'ailleurs que, bien que l'organisation du travail que je viens de faire connaître soit très générale dans les houillères de la Nouvelle-Galles du Sud, j'ai eu l'occasion d'en visiter une, en période de développement des travaux, où, dans le but de pousser ceux-ci le plus activement possible, les piqueurs travaillaient à trois postes tout comme dans les mines métalliques. Cette manière de faire, qui, lorsque la nature exceptionnellement solide des terrains le permet, n'a rien de critiquable en soi, donnait lieu cependant à un grave abus : toutes les fois qu'au moment de la descente d'un poste certaines équipes se trouvaient incomplètes, on les complétait à l'aide d'ouvriers remontant du travail, qui faisaient ainsi (volontairement, cela est vrai), sinon 16 heures de suite au chantier, puisqu'ils étaient ensuite autorisés à remonter sitôt abattue la quantité de charbon correspondant à la production normale d'un ouvrier par poste (*), du moins 13 à 14 heures !

Dans le bassin houiller d'Ipswich (Q.), le travail a lieu à un seul poste, et tous les ouvriers sont présents simultanément ; ils le sont pendant 9 heures et demie comptées du jour au jour, même dans l'importante mine aux mineurs que j'ai visitée : ils descendent à 7 heures du matin pour remonter à 4 heures et demie de l'après-midi ; cela ne représente d'ailleurs pas plus de 8 heures de travail effectif, puisqu'il faut décompter une heure pour les deux repas et une demi-heure en moyenne pour les deux trajets.

(*) Cette quantité est fixée à 13 bennes, de 11 cwt. (558 kilogrammes) chacune en moyenne, ce qui représente au total 8.157 kilogrammes par piqueur et par jour, dans une couche si aisée à travailler que l'on demanderait couramment chez nous aux piqueurs de produire chacun au moins 20 bennes de 450 kilogrammes, soit 9.000 kilogrammes.

Dans les mines métalliques, où le travail a lieu à trois postes, pour une partie des chantiers tout au moins, l'organisation est à peu près la même dans toutes les Colonies qu'en Nouvelle-Zélande : elle comporte des postes de 8 heures coupés par au moins une demi-heure, sinon une heure, de repos. Rarement les ouvriers se relèvent au chantier même (mine de Mount-Morgan en Queensland), et le plus souvent ils se remplacent dans les cages, c'est-à-dire que les ouvriers de l'un des postes remontent pendant que ceux du poste suivant descendent.

Aux célèbres mines de plomb argentifère de Broken-hill (N. G. S.), situées en plein désert, le travail au fond n'est souvent réparti, sauf quelques réparations de boisage, qu'entre deux postes, également de 8 heures, l'un de 8 heures du matin à 4 heures de l'après-midi et l'autre de 4 heures de l'après-midi à minuit. Ce système a été adopté par les compagnies les plus importantes (tandis que les autres moins bien outillées ont conservé les trois postes), en raison du climat particulièrement pénible de Broken-hill, afin de laisser à tous les ouvriers la possibilité de dormir pendant la nuit, seul moment où, durant la plus grande partie de l'année, un peu de fraîcheur relative permette un véritable repos. Dans ces conditions, la descente du poste du matin débute à 8 heures du matin ; à partir de 4 heures de l'après-midi commencent la remontée de ce poste et la descente du poste de l'après-midi, lequel remonte à partir de minuit. L'un des trajets seulement est donc pris sur les 8 heures ; d'autre part, chaque poste comporte un arrêt de l'extraction de 20 minutes pour le repas principal, et un autre repos pour une collation ; la durée du travail effectif n'est donc pas supérieure en fait à 7 heures. Les très nombreux ouvriers du jour qui assurent soit les services accessoires de la mine non liés immédiatement à l'extraction, soit les travaux d'abatage dans d'important « découverts », fournissent

48 heures de travail par semaine, repos non compris, à raison de 8 heures trois quarts les cinq premiers jours (de 7 heures et demie du matin à 5 heures du soir, avec trois quarts d'heure pour le repas) et de 4 heures un quart (7 heures et demie à 11 heures trois quarts) le samedi. Les ouvriers des ateliers de préparation mécanique travaillent par postes de 8 heures d'une façon continue, sauf un arrêt de 24 heures pour le dimanche.

Comme en Nouvelle-Zélande, la journée du samedi est partout écourtée sur le continent australien.

Dans les houillères on chôme le plus souvent le samedi de paye, soit un sur deux ; et l'autre samedi on laisse en outre remonter tout le personnel à 2 heures ou à 3 heures de l'après-midi au lieu de 4 heures. A Newcastle, cela ne paraît plus suffisant aux ouvriers qui commencent à réclamer la paye hebdomadaire, et par suite le chômage complet tous les samedis.

Dans les mines métalliques, ce n'est que le poste du samedi après-midi qui est raccourci, et limité tantôt à 6 et tantôt à 7 heures ; le poste de nuit du dimanche au lundi est souvent aussi écourté d'une heure et ne commence qu'à 1 heure du matin au lieu de minuit. La mine chôme ainsi 25, 26 ou 27 heures à l'occasion du dimanche.

Le chômage du dimanche est en effet, sinon aussi absolu qu'en Nouvelle-Zélande, du moins généralement observé en Australie. Ce n'est d'ailleurs qu'en Australie Occidentale qu'il est directement imposé par la loi : dans cette Colonie, la loi sur le travail du dimanche dans les mines (Sunday labour in the mines Act) de 1899 interdit le travail du dimanche dans les mines et leurs dépendances. Mais, plus libérale que la loi sur le même objet de la Nouvelle-Zélande, non seulement elle donne comme celle-ci le pouvoir aux Inspecteurs des mines d'autoriser des dérogations en vue d'écarter tout danger menaçant la mine ou son exploitation, mais encore elle excepte de l'interdiction, d'une façon formelle et générale, les cas suivants : service des fours de fusion ou de grillage, — fonctionnement des usines de cyanuration, et emploi de procédés chimiques continus, — travaux de secours ou de protection, — préparation des fourneaux, machines et chaudières pour permettre de reprendre le travail à la fin du dimanche, — épuisements à faire dans le même but. Dans l'État de Victoria et dans les mines métalliques de la Nouvelle-Galles du Sud, le travail du dimanche au fond se trouve pratiquement interdit par les lois sur les mines, puisque, ainsi que je l'indiquais ci-dessus, elles défendent de faire travailler les ouvriers du fond plus de 48 heures par semaine; le travail du dimanche dans les usines de traitement de l'or, dont la cyanuration constitue presque toujours une partie importante, reste, au contraire, permis, et est en fait souvent pratiqué. Dans les houillères de la Nouvelle-Galles du Sud et dans toutes les mines du Queensland, aucune disposition législative n'interdit le travail du dimanche; mais il n'a pas plus lieu que dans les autres États.

J'ai eu à signaler, en outre, pour la Nouvelle-Zélande la tendance à la multiplication des fêtes chômées; en Australie cette tendance est un peu moins accusée, et c'est ainsi en particulier que les sentences d'arbitrage qui, au moment de mon séjour, commençaient à régler les conditions du travail dans les mines de la Nouvelle-Galles du Sud et de l'Australie Occidentale, n'en portaient nullement la trace comme cela est constant en Nouvelle-Zélande. Mais les Unions ne se privent pas de réclamer directement aux exploitants l'observation d'un certain nombre de fêtes; c'est ce qu'on peut voir par l'exemple, que je cite ci-après (IVe partie, chap. II, § II), de l'Union des ouvriers du bassin houiller de Newcastle (N. G. S.), dont les statuts ne prévoient pas moins de 10 jours de fêtes chômées par an, en dehors des dimanches.

Les ouvriers mineurs australiens apparaissent donc comme s'étant jusqu'ici, un peu mieux que leurs camarades néo-zélandais, contentés de la journée de 8 heures telle qu'elle a été fixée à la suite des grandes grèves de 1888-1890, c'est-à-dire d'une journée de 8 heures à 8 heures et demie de présence, et exceptionnellement de 9 heures ou même 9 heures et demie, avec rarement plus de 7 heures de travail effectif (8 heures pour les ouvriers auxiliaires des charbonnages). Ils n'ont, en particulier, pas obtenu d'une façon générale et constante que la durée des trajets aller et retour du jour au chantier fût comprise dans les 8 heures ; mais souvent la durée des repos y est comptée ; d'autre part, je n'ai pas eu à relever en Australie la réduction de la journée à 6 heures dans certains chantiers placés dans de mauvaises conditions.

Par contre, je dois signaler pour quelques États (ce qui n'a plus lieu d'exister aujourd'hui en Nouvelle-Zélande, à Victoria ou en Australie Occidentale) la limitation légale à 8 heures de la journée de travail des enfants ou des ouvriers occupant certains postes spéciaux dans les mines. C'est ainsi par exemple que l'article 35 de la loi du 9 septembre 1902 sur la police des mines de houille de la Nouvelle-Galles du Sud limite la durée du travail des jeunes gens de moins de dix-huit ans à 9 heures pour les cinq premiers jours de la semaine et alternativement à 6 heures et 8 heures pour le samedi ; il exige, en outre, pour eux 1 heure de repos (non comprise dans la durée ci-dessus) au cours de chaque poste, et 12 heures au moins de repos entre deux postes successifs.

On voit ainsi, par les quelques indications qui précèdent, que dans toute l'Australie les ouvriers mineurs ont bien obtenu d'une façon presque universelle la limitation effective de la journée de travail à 8 heures ; cela correspond, en fait, à une durée de travail réel rarement supérieure à 7 heures. En outre, la journée du samedi est écourtée, ce qui fait tomber la moyenne du travail journalier au-dessous de 7 heures.

En Nouvelle-Zélande, et dans la moitié des cas pour l'Australie, un pas de plus a été fait, qui a plus d'importance en principe qu'en fait : c'est la limitation légale de la journée à 8 heures pour l'ouvrier du fond, en y faisant rentrer, ici la durée des deux trajets depuis le jour jusqu'au chantier, et là la durée de l'un seulement de ces trajets, et tantôt en y comprenant, tantôt en en excluant celle de tous les repos pris au fond (*).

Enfin, en Nouvelle-Zélande, les sentences arbitrales, allant sans cesse, à la demande des ouvriers, plus loin encore que la loi, leur assurent couramment un raccourcissement de 2 à 4 heures pour la journée du samedi, et réduisent en outre fréquemment à 6 heures la durée du poste pour les chantiers où le travail est particulièrement pénible. C'est dire, qu'à peine obtenu le résultat qui est encore dans nos régions le but que les revendications ouvrières déclarent poursuivre seul en la matière, à savoir la journée de 8 heures, les ouvriers néo-zélandais s'acheminent déjà vers des journées plus courtes encore, comme s'ils croyaient possible de réduire indéfiniment la somme de travail que l'homme est obligé de fournir pour assurer son existence !

(*) Je rappelle que la loi française du 29 juin 1905 limite successivement à 9 heures, 8 heures et demie, puis 8 heures (dans un délai de 4 ans), la durée de la journée de travail des *seuls ouvriers occupés à l'abatage* dans les houillères ; cette durée comprend celle du trajet, mais non celle des temps perdus du fait de la longueur de la remonte et de la descente de tous les ouvriers d'un poste, ni celle des repos pris au fond.

CHAPITRE III.

LE RENDEMENT DE LA JOURNÉE DE TRAVAIL.

J'ai indiqué successivement combien est largement rémunérée la journée de travail de l'ouvrier mineur en Australasie par rapport à la façon dont elle l'est en Europe, et comment, en outre, elle est relativement écourtée comme durée.

Il me reste à montrer maintenant en quelques mots quel en est l'effet utile, et à rechercher si l'expérience des antipodes paraît prouver (comme l'ont souvent promis les partisans de la journée légale de 8 heures en Europe) qu'écourter dans ces limites la durée du travail de l'ouvrier, c'est augmenter son ardeur à la besogne, de telle sorte qu'il fournit tout autant d'effet utile, sinon plus, au cours d'une journée courte que durant une longue journée.

§ I. — ÉLÉMENTS DE COMPARAISON.

Il est bien difficile de donner à ce sujet des chiffres topiques, surtout en matière de mines : le travail que doit fournir le mineur pour produire un même effet utile susceptible de mesure varie trop, en effet, avec les conditions naturelles et avec l'aménagement des gîtes pour qu'il ne soit pas bien malaisé d'avoir des éléments d'appréciation vraiment comparables entre eux ; on ne peut jamais se faire une idée de la question qu'en rapprochant des chiffres correspondant à des gisements qui se trouvent dans des conditions seulement analogues.

En ce qui touche tout d'abord les manœuvres, dont les travaux sont extrêmement variés, je n'ai nulle part

constaté, pour l'accomplissement de ces travaux dans les
mines de l'Australasie, cette activité exceptionnelle ou
« cette énergie constante et joyeuse », suivant le terme de
M. Mather (*), qui devrait caractériser le travail des
ouvriers bénéficiant du régime des 8 heures; et, loin de
déclarer, comme ce commerçant anglais que cite John Rae,
qu'il a vu à Melbourne des ouvriers faisant en un jour
autant de travail qu'on en aurait donné à faire à 2 ouvriers en Angleterre, je crois bien pouvoir affirmer
que les ouvriers des mines australiennes ne produisent
pas plus, tant s'en faut, que leurs camarades européens
pendant une même durée.

Houillères. — Pour les mineurs proprement dits, on
peut essayer de citer quelques chiffres : l'abatage du
charbon se paye dans les houillères de Nouvelle-Zélande
et de Nouvelle-Galles du Sud, ainsi que j'ai déjà eu l'occasion de l'indiquer, de 2 sh. (2 fr. 50) à 4 sh. 2 d. (5 fr. 20)
par tonne, dans un chantier normal de puissance moyenne,
suivant la nature plus ou moins dure du charbon, suivant
les facilités de l'abatage, et suivant que les piqueurs
assurent ou non le chargement du charbon dans les
bennes ; ce prix est d'ailleurs légèrement réduit par la
dépense de poudre qui reste à la charge de l'ouvrier. Un
piqueur abat, dans ces conditions, depuis 3 tonnes jusqu'à
8 tonnes par journée de travail (**). Dans un de nos bassins houillers français, on n'hésiterait pas, pour des chantiers se présentant dans d'aussi belles conditions, à ne
payer l'abatage du charbon (chargement dans les bennes
non compris) que de 0 fr. 35 à 0 fr. 50 la benne de 450 à
500 kilogrammes (avec déduction de la dépense d'explosif),

(*) In John Rae, *Eight Hours for Work*, préface.
(**) J'ai cité ci-dessus (p. 164, note) la mine de East Greta, où la « taxe »
usuelle du piqueur est de 8.160 kilogrammes dans des conditions où on
n'hésiterait pas à la fixer à 9 tonnes au moins chez nous.

et à exiger des piqueurs une production individuelle de 15 à 20 bennes, soit de 8 à 9 tonnes par jour ; on leur imposerait en outre l'exécution d'un boisage incomparablement plus complet que celui qu'exécutent les mineurs australiens, mais il est juste de dire que cette complication du boisage correspond à une moindre dureté du charbon, qui facilite l'abatage.

On pourrait être tenté, pour préciser ces comparaisons, de mettre en regard les uns des autres les chiffres de la production annuelle ou journalière par ouvrier, tels que les fournissent les statistiques. Rien ne serait plus trompeur, car la régularité merveilleuse des gîtes exploités en Australasie et la facilité relative des opérations accessoires à l'abatage (boisage, roulage, extraction, triage et préparation mécanique du charbon, etc...) sont des conditions qui ne se retrouvent pas, même de fort loin (*), dans nos exploitations de couches de même puissance (2 à 3 mètres) que celles de Newcastle (N. G. S.) ou de Westport (N. Z.). C'est ainsi que dans ces bassins les piqueurs représentent jusqu'à 50 p. 100 du personnel total (fond et jour) des mines, alors que, dans nos bassins à couches un peu puissantes du Centre de la France, ils en constituent à peine plus de 10 à 12 p. 100.

Il faut donc se garder de conclure à une efficacité du travail des ouvriers australiens supérieure à celle des ouvriers de nos pays, de ce fait, par exemple, que, dans l'ensemble des bassins houillers de la Nouvelle-Galles du Sud, la production journalière ressort à 1.600 kilogrammes par ouvrier du fond et du jour et à 2.000 kilogrammes par ouvrier du fond, alors qu'elle n'est en France que de 700 à 900 kilogrammes par ouvrier du fond et du jour et de

---

(*) La production annuelle des houillères de la Nouvelle-Galles du Sud ressort en moyenne à 186 tonnes par ouvrier du fond et du jour, alors que, dans les principaux bassins européens, elle varie de 364 tonnes Écosse) à 171 tonnes (bassin du Gard).

1.000 à 1.200 kilogrammes par ouvrier du fond. On peut seulement, en vue d'éliminer dans une certaine mesure les effets des différences profondes qui existent dans la nature même des gisements et dans leurs corditions d'exploitation, rapprocher le rendement moyen journalier du piqueur en Nouvelle-Galles du Sud, qui ressort à environ 4.000 kilogrammes, de celui du piqueur de nos bassins du Centre de la France, qui atteint 6 à 7 tonnes.

Mines métalliques. — Dans les mines métalliques, les comparaisons ne sont pas plus aisées; je citerai cependant l'exemple des mines de Cobar, où l'on attaque à l'aide de puissantes perforatrices, et sans épargner la dynamite, un très large filon de pyrite cuivreuse, le plus souvent complètement massive; la production journalière d'un mineur travaillant au massif, dans les meilleures conditions, y est de 4 à 5 tonnes, c'est-à-dire à peine égale à celle que l'on réalise dans certaines mines de pyrite de fer françaises, sans que le gisement se présente dans des conditions plus favorables et sans que l'on y fasse des dépenses d'air comprimé et de dynamite aussi importantes.

Les filons aurifères sont trop irréguliers et trop capricieux à tous points de vue pour que je puisse emprunter à leur exploitation des données ayant quelque valeur comparative. Cependant l'exécution des travers-bancs au rocher dans les mines d'or peut fournir des chiffres à rapprocher de ceux que l'on pratique dans notre pays : le creusement d'une galerie de 2 mètres sur $1^m,50$ dans des roches de dureté moyenne se paye à Reefton (N. Z.) à raison de 1 £ 4 sh. (30 fr.) par pied d'avancement, soit environ 100 francs le mètre, pour la main-d'œuvre seule, ce qui assure aux mineurs des journées de 10 à 12 sh. (12 à 15 fr.) ; avec un prix par mètre moitié moindre, nos mineurs français travaillant à 3 postes, c'est-à-dire 8 heures comme les Australiens, se feraient facilement des journées de 6 à 7 francs, c'est-à-dire qu'ils réaliseraient un avancement au moins égal.

Enfin, les ouvriers du jour, pas plus que les manœuvres du fond, ne m'ont paru déployer aucune activité exceptionnelle en Australasie. Nulle part je n'ai eu, sur le carreau des mines ou dans les usines de traitement des minerais, l'impression que le travail se faisait avec un personnel restreint par rapport à ce qui eût été considéré comme nécessaire chez nous : mais partout, même là où les fonctions des ouvriers étaient les moins astreignantes, le travail était organisé à 3 postes, tandis qu'en France on n'eût pas hésité à le faire faire à 2 postes ; c'est-à-dire que l'on employait 3 hommes là où nous nous serions contentés de 2.

§ II. — Conclusions.

Les quelques indications qui précèdent suffisent à montrer que, quelque élevés que soient les salaires en Australasie, et malgré la satisfaction qu'ont en somme reçue partout, tantôt du fait de la loi et tantôt du fait des habitudes établies, les revendications relatives à la journée de 8 heures, la qualité et la valeur du travail fourni durant ces heures écourtées, et en échange de ces salaires doubles de ceux de l'Europe, ne sont pas supérieures à ce qu'elles sont chez nous.

Le travail de l'ouvrier mineur de l'Australasie est donc caractérisé, d'une part, par un rendement par journée de travail inférieur, dans l'ensemble, à ce qu'il serait dans les mêmes gisements supposés transportés dans nos pays, et, d'autre part, par des salaires journaliers à peu près doubles. La dépense de main-d'œuvre pour un même travail est donc plus que doublée ; c'est dire qu'une même substance (le charbon par exemple, si on lui suppose, ce qui n'est pas bien loin d'être exact, un même prix de vente qu'en Europe) n'est exploitable que dans les gîtes ou portions de gîtes où elle offre des facilités d'exploitation qui sont plus que deux fois ce qu'elles sont dans les gîtes exploitables pour nous ; ou bien encore c'est dire que les minerais d'un même métal (l'or par exemple), supposés se présenter dans des conditions où leur extraction comporterait les mêmes difficultés, ne peuvent être utilisés que tant que leur richesse est plus que le double de ce qui serait nécessaire en Europe.

C'est là un point sur lequel je reviendrai ultérieurement, mais que je tiens à signaler ici : les hauts salaires joints aux courtes journées, sans que la qualité du travail fourni fasse compensation, ont déjà abouti, et aboutiront de jour en jour davantage, à ce résultat de restreindre l'importance des richesses naturelles accessibles à l'homme, et cela, je me réserve de le montrer, sans profit sérieux pour l'ouvrier. Or, si l'on peut essayer de soutenir que la restriction de l'exploitation des réserves d'or contenues dans le sein de la terre ne doit guère être considérée comme dommageable à l'humanité, on ne peut pas dire la même chose lorsqu'il s'agit de la houille, par exemple ; et je rappelle que les portions laissées inexploitées d'un gisement dont on a une fois extrait les meilleures parties demeurent le plus souvent à jamais inutilisables de ce fait. Mais, de toutes façons, lorsqu'il s'agit de régions comme celles de l'Australasie, destinées à fournir à l'activité de la nation qui va les coloniser d'importantes richesses à exploiter, il semble que ce soit d'une grave imprévoyance que d'y laisser à plaisir se créer des conditions économiques dont l'effet immédiat est de réduire, dans une proportion singulièrement large, l'importance de ces richesses exploitables ; et cela surtout lorsque, ainsi que c'est le cas pour l'élévation des salaires nominaux, c'est sans aucun profit réel pour l'ouvrier.

TROISIÈME PARTIE.

LES MESURES DE PROTECTION ET DE PRÉVOYANCE A L'ÉGARD DES MINEURS.

CHAPITRE I.

LA PROTECTION DES OUVRIERS MINEURS.

Ce n'est pas tout que d'enregistrer, comme je viens de le faire, le taux des salaires, et de rechercher ensuite quelles sont la durée et la qualité du travail fourni en échange, pour se faire une idée complète des conditions du travail dans les mines et de la situation de l'ouvrier mineur; il faut encore se demander comment les ouvriers en général, ou certains d'entre eux en particulier, sont protégés dans leur travail tant au point de vue de l'hygiène que de la sécurité, comment il est paré aux conséquences des accidents dont ils peuvent être victimes et des maladies qui viennent à les atteindre, et enfin comment sera réglé leur sort une fois que l'âge ne leur permettra plus de se livrer aux rudes travaux du mineur. Ce sont là des questions qui ont fait, au cours des dernières années, l'objet des préoccupations de tous les amis de la classe ouvrière en général, et qui ont reçu chez nous, tout particulièrement en matière de mines, des solutions, loin sans doute d'être encore parfaites, mais cependant telles qu'elles ont considérablement amélioré la situation de l'ouvrier mineur.

Je me propose, dans les lignes qui vont suivre, de faire connaître comment l'Australasie, qui a pris une avance si marquée sur notre vieux monde en ce qui touche à l'élévation des salaires et à la diminution du travail à fournir, a abordé de son côté, et partiellement résolu, ces différentes questions.

§ I. — Hygiène.

En ce qui concerne tout d'abord l'hygiène des ouvriers mineurs, les mesures réglementaires sont bien peu nombreuses et de peu d'effet en Australasie, et, en dehors d'elles, il n'a jamais été pris soin d'une façon spéciale de la santé du personnel des mines.

Nulle part les lois de police des mines n'imposent d'une façon générale, ou ne délèguent aux règlements le soin d'imposer, des mesures propres à assurer l'hygiène des ouvriers ; je n'y ai relevé que deux ordres de prescriptions se rapportant à ce sujet : celles qui sont relatives aux vestiaires et celles qui sont relatives aux latrines.

Vestiaires. — Connaissant bien les progrès réalisés spontanément depuis quelques années dans bon nombre de nos exploitations houillères par la création de vestiaires et de lavabos pour les ouvriers, et n'ignorant pas que la question s'est souvent posée en France de rendre réglementaires de telles installations, je n'avais pas manqué d'être frappé, à la lecture de certaines des lois de police qui régissent l'industrie minérale en Australasie, d'y trouver des dispositions prescrivant la création de vestiaires à l'usage des ouvriers mineurs. Mais j'ai tout d'abord été surpris de constater que, si de telles dispositions figurent dans les lois de police des mines de celles d'entre les Colonies qui ont une loi unique pour l'ensemble des exploitations minérales (Queensland, Victoria, et Australie Occidentale), elles ne se retrouvent parfois, dans les États où la police des mines de houille fait l'objet de textes distincts de ceux qui régissent les mines métalliques, que dans ces derniers textes (Nouvelle-Galles du Sud par exemple); cela m'a paru d'autant plus surprenant que, précisément dans les houillères, et en particulier dans les importantes houillères de la Nouvelle-Galles du Sud, les ouvriers se salissent plus que dans aucune autre mine, et que, d'autre part, ils en sortent, en général tout aussi mouillés du fait de la transpiration et des venues d'eau au chantier que les ouvriers des mines d'or. Je n'ai d'ailleurs pas tardé à avoir l'explication de cette anomalie : il existe bien, depuis d'assez longues années, des vestiaires, ou du moins des semblants de vestiaires, dans une bonne partie d'entre les mines d'or, la loi n'a donc fait là que sanctionner une ancienne habitude par une disposition qui, plus ou moins impérative en son texte, parait cependant parfois bien perdue de vue ; mais, s'il en est ainsi, c'est uniquement que, par crainte de laisser les ouvriers dissimuler dans leurs vêtements de travail les fragments particulièrement riches de minerai d'or qu'ils peuvent rencontrer sous leur pic, on les astreint souvent à changer de vêtements au sortir de la mine en présence d'un agent de l'exploitant.

Tel est donc le but que l'on s'est proposé lorsqu'on a créé des vestiaires pour les ouvriers en Australasie, quoi qu'en puissent faire croire les textes des lois qui, depuis lors, les ont rendus censément obligatoires, et qui semblent en faire des installations destinées à sauvegarder la santé des mineurs. Ces textes sont à peu de chose près partout identiques à celui du paragraphe 30 de l'article 206 de la loi des mines de la Nouvelle-Zélande du 5 novembre 1898, lequel est ainsi conçu :

§ 30. Vestiaires. -- Dans toute mine dont les travaux souterrains occupent, au cours d'un même poste, plus de quatre ouvriers, l'Inspecteur des mines pourra exiger la création au jour, non loin de l'orifice principal par lequel les ouvriers pénètrent dans la mine, et en dehors des chaufferies et salles de machines, d'installations permettant aux ouvriers de changer leurs vêtements et de les faire sécher; dans aucun cas, il ne sera toléré que les hommes changent de vêtements sur les massifs des chaudières.

Dans les autres Colonies, de telles installations sont généralement exigées *de plano*, sans qu'il y ait besoin de la mise en demeure de l'Inspecteur des mines.

Les vestiaires ainsi proscrits n'existent en fait que dans les mines d'or, et encore seulement dans une partie d'entre elles, car, aujourd'hui surtout, il en est beaucoup où la dissémination de l'or et la nature du minerai sont telles qu'il n'y a aucun danger de vol d'échantillons riches; on n'en rencontre nulle part, à ma connaissance, dans les houillères, ni dans les mines de cuivre. Et, lorsqu'ils existent dans les mines d'or, ce ne sont, le plus souvent, que de petites cabanes en bois, ou des réduits plus ou moins obscurs et mal aérés, où les hommes ne disposent pas de la moindre goutte d'eau pour se nettoyer, et où ils ne font que changer de vêtements à l'entrée et à la sortie de la mine; parfois, comme à Lucknow (N. G. S.) ou à Gympie (Q.), on les oblige encore à y passer tous en vue de la surveillance du vol. Je dois cependant mentionner qu'aux importantes mines d'or de Mount-Morgan (Q.) il existe des vestiaires convenablement disposés avec installations de bains, et qu'il en est de même pour certaines des mines de Bendigo (Vict.).

Malgré ces quelques louables exceptions, les vestiaires ne peuvent donc qu'accessoirement présenter quelque utilité pour l'hygiène des ouvriers; cependant, lorsque ceux-ci ont travaillé dans des chantiers très chauds ou très humides, ils leur permettent d'endosser des vêtements secs immédiatement au sortir de la mine, et ils leur évitent ainsi d'avoir à faire avec des vêtements mouillés le trajet jusqu'à leur domicile.

Une très notable et toute spéciale exception à cette

indifférence générale à l'égard de l'intérêt que les vestiaires bien aménagés peuvent présenter pour la santé des ouvriers mineurs est à faire en ce qui concerne les célèbres mines de plomb argentifère de Broken-hill.

Dans ces mines, où l'on n'extrayait au début que des minerais oxydés, et en particulier de la cérusite, et où ces mêmes minerais représentent encore à peu près la moitié de l'extraction actuelle, les effets pernicieux des poussières plombeuses, que les ouvriers respirent au chantier et dont leurs corps et leurs vêtements sont imprégnés au sortir de la mine, se sont fait gravement sentir de tout temps. Aussi les prescriptions de la loi de police des mines métalliques (Mines inspection Act) relatives aux vestiaires sont-elles observées d'une façon sérieuse et qui ne peut pas manquer d'être précieuse pour la santé des ouvriers (*) ; elles pourraient même au besoin être renforcées en vertu du droit spécial qui est dévolu au Gouverneur par ladite loi d'édicter toute réglementation destinée à prévenir les empoisonnements par le plomb (regulations for prevention of lead poisoning). Aussi, en visitant les installations extérieures des mines de la « Broken-hill Proprietary Company », ai-je pu constater l'existence de trois grands vestiaires, avec installations de lavabos et de bains-douches, pourvus d'eau chaude et d'eau froide, et permettant aux ouvriers non seulement de déposer au sortir de la mine,

(*) Postérieurement à mon séjour en Australie, à la date du 20 septembre 1904, le Gouverneur de la Nouvelle-Galles du Sud a édicté un règlement complétant, pour les mines métalliques (je rappelle que les plus importantes d'entre les mines métalliques de la Colonie sont précisément celles de Broken-hill), la prescription relative aux vestiaires, et disposant que : « Sur une invitation écrite du Ministre, le propriétaire « ou le directeur de toute mine devra installer, dans des conditions qui « soient approuvées par l'Inspecteur en chef des mines, une distribution « d'eau chaude et d'eau froide, des lavabos, et des bains à l'usage des « ouvriers travaillant dans la mine. Les vestiaires devront être chauffés « en hiver, et une tuyauterie de vapeur, ou toute autre disposition con- « venable, devra être installée pour permettre de faire sécher les vête- « ments mouillés des ouvriers. »

pour les reprendre le lendemain, leurs vêtements imprégnés de poussières toxiques et d'éviter de transporter celles-ci jusqu'à leur domicile, mais encore d'éliminer par un nettoyage complet celles qui peuvent souiller leurs corps. Ces importantes installations comportaient plus d'une centaine de places, et étaient très fréquentées des ouvriers : elles paraissaient suffire aux quelque douze cents mineurs de la mine, qui sont répartis en deux postes égaux, et qui, pour un même poste, ne sortent pas exactement en même temps une fois le travail fini, si bien qu'ils se succèdent pendant près d'une heure sans interruption.

Tel est presque le seul exemple, motivé par des conditions toutes spéciales, que j'aie vu en Australasie de vestiaires (qui sont imposés par la loi, je le rappelle), susceptibles d'être comparés à ce qui a été fait, d'une façon purement spontanée, dans nombre de nos exploitations houillères.

Latrines. — Quant aux latrines, leur établissement au jour et au fond (dans ce dernier cas sous forme de tinettes mobiles) est parfois exigé par les lois ou règlements (§ 54, ajouté à la date du 20 septembre 1904 à l'article 55 de la loi de police des mines métalliques de la Nouvelle-Galles du Sud de 1901 ; — art. 82, §2, du règlement rendu le 18 juin 1900 par application de la loi sur les mines métalliques de la Nouvelle-Zélande ; — art. 71 de la loi de police des mines de houille de l'Australie Occidentale du 19 février 1902, etc...) ; en fait elles existent généralement dans les mines d'or. Leur utilité pour l'hygiène des ouvriers est d'autant plus réelle que, dans les exploitations dont le minerai est relativement précieux et difficile à abattre, la progression des chantiers, et par suite aussi celle des remblayages, est plus lente par rapport au nombre des ouvriers occupés, ce qui est moins favorable à l'enfouissement rapide dans les remblais des matières que les ouvriers viennent à y déposer, comme ils le font souvent dans nos houillères. Telle paraît être la raison de l'avance qui a été prise sur nous en Australasie à ce point de vue, avance que la crainte du développement de l'ankylostomiase nous fera peut-être rattraper à bref délai.

Mesures d'ordre général. — En dehors de l'observation, plus ou moins exacte d'ailleurs, de ces prescriptions réglementaires, les mesures à prendre spécialement dans le but d'assurer l'hygiène des ouvriers m'ont paru être inconnues dans les mines de l'Australasie.

C'est ainsi, en particulier, que l'aérage y est souvent plus que précaire. Dans les charbonnages, le grisou est rare, et surtout y est considéré comme rare, aussi la ventilation y est-elle généralement mal assurée. Dans les mines d'or, les préoccupations de ce genre n'interviennent pas du tout, et les travaux sont en outre souvent si irréguliers, avec des galeries si étroites et tortueuses, avec de si fréquentes remontes, etc., que l'air n'y passe qu'en bien petites quantités. Aussi les chantiers suffisamment chauds et mal aérés (désignés par le terme « gassy », c'est-à-dire plus ou moins envahis par l'acide carbonique ou par l'air désoxygéné) ne sont-ils pas rares dans l'une et l'autre catégories de mines ; on a même été amené en Nouvelle-Zélande, sur la demande des ouvriers, à limiter à 6 heures la durée du travail dans ces chantiers. Quelle que soit la tendance des ouvriers à réclamer le raccourcissement des heures de travail, et quelle que soit la facilité avec laquelle on leur cède, ce fait, qui n'est pas limité à une seule mine tant s'en faut, n'est évidemment pas à l'éloge des habitudes admises en matière d'aérage ; chez nous, en présence d'une semblable demande des ouvriers, on n'hésiterait pas, si elle était motivée, à imposer aux exploitants l'obligation d'améliorer l'aérage des chantiers en question, à supposer qu'ils n'en aient pas d'eux-mêmes pris l'initiative. Dans l'État de Victoria, en particulier, où de nombreux travaux, ressemblant à de véritables trous de taupe, poursuivent le prolongement irrégulier de filons dont les chapeaux ont autrefois donné lieu à de riches exploitations d'or de surface, l'aérage était devenu si défectueux d'une façon générale que l'Administration s'en est émue il y a quelques années, et qu'elle a pris, à la suite d'une enquête spéciale, quelques mesures pour en obtenir l'amélioration. Cela ne m'a pas empêché d'ailleurs, au cours de certaines de mes tournées, de constater encore des conditions d'aérage déplorables, soit dans les travaux voisins de la surface de Ballarat, soit dans les mines profondes de Bendigo (certaines d'entre elles dépassent 3.000 pieds de profondeur, soit près de 1.000 mètres).

Dangers d'empoisonnement. — Je ne quitterai pas ce sujet de l'hygiène des travailleurs des mines et de leurs dépendances sans revenir sur les dangers spéciaux qui menacent leur santé dans le très important district de Broken-hill (N. G. S.), où quelque 6 à 7.000 ouvriers sont occupés à extraire plus d'un million de tonnes par an (1.268.442 tonnes en 1901) de minerais de plomb argentifère riches, qui fournissent quelque 150.000 tonnes de plomb et 8 millions d'onces, soit 250.000 kilogrammes, d'argent (8.013.280 onces en 1901).

Un chapitre spécial de la loi de police des mines métalliques de la Nouvelle-Galles du Sud (Mines inspection Act du 28 décembre 1901, titre IV, chap. v) donne au Gouverneur le droit d'édicter des règlements en vue « de prévenir l'inhalation soit de fines poussières de « minerais de plomb dans les mines, soit d'oxyde de « plomb ou de fumées plombeuses provenant des four-

« neaux de fusion ou de toute autre opération relative à
« la préparation de tout métal ou au traitement de tout
« produit des mines »; des pénalités spéciales sont édictées
en cas de contravention. La loi qui contient ces dispositions
venait seulement d'être votée lors de mon séjour en
Nouvelle-Galles du Sud, et les règlements qu'elle prévoit
n'avaient pas encore paru ; d'ailleurs, il ne semble pas
que, dans les mines mêmes, on puisse faire autre chose
que d'assurer un bon aérage des chantiers et de mettre à
la disposition des hommes les moyens de se nettoyer complètement et de changer de vêtements une fois le travail
terminé ; c'est ce qui avait lieu à Broken-hill, ainsi que je
l'ai déjà mentionné.

Enfin je dois signaler le danger que présente, pour les
ouvriers des usines de traitement des minerais d'or, le
procédé de la cyanuration, qui est d'une application absolument générale : on cite quelques cas d'empoisonnement
violent sans qu'il ait été pris nulle part jusqu'ici de
mesures réglementaires pour y parer.

De même le broyage à sec des minerais d'or, qui se
pratique dans certains centres (Waihi en Nouvelle-Zélande,
Mount-Morgan dans le Queensland), est très mauvais pour
la santé des ouvriers, qui respirent constamment de très
fines poussières quartzeuses ; il n'a rien été fait non plus
jusqu'ici au point de vue réglementaire contre ce procédé,
qui pourrait cependant presque partout être remplacé par
le broyage à l'eau. Néanmoins, à Waihi cette substitution
est en voie d'achèvement ; la Cour d'arbitrage, saisie de
la question pour ce district, n'a cru pouvoir que constater
avec satisfaction la modification qui s'effectuait, et qu'accorder, en attendant, des salaires plus élevés aux ouvriers
qui travaillent dans des conditions aussi nuisibles à leur
santé.

§ II. — Sécurité.

Réglementation. — Au point de vue de la sécurité des ouvriers les dispositions édictées sont beaucoup plus sérieuses, et il existe dans chaque Colonie une ou deux lois spéciales de police des mines, à moins que la loi des mines elle-même ne contienne, ainsi que cela a lieu pour le Queensland et Victoria, un important chapitre consacré aux mesures relatives à la sécurité des exploitations. Ces prescriptions, d'ordre législatif, ont généralement toute la minutie de celles qui sont réservées chez nous aux règlements rendus par le pouvoir exécutif; aussi reste-t-il peu de choses à prescrire par les règlements du Gouverneur qui les complètent.

Empruntées dans l'ensemble aux règlements anglais, mais plus strictes quant à la lettre sur nombre de points, ces dispositions donneraient à penser, à la lecture, que le soin apporté à garantir la sécurité des ouvriers dans les mines de l'Australasie est presque aussi grand que chez nous. Or, telle n'a pas du tout été la conclusion à laquelle j'ai été conduit à la suite des nombreuses tournées souterraines et à la surface qu'il m'a été donné de faire dans plusieurs des districts miniers les plus importants.

Je n'hésite pas à dire que ces règlements sont fort mal appliqués: cela tient, d'une part, à ce fait que la surveillance des Inspecteurs du gouvernement, à l'activité et aux qualités desquels je n'aurais garde de ne pas rendre hommage, doit s'exercer sur des étendues souvent énormes et que, contrairement à ce qui a lieu en France, elle n'est aidée, ni par une autorité personnelle qui n'est pas dans les mœurs, ni par le souci des ingénieurs exploitants de faire d'eux-mêmes tout ce qui est utile à la sécurité. D'autre part, la justice, rendue à la manière anglaise, c'est-à-dire avec un fétichisme exagéré de la forme et de la lettre des textes, ne paraît intervenir que trop rarement pour seconder les efforts des Inspecteurs.

D'ailleurs, dans la plupart des Colonies, le pouvoir des Inspecteurs d'imposer aux exploitants les mesures de précaution spéciales que rendent nécessaires certaines circonstances particulières est quelque peu problématique. Il n'existe nulle part de régime correspondant à celui de nos arrêtés préfectoraux individuels pris sur le rapport des Ingénieurs des mines ; et ce n'est qu'à titre d'exception que je puis citer l'article 60 de la loi sur la police des mines métalliques de la Nouvelle-Galles du Sud, qui donne au Ministre des mines le pouvoir de rendre obligatoires telles ou telles mesures dans telle mine déterminée. Le plus souvent (Nouvelle-Zélande, Queensland, mines de houille de la Nouvelle-Galles du Sud), lorsqu'un exploitant se refuse à se conformer de bonne volonté aux observations de l'Inspecteur des mines, le différend est tranché par voie d'arbitrage, les arbitres étant désignés un par chacune des parties, et le troisième étant pris parmi les juges du Tribunal Suprême de la Colonie. On voit donc que le pas n'est pas résolument donné aux intérêts de la sécurité sur les intérêts pécuniaires des exploitants, et l'on comprend que la menace du recours à l'arbitrage et à ses surprises affaiblisse singulièrement l'autorité de l'Inspecteur.

Situation de fait. — Je ne saurais entreprendre de détailler ici les mesures de police édictées par les lois et règlements des différentes Colonies, ni d'en faire une comparaison avec les nôtres ; ce serait une étude qui sortirait complètement du cadre que j'ai dû assigner à ce travail. Je dois donc m'en tenir à cette indication très générale que, si ces mesures étaient rigoureusement appliquées par chacun, elles garantiraient la sécurité des ouvriers d'une façon suffisamment efficace ; et je me

bornerai à appuyer, par quelques exemples entre beaucoup d'autres, mon affirmation qu'elles sont loin d'être
observées, non pas seulement d'une manière parfaite,
mais encore d'une manière qui puisse paraître tant soit
peu satisfaisante à qui est habitué à la façon dont sont
tenues pratiquement nos mines françaises.

C'est ainsi que, sauf dans certaines mines de l'État de
Victoria, où les exploitations à grande profondeur de
Bendigo ont appelé l'attention sur ces questions, les
machines d'extraction qui assurent la circulation du personnel m'ont paru souvent offrir peu de garanties de solidité et être mal entretenues; la construction et l'aménagement des cages sont mal soignés, les parachutes dont
elles sont munies sont faits pour inspirer plus de crainte que
de confiance, etc. C'est ainsi encore que, bien que la loi des
mines de la Nouvelle-Zélande contienne (en son article 206,
§ 2), une série de minutieuses dispositions relatives à la conservation des explosifs et des détonateurs, j'en ai bien souvent
vu traîner n'importe où ; un jour, dans une des grandes
mines d'or de la Colonie, au cours d'une tournée faite en compagnie de l'Inspecteur du Gouvernement et annoncée à
l'avance aux exploitants, j'ai même trébuché sur une caisse
ouverte contenant pêle-mêle une série de cartouches de
dynamite et des détonateurs, et je n'ai pas été peu surpris de constater que l'Inspecteur qui m'accompagnait n'a
fait aucune observation à ce sujet. Ailleurs, dans une des
houillères de la Nouvelle-Zélande, un ingénieur, fort
obligeant d'ailleurs, m'a mené voir une importante cloche
qu'il savait être depuis nombre de jours pleine de grisou,
sans que l'on ait songé à prendre aucune mesure pour
l'assainir, alors que tous les ouvriers de la mine travaillaient avec des lampes à feu nu ; pour nous rendre jusqu'à
ce point dangereux, nous n'avons rencontré ni un ouvrier,
ni une affiche, ni une barrière qui pût nous prévenir du
danger, et, arrivés au-dessous de la cloche, mon guide

s'est contenté de me prier de déposer ma lampe à feu nu, tandis qu'il me faisait constater, à l'aide d'une lampe de sûreté emportée à cet effet, que la cloche était pleine de grisou !

§ III. — ACCIDENTS.

Catastrophes dues au grisou. — Peut-être serait-on tenté de penser qu'imbu des craintes que nous ont données les catastrophes survenues il y a quelque quinze ou vingt ans, et dont l'industrie houillère française gardera longtemps encore le souvenir, je m'exagère les dangers que peut faire courir le grisou ! Mais l'événement s'est chargé de répondre par une dure leçon à ceux qui seraient portés à en juger ainsi : je venais de visiter la mine de Mount-Kembla dans le district de Wollongong (N. G. S.), et je n'avais pas manqué d'en remarquer l'aérage défectueux (sans avoir d'ailleurs aucun moyen de me rendre compte le moins du monde si le grisou pouvait y présenter quelque danger puisque je n'avais pu obtenir qu'une lampe à feu nu pour y circuler), lorsque celle-ci a été, le 31 juillet 1902, le théâtre d'une explosion qui a causé la mort de quatre-vingt-quinze personnes et qui, quoi qu'on en ait pu dire au début, a été indubitablement due au grisou.

Et ce n'est pas là un cas isolé, car cette explosion a été précédée d'une série d'autres, survenues soit en Nouvelle-Zélande, soit en Nouvelle-Galles du Sud, qui ont appelé, cela est vrai, l'attention sur le terrible danger du grisou, mais qui n'ont cependant pas provoqué jusqu'ici de mesures de précaution suffisantes. Parmi ces explosions quelques-unes avaient d'ailleurs déjà eu les proportions de catastrophes : par exemple, celle de Kaïtangata (N. Z.), en février 1879, avec 34 ouvriers tués ; celle de la mine de Brunner (N. Z.), survenue le 26 mars 1896, coûtant la vie à 65 personnes ; et enfin celle de la mine de

Bulli dans le district de Wollongong (N. G. S.), qui, le 23 mai 1887, a fait 83 victimes.

Lorsque de tels accidents se sont produits, on ne manque pas d'ouvrir des enquêtes interminables ; le service de l'inspection des mines en fait une au point de vue administratif, tandis qu'au point de vue répressif le « coroner », assisté d'un jury, en fait une autre (comme d'ailleurs pour tout accident mortel) en vue de rechercher les responsabilités encourues. Enfin, dans les cas qui émeuvent l'opinion, une commission spéciale (Royal Commission) est nommée en plus, avec les pouvoirs les plus étendus pour déterminer les circonstances et rechercher les causes de l'accident, et pour émettre tous avis sur les responsabilités engagées et sur les suites que l'affaire peut comporter. Une telle commission, constituée généralement de gens insuffisamment compétents, ou complètement incompétents, ne peut guère que réunir au hasard des renseignements d'une valeur quelconque, et ne saurait aboutir à dégager nettement des faits les enseignements qu'ils comportent.

Tel a été, en particulier, le cas de la commission qui fut nommée à la suite de la catastrophe de Mount-Kembla dont je viens de parler : composée d'un magistrat de la Cour président, d'un ingé... ur, et du secrétaire général d'une Union de mineurs, elle n'a pas consacré moins de 41 jours à ses interrogatoires et a entendu 57 témoins. Son travail a abouti à la publication, un an après l'accident, d'un énorme volume in-folio de près de 1.100 pages d'une fine impression, dans lequel on ne trouve même pas les renseignements essentiels qui permettraient de se faire une idée sur les véritables causes de l'accident !

Dans le cas où de telles enquêtes aboutissent à des poursuites correctionnelles contre des agents ou ouvriers inculpés d'imprudence ou de contravention, il ne semble pas que les Inspecteurs des mines aient auprès des tribunaux beaucoup d'autorité pour provoquer les sanctions nécessaires. Aussi, bien que les rapports annuels du service des mines mentionnent quelques condamnations, j'ai lieu de croire que les poursuites aboutissent plus d'une fois à des acquittements qui, s'ils respectent scrupuleusement la lettre des lois et règlements, comme dans le cas dont je vais faire mention, défient le bon sens et semblent encourager les imprudences et l'inobservation des règlements. C'est ainsi que, pendant mon séjour en Nouvelle-Galles du Sud, le directeur d'un charbonnage où s'était produite une explosion de grisou tuant 3 hommes et en blessant 6 autres avait bien été condamné en première instance, en raison de l'inobservation de l'article du règlement qui veut qu'avant le début du poste tout chantier soit visité en vue de reconnaître s'il ne s'y trouve pas de grisou; mais, ayant fait appel, il fut acquitté. La raison de l'acquittement a été que, poursuivi, à la demande de l'Inspecteur des mines, pour n'avoir pas, conformément au règlement, « désigné une personne compétente pour « faire chaque matin la visite réglementaire des chantiers », il avait été condamné par les premiers juges pour n'avoir pas veillé à ce que cette visite fût faite régulièrement, c'est-à-dire qu'il avait été condamné pour une contravention autre que celle qui avait été relevée contre lui et pour laquelle il avait été poursuivi. Quelque ingénieuse que puisse paraître cette distinction, il n'en reste pas moins qu'un directeur, qui a été reconnu responsable de la mort de 3 de ses ouvriers et de blessures survenues à 6 autres comme n'ayant pas fait le nécessaire pour assurer l'observation d'une prescription réglementaire essentielle et qui eût évité l'accident, a échappé à toute sanction !

Statistiques d'accidents. — Malgré les difficultés auxquelles se heurte l'application des règlements de police dans les mines de l'Australasie, il faut, pour être juste, reconnaître que des efforts réels sont faits dans cette voie. D'ailleurs, si les résultats qui ont été obtenus ne sont pas ce qu'ils devraient être en raison des conditions, particulièrement favorables à la sécurité, qu'offrent tant les exploitations houillères que l'extraction de l'or (qui a même fort souvent lieu à ciel ouvert dans des gîtes alluvionnaires), ils sont néanmoins presque comparables à ceux de nos pays.

En relevant dans les statistiques officielles les nombres d'ouvriers tués par accident (seuls nombres qui puissent être établis sans qu'une question d'appréciation risque de venir fausser toutes les comparaisons que l'on pourrait tenter), et en les comparant aux nombres totaux des ouvriers employés dans les mines, on obtient des taux de mortalité par accident que l'on peut rapprocher de ceux de nos exploitations.

C'est ainsi qu'en Nouvelle-Zélande, au cours des cinq années qui ont précédé mon voyage, on a compté :

Années	Nombre total d'ouvriers tués par accident	Nombre total d'ouvriers travaillant dans les mines	Proportion par mille ouvriers
1897.......	18	16.110	1,07
1898.......	22	15.075	1,43
1899.......	24	15.444	1,55
1900.......	16	15.962	1,00
1901.......	17	15.481	1,11
Moyenne...	19,4	15.734	1,23

La proportion moyenne qui ressort de ces chiffres, soit 12 ouvriers tués pour 10.000 ouvriers employés dans les mines, ne paraît pas très forte au premier abord, puisqu'elle ne dépasse pas de plus de 10 p. 100 celle que l'on constate en France. Mais il faut bien observer que la moitié des mineurs néo-zélandais travaillent dans des exploitations d'or d'alluvions, c'est-à-dire au jour, et y travaillent en outre d'une façon fort intermittente (*) ; il faut remarquer, d'autre part, que le personnel des mines d'or en roche se compose pour moitié au moins d'ouvriers du jour, à cause de l'importance relative des usines de traitement. L'ensemble des ouvriers des mines de la Nouvelle-Zélande comprend donc à peine plus d'un quart de travailleurs souterrains (28,2 p. 100 en 1901).

Je n'ai pas la décomposition des accidents mortels du tableau ci-dessus suivant qu'ils ont atteint des ouvriers du fond ou du jour; mais, si l'on applique séparément à ces deux catégories d'ouvriers néo-zélandais les coefficients de mortalité par accident des mines françaises (soit 1,40 p. 1.000 pour les ouvriers du fond et 0,58 p. 1.000 pour les ouvriers du jour), on trouve que la mortalité pour l'ensemble des ouvriers de la Nouvelle-Zélande n'aurait pas dû dépasser en 1901, si la sécurité y avait été aussi grande que chez nous, le chiffre de 12 à 13 morts, alors que la moyenne annuelle est de 19.

Si, d'autre part, on restreint les relevés aux houillères où les conditions du travail sont plus comparables à celles de notre pays, et où la répartition du personnel entre le jour et le fond est à peu près la même, bien qu'avec une proportion d'ouvriers du fond un peu plus forte qu'en France, on trouve les chiffres suivants :

Années	Nombre des ouvriers tués par accident dans les houillères	Nombre total des ouvriers travaillant dans les houillères	Proportion par mille ouvriers
1897.......	4	1.912	2,1
1898.......	1	2.003	0,5
1899.......	3	2.153	1,4
1900.......	4	2.460	1,6
1901.......	3	2.754	1,1
Moyenne...	3	2.246	1,34

(*) C'est ce qui ressort, comme je l'ai déjà fait remarquer, du montant des salaires annuels auxquels on est conduit en prenant pour le nombre d'ouvriers des mines d'or d'alluvions les chiffres adoptés dans le tableau ci-dessus.

Pendant ces cinq mêmes années (*), la proportion moyenne des ouvriers des houillères françaises tués par accident n'a été que de 1,22 p. 1.000, alors que nos exploitations sont beaucoup plus profondes, beaucoup plus grisouteuses et beaucoup plus difficiles au point de vue des soutènements et des dangers d'éboulement.

Je citerai encore les statistiques de la Nouvelle-Galles du Sud, où l'exploitation de la houille tient une place fort importante :

Années	Nombre des ouvriers tués par accident dans l'ensemble des mines	Nombre total des ouvriers mineurs	Proportion par mille ouvriers
1900.......	66	43.745	1,51
1901.......	55	36.615	1,49
Moyenne...	60,5	40.180	1,50

Les chiffres de mortalité par accident dans les houillères seulement ont été, sur l'ensemble du personnel et pour les dix dernières années, les suivants :

Années	Nombre des ouvriers tués par accident dans les houillères	Nombre total des ouvriers travaillant dans les houillères	Proportion par mille ouvriers
1892.......	8	10.910	0,74
1893.......	13	10.413	1,25
1894.......	7	9.428	0,74
1895.......	10	9.376	1,07
1896.......	24	9.460	2,54
1897.......	16	9.979	1,60
1898.......	25	10.519	2,39
1899.......	10	10.523	0,95
1900.......	24	11.401	2,09
1901.......	17	12.415	1,37
Moyenne...	15,4	10.451	1,48

(*) Si j'avais fait remonter cette statistique au delà de 1897, j'aurais dû y comprendre la catastrophe de 1896, qui a fait périr soixante-cinq ouvriers à la mine de Brunner (N. Z.); j'aurais ainsi trouvé, pour les dix dernières années, une mortalité par accident de 4,62 p. 1.000 contre 1,13 en France.

Pendant cette même période décennale, la mortalité par accident des ouvriers de nos houillères n'était que de 1,13 p. 1.000 (et j'ai eu soin de ne pas comprendre dans ce relevé l'année 1902, au cours de laquelle la Nouvelle-Galles du Sud a eu à subir une catastrophe qui a coûté la vie à 95 ouvriers d'un seul coup); on pourrait d'ailleurs répéter pour les houillères de la Nouvelle-Galles du Sud ce que je disais ci-dessus de celles de la Nouvelle-Zélande, au point de vue des garanties naturelles de sécurité.

Les chiffres qui précèdent, autant qu'on peut se fier à des chiffres statistiques(*), confirment donc bien mon affirmation que la sécurité des ouvriers mineurs de l'Australasie est, en dépit de conditions naturelles beaucoup plus favorables, notablement moins bien assurée qu'en France.

§ IV. — SURVEILLANCE EXERCÉE PAR L'ADMINISTRATION ET PAR LES OUVRIERS.

Surveillance administrative. — La surveillance des mines, au point de vue de la sécurité des ouvriers (mines inspection), est, comme je l'ai dit, exercée par des Inspecteurs du Gouvernement (mining inspector). Au lieu de constituer un corps spécialisé, ces inspecteurs sont pris parmi les ingénieurs exploitants, et parfois parmi ceux qui n'ont pas pu trouver à être occupés dans quelque exploitation, ce qui n'est pas pour rehausser leur prestige auprès de ceux sur lesquels ils doivent exercer leur surveillance.

Tournées de délégués des ouvriers. — Comme chez nous, cela ne suffit pas aux ouvriers, bien que les diverses lois

(*) Voir un peu plus loin (*infra*, III⁰ partie, chap. ɪɪ, p. 227) les chiffres plus forts que paraissent donner les statistiques des secours pour accidents.

de police prévoient formellement que tout mineur peut
signaler à l'Inspecteur des mines tout danger ou toute
irrégularité dans l'exploitation dont il viendrait à avoir
connaissance, et que, dans ce cas, l'Inspecteur doit faire
une enquête sur les faits signalés.

Aussi les Unions ouvrières réclament-elles le droit,
pour des délégués des ouvriers, de s'immiscer directement
dans la surveillance au point de vue de la sécurité. Mais,
au lieu de se tourner immédiatement vers le pouvoir
législatif, comme chez nous, les Unions ouvrières de
l'Australasie ont su imposer aux patrons ce qu'elles voulaient par voie d'arrangements amiables : aussi, dès longtemps, les ouvriers ont-ils obtenu le droit de déléguer
deux des leurs, tantôt seulement pour faire des enquêtes
sur les accidents graves, et tantôt même pour faire de
temps en temps de simples tournées de surveillance générale. Dans plusieurs des Colonies, la loi, sanctionnant et
appuyant l'initiative des ouvriers, leur a formellement
reconnu le droit de visite, périodique ou non, qu'ils ne
tenaient jusque-là que du consentement des patrons. Les
enquêtes après accident ne sont prévues par la loi que
plus rarement ; on paraît donc avoir plus hésité en Australasie que chez nous à sanctionner officiellement, en matière
d'enquêtes d'accident, un double emploi qui ne peut avoir
que des inconvénients.

En Nouvelle-Zélande, une clause à l'effet d'autoriser
les tournées de délégués des ouvriers avait été introduite dès 1891 dans la loi sur les mines de houille
(art. 33, § 46) ; elle a été modifiée par l'article 3 de
l'amendement du 7 novembre 1901 à ladite loi. Une
clause identique figure à l'article 8 de l'amendement du
20 octobre 1900 à la loi des mines métalliques du 5 novembre 1898, amendement qui a d'ailleurs déjà été
modifié sur ce point par un nouvel amendement du 8 novembre 1901.

Cette clause est ainsi conçue :

1° Les ouvriers d'une mine, ou ceux d'entre eux qui font partie d'un groupement d'ouvriers mineurs enregistré comme Union ouvrière conformément à la loi de 1900 sur la conciliation et l'arbitrage dans l'industrie, pourront, à leurs frais, charger d'inspecter la mine deux personnes quelconques, employées ou non dans les travaux de celle-ci ;

2° Les personnes ainsi désignées auront pleine liberté de visiter et d'inspecter toutes les parties de la mine, tant de son outillage que de ses travaux, au moins une fois par mois ;

3° Les propriétaire et directeur de la mine pourront accompagner au cours de leurs inspections les personnes ainsi désignées, et devront leur donner toutes facilités pour y procéder ;

4° Lesdites personnes feront par écrit un rapport complet et sincère de leur inspection, elles le signeront et elles en adresseront un exemplaire au propriétaire ou au directeur de la mine ; celui-ci devra le transcrire sur un registre tenu au bureau de la mine ;

5° Ce registre devra, à toute heure raisonnable, être mis à la disposition de tous Inspecteurs des mines, de tous ouvriers de la mine, et des membres du bureau du groupement ouvrier visé au paragraphe 1er ; ceux-ci pourront prendre copie partielle ou totale des rapports qui y figureront.

En Nouvelle-Galles du Sud, le paragraphe 39 de l'article 47 de la loi de police des mines de houille du 22 septembre 1896 comprend des dispositions identiques, avec cette seule différence que, dans le cas où le rapport des deux délégués des mineurs constate ou fait craindre quelque danger, le directeur de la mine doit immédiatement en envoyer copie à l'Inspecteur des mines ; la loi sur la police des mines métalliques de cette même Colonie ne contient aucune stipulation de ce genre. En Queensland, au contraire, l'article 198 de la loi des mines, qui donne un droit analogue aux ouvriers mineurs, s'applique à toutes catégories de mines ; mais il paraîtrait que les ouvriers ne s'en prévalent jamais. Il en est de même dans l'Australie Occidentale (art. 12 de la loi de police des mines). L'un et l'autre de ces deux derniers règlements donnent en même temps aux ouvriers le droit de déléguer deux des leurs pour examiner les travaux toutes les fois qu'ils jugent leur sécurité compromise. Parfois des articles spéciaux [art. 227 en Queensland et 37 en Australie Occidentale(*)] des lois applicables à la généralité des mines répètent, pour les ouvriers des houillères en particulier, le droit de faire procéder à des inspections périodiques de la mine. De telles dispositions font complètement défaut dans la loi des mines de l'État de Victoria.

Comme chez nous, cette intervention des ouvriers dans la surveillance de la sécurité des mines ne comporte pas nécessairement de sanction, et elle ne peut en avoir que si l'Inspecteur des mines fait siennes les observations des délégués, ou si quelque accident dû à leur mépris vient à en révéler le bien-fondé. Aussi, en Australasie, où la tendance d'esprit des organisations ouvrières est essentiellement pratique, cette intervention est-elle peu fréquente ; et elle n'a pas du tout le caractère systématiquement agressif que lui donnent généralement nos délégués mineurs.

Le plus souvent les Unions trouvent inutile d'en faire les frais ; quelquefois elles se contentent de faire faire de temps en temps une tournée lorsque l'opinion publique des mineurs paraît le réclamer pour une raison ou pour une autre ; c'est ce qui a lieu à Kaïtangata (N. Z), où le directeur de la mine m'a déclaré n'en avoir pas vu faire plus de trois en deux ans. Dans le bassin de Westport (N. Z.), où les délégués reçoivent 15 francs par tournée, elles sont espacées de trois en trois mois pour en diminuer la dépense.

_____

(*) A cet article a été substitué, en 1902, l'article 50 du règlement annexé à la loi spéciale de police des mines de houille de l'Australie Occidentale du 19 février 1902.

Ce n'est guère que dans le bassin houiller de Newcastle
(N. G. S.) que ces tournées de surveillance m'ont paru
être régulièrement effectuées : des deux délégués auxquels les ouvriers ont le droit de faire faire une tournée
mensuelle, l'un est désigné, pour chaque mine, par la
section correspondante de l'Union des mineurs, et est
appointé par elle ; mais l'autre est unique pour tout le
bassin, en vue de faire des comparaisons entre les différé-
rentes mines. Ce dernier, appelé « check-inspector » ou
inspecteur-contrôleur, est un véritable personnage dans
la région : bien que simple ouvrier, il reçoit de l'Union
générale des mineurs du bassin des appointements annuels fixes de 200 £ (5.000 francs). En tant que représentant de toute la population minière, il peut prétendre
à une certaine autorité morale s'il exerce ses fonctions
d'une façon raisonnable, comme cela était, paraît-il, le
cas au moment de mon passage à Newcastle. Il publie
régulièrement ses rapports, qui sont sensés, au dire des
patrons eux-mêmes, et il paraîtrait qu'il obtient un
certain nombre de petites améliorations aux conditions de
sécurité ou de bien-être des ouvriers, en particulier pour
l'aérage dont il s'occupe presque uniquement, et dont il
s'attache à comparer l'importance avec le chiffre du personnel employé. Dans l'une des exploitations de ce bassin
que j'ai visitées, et qui n'était certes pas la mieux tenue
de toutes, j'ai relevé le rapport de la dernière visite faite
simultanément par le délégué local et par le « check-
inspector » ; il se réduisait à ces quelques remarques :
« Il y a partout de l'air, la température est raisonnable
« dans les différents chantiers, et le bois est approvisionné
« en quantité suffisante. »

Au cours de ma visite aux houillères de Granity-Creek
(N. Z.), j'ai rencontré les deux délégués ouvriers qui ac-
complissaient une tournée, et je me suis entretenu un
moment avec eux. Ils m'ont pu remplir leurs fonctions

avec zèle et sérieux, à défaut de compétence, et m'ont semblé échapper à cet esprit de dénigrement systématique qui a toujours rendu complètement inutiles les observations des délégués mineurs en France ; ils n'ont pas hésité à me déclarer que la mine était en bon état et qu'ils reconnaissaient qu'il s'y produit bien peu d'accidents.

Intervention des ouvriers dans les enquêtes d'accidents. — Si l'exercice de cette surveillance à titre préventif ne paraît pas tenir beaucoup à cœur aux ouvriers, ils semblent attacher beaucoup plus d'importance au droit de faire procéder, une fois un accident survenu, à une enquête sur place par l'un des leurs, car ils veulent pouvoir en opposer les conclusions aux dires des patrons en cas de procès pour le règlement des conséquences de l'accident. Ce n'est qu'en Nouvelle-Galles du Sud (art. 47, § *g*, de la loi sur la police des mines métalliques, et art. 26, § 8, de la loi sur la police des mines de houille) et au Queensland (art. 207 de la loi des mines) que ce droit leur est donné par la loi. Il en est, en particulier, régulièrement fait usage dans le bassin houiller de New-castle, où le secrétaire général de l'Union des mineurs (on peut s'étonner que ce ne soit pas plutôt le « check-inspector ») accompagne régulièrement le « coroner » dans son enquête sur les lieux à la suite de chaque accident mortel. Dans les autres Colonies, et en particulier en Nouvelle-Zélande, les ouvriers ont coutume de réclamer le même droit, soit lorsqu'ils concluent des arrangements industriels, soit lorsqu'ils ont recours à la Cour d'arbitrage ; c'est ainsi, par exemple, que les deux sentences du 3 mars 1902, qui fixent les conditions du travail aux charbonnages de Denniston et de Granity Creek, assurent aux représentants des mineurs (miners representatives) le droit de visiter avec le directeur de la mine le théâtre de tout accident.

J'ai mentionné ci-dessus que l'exercice par les ouvriers du droit de faire faire des tournées de surveillance dans les mines ne donne pas lieu en général à difficultés, ou à récriminations de la part des patrons ; ceux-ci se plaignent au contraire partout de la partialité, révoltante disent-ils, et même de la mauvaise foi avec lesquelles sont faites les enquêtes d'accident par les délégués des mineurs.

§ V. — Protection spéciale des femmes et des enfants.

Un dernier ordre de mesures intéressent en outre à la fois l'hygiène des populations minières et, jusqu'à un certain point, la sécurité des travaux : ce sont celles qui sont relatives à la prohibition ou à la restriction de l'emploi des femmes et des enfants dans les mines.

Ce sont des points que les lois des mines de toutes les Colonies touchent et résolvent à peu près de la même manière, et d'une façon d'ailleurs toute différente de ce qui a lieu pour les autres industries (*). J'ajoute que, s'il n'est pas certain qu'en votant ces dispositions les Parlements n'aient pas obéi à d'autres considérations que celles relatives à l'hygiène et à la sécurité, du moins elles paraissent présenter à ce point de vue un réel intérêt.

Mais les ouvriers ont souvent réclamé des Cours d'arbitrage, et ils ont parfois obtenu d'elles, ainsi que j'ai déjà eu l'occasion de le mentionner, la limitation de la proportion des jeunes ouvriers par rapport aux adultes, dans le seul but — quelques-uns de leurs représentants ne me l'ont pas caché — de diminuer la concurrence que ceux-ci font à ceux-là dans l'offre de la main-d'œuvre lorsqu'elle dé-

---

(*) Je rappelle qu'en France les dispositions relatives au travail des femmes et des enfants dans les mines figurent dans la loi générale du 2 novembre 1892 sur le travail des femmes et des enfants dans l'industrie.

passe la demande. Ce n'est d'ailleurs qu'exceptionnellement qu'une telle proportion maximum a été fixée par entente entre patrons et ouvriers ou par l'arbitrage; et le plus souvent, lorsque la Cour d'arbitrage est intervenue, c'est sous couleur de compléter simplement les prescriptions légales. C'est ainsi que la sentence d'Hauraki a fixé à seize ans (au lieu de quatorze) l'âge au-dessous duquel les enfants ne doivent pas être admis dans les travaux souterrains, et que la sentence de Reefton a énuméré limitativement les postes qui peuvent être remplis par de jeunes ouvriers.

Prohibition de certains travaux. — Dans toutes les Colonies, l'accès des travaux du fond est interdit aux femmes, et aux enfants de moins de quatorze ans (sauf en Nouvelle-Zélande, où la limite d'âge pour les houillères est de treize ans). C'est à cela que se limitent les interdictions générales, prononcées dans l'État de Victoria par l'article 130 de la loi des mines du 27 septembre 1897, dans l'État de Queensland par l'article 212 de la loi des mines de 1898, et dans l'Australie Occidentale par l'article 21 de la loi de police de 1895 qui primitivement était applicable, comme les deux précédentes, aux houillères aussi bien qu'aux mines métalliques. Mais on est souvent allé plus loin en interdisant l'emploi des femmes et des enfants dans tous les travaux, souterrains ou non, des mines ou de leurs dépendances (*); c'est ce que font, en Nouvelle-Zélande, l'article 27 de la loi sur les mines de houille de 1891 et l'article 198 de la loi de 1898 sur les mines métalliques, en Nouvelle-Galles du Sud, l'article 34 de la loi de police des mines de houille de 1896 et l'article 26 de la loi de police des mines métalliques de 1901, et enfin,

---

(*) La loi néo-zélandaise relative aux mines métalliques admet une exception pour les travaux de bureau (écritures, comptabilité, dessin, etc.).

en Australie Occidentale, l'article 5 de la loi de police des mines de houille du 19 février 1902.

En outre, toutes les lois que je viens de citer excluent les jeunes ouvriers (âgés de moins de dix-huit ans) de certains travaux dangereux ou de certains postes dans lesquels une étourderie pourrait être préjudiciable à la sécurité du reste du personnel : ils ne doivent être employés ni comme encageurs ni comme receveurs aux recettes des puits ; il est défendu de leur confier la conduite de certaines machines et en particulier des machines d'extraction, et ils ne peuvent être chargés du maniement ou de l'emploi des explosifs ; il est néanmoins d'usage courant à Newcastle de leur confier la conduite des treuils de plans inclinés lorsqu'il y en a. Il est, d'autre part, quelquefois spécifié (art. 26 de la loi de police des mines métalliques de la Nouvelle-Galles du Sud) qu'ils ne peuvent être employés au travail du mineur au front de taille qu'après deux années d'apprentissage sous la direction d'ouvriers compétents.

La loi prévoit d'ailleurs toujours qu'il sera tenu registre de tous les jeunes ouvriers occupés dans chaque mine et dans ses dépendances.

Limitation de la durée du travail. — Enfin la durée du travail des jeunes ouvriers est presque partout limitée à huit heures par jour et à quarante-huit heures par semaine, parfois avec une heure de repos obligatoire par poste. Ne font exception à cette règle que les mines du Queensland, pour lesquelles aucune limitation de la durée de travail d'aucune catégorie d'ouvriers n'a été prescrite jusqu'ici (ou du moins jusqu'à l'époque de mon séjour en Australasie), et les mines de houille de la Nouvelle-Galles du Sud, pour lesquelles l'article 31 de la loi spéciale de police de 1896 dispose que « aucun jeune ouvrier de 14 à « 18 ans ne devra être employé dans les travaux souter-

« rains, ni même y séjourner en vue d'y être employé,
« pendant plus de 9 heures par jour, les lundi, mardi,
« mercredi, jeudi et vendredi, ni pendant plus de 6 heures
« un samedi et 8 heures le samedi suivant ».

Autrefois la limitation, dans les autres cas, du travail
journalier des jeunes ouvriers à 8 heures résultait de
dispositions qui leur étaient spéciales ; aujourd'hui ces dispositions se sont trouvées peu à peu abrogées par les
dispositions applicables à l'ensemble du personnel que j'ai
fait connaître ci-dessus, pour la Nouvelle-Zélande, pour
l'État de Victoria, pour l'Australie Occidentale, et pour
les mines métalliques de la Nouvelle-Galles du Sud.

Nombre des enfants employés. — L'absence de données
à cet égard dans les statistiques officielles des différentes
Colonies ne me permet pas d'indiquer quelle est la proportion des jeunes ouvriers par rapport au personnel total
des mines de l'Australasie. Ce n'est que pour les houillères de la Nouvelle-Galles du Sud que j'ai trouvé ce
renseignement : sur 9.105 ouvriers du fond on comptait,
en 1900, 364 ouvriers de moins de 16 ans, soit 4 p. 100
du personnel total ; et sur 2.229 ouvriers du jour on en
comptait 237, soit 10,6 p. 100, de moins de 16 ans. Je
rappelle, à titre de comparaison, qu'en France, en 1903,
les enfants de moins de 16 ans représentaient 5,6 p. 100
du personnel du fond de l'ensemble de nos bassins houillers, et que les femmes et les enfants de moins de 16 ans
représentaient ensemble 19,8 p. 100 du personnel du jour.

Du rapide exposé qui précède, il résulte que la protection des femmes et des enfants au point de vue du travail
dans les mines n'est plus avancée qu'en France que dans
les quelques Colonies de l'Australasie (Nouvelle-Zélande,
Nouvelle-Galles du Sud, et Australie Occidentale partiel-

lement\ où l'emploi des femmes est interdit même dans les dépendances du jour. Pour ce qui est des enfants, je rappellerai, au contraire, la possibilité, dans les Colonies autres que celles que je viens d'énumérer, de les employer au jour à partir de n'importe quel âge; quant à ceux de plus de 14 ans (limite un peu plus élevée que chez nous où elle est de 13 et exceptionnellement de 12 ans), rien ne vient interdire, comme en France, de les faire travailler de nuit, et aucune mesure spéciale n'est prise pour empêcher qu'ils ne soient chargés de travaux excédant leurs forces. La durée réglementaire du travail est, par contre, inférieure de deux heures en Australasie à ce qu'elle est pour les ouvriers français au-dessus de l'âge de 16 ans, puisque, ici comme là, cette durée est la même que celle des adultes travaillant avec eux, soit 8 heures d'un côté et 10 de l'autre (*).

(*) En vertu de la loi française du 30 mars 1900, applicable à toutes les industries.

CHAPITRE II.

LES SECOURS EN CAS D'ACCIDENT.

Si les mesures de prévoyance sociale spéciales aux seuls ouvriers mineurs sont moins nombreuses en Australasie qu'en France, c'est que leurs camarades des autres industries profitent souvent de dispositions qui n'ont encore été mises en vigueur chez nous qu'en faveur des mineurs. C'est ce qui explique que, bien que la législation et même l'initiative des ouvriers aient jusqu'ici, dans l'ensemble, fait plus pour les travailleurs de l'Australasie que ce qui a été fait dans notre pays (abstraction faite des institutions patronales si développées dans nombre d'industries françaises et inconnues là-bas), la situation de nos mineurs, si privilégiée par rapport à celle des ouvriers de nos autres industries, se trouve être très comparable à celle de leurs collègues de l'Australasie.

Telle n'est cependant pas la cause de cette quasi-égalité de traitement en ce qui concerne tout d'abord la réparation des accidents du travail; bien au contraire, puisque de notre côté une loi générale, applicable à toutes les industries, a fixé pour la plupart des cas le montant forfaitaire de cette réparation, tandis qu'en Australasie ce principe est loin d'être encore universellement adopté, et qu'il existe au contraire dans plusieurs Colonies des lois spéciales en faveur des ouvriers mineurs victimes d'accidents.

§ I. — NOUVELLE-ZÉLANDE.

Dispositions législatives. — Pour commencer, comme je l'ai fait jusqu'ici, par la Nouvelle-Zélande, j'ai à mentionner une loi sur les accidents (Workers' compensation for accidents Act), rendue le 18 octobre 1900, et qui est conçue dans le même esprit que notre loi de 1898. Ses principales stipulations sont les suivantes.

Tout ouvrier ayant subi, dans une industrie quelconque (et, en particulier, dans l'industrie des mines), un accident entraînant la mort ou une incapacité de travail partielle ou totale de plus de deux semaines, sans que ce soit par suite d'une faute grave et intentionnelle de sa part, a droit à une indemnité du patron, à condition qu'il lui ait immédiatement remis ou adressé par la poste une déclaration faisant connaître les circonstances de l'accident.

L'indemnité est constituée :

1° En cas de mort, par une somme égale au salaire de trois années de travail de l'ouvrier, sans que cette somme puisse être ni inférieure à 200 £ (5.000 francs) ni supérieure à 400 £ (10.000 francs), à payer à ceux des membres de sa famille qui étaient entièrement à sa charge, déduction faite des indemnités journalières qu'il a pu toucher depuis l'accident jusqu'au jour du décès; cette indemnité est réduite proportionnellement si les parents qu'il laisse n'étaient que partiellement à sa charge ; et, s'il n'en laisse point, elle est limitée aux frais de dernière maladie et d'enterrement, avec maximum de 30 £ (750 francs) ;

2° En cas de blessure, par une allocation journalière, servie à partir de la fin de la deuxième semaine, pouvant atteindre jusqu'à 50 p. 100 du salaire normal, sans dépasser toutefois 2 £ (50 francs) par semaine, et déterminée en tenant compte du salaire réduit que l'ouvrier peut gagner malgré sa blessure; le montant en est d'ailleurs toujours revisable à la demande d'une des parties ; après six mois, le patron peut demander qu'il soit substitué à l'allocation journalière une indemnité globale une fois payée.

Des sommes ci-dessus fixées il est toujours déduit le montant de tous dommages-intérêts ou pénalités imposés au patron en faveur de la victime en raison de l'accident.

C'est la Cour d'arbitrage, instituée par la loi sur la conciliation et l'arbitrage dans l'industrie, qui connait de toutes les difficultés que soulèvent l'application de la loi et la fixation du taux des indemnités ; elle est secondée, dans une certaine mesure, par les Comités de conciliation.

La loi laisse néanmoins le droit aux patrons de convenir librement avec leurs ouvriers de tout autre mode de réparation des accidents, par voie d'assurance, d'assurance mutuelle, ou autrement, à la condition que le Comité de conciliation ait reconnu que cet autre mode de réparation est, dans l'ensemble, plus avantageux pour les ouvriers que celui qui est prescrit par la loi.

Enfin, toutes les fois que la blessure est due à la faute du patron, ou de l'un de ses préposés dont il est responsable, la loi laisse à l'ouvrier la faculté de réclamer, de préférence au bénéfice de la loi, la réparation du préjudice subi, conformément au droit commun.

Cette loi a formellement abrogé les articles 52 et 53 de la loi sur les mines de houille, et les articles 216 et 217 de la loi sur les mines métalliques, qui, traitant des accidents de mines, les attribuaient jusqu'à preuve du contraire à la négligence de l'exploitant, et qui spécifiaient ensuite que la victime ou ses ayants droit pourraient poursuivre par les voies de droit la réparation par le patron du préjudice causé par sa faute. Quelque draconienne que paraisse une semblable stipulation, il paraitrait, disent les uns, tandis que les autres le contestent, qu'en fait les tribunaux admettaient fort souvent la preuve de l'irresponsabilité du patron du seul fait que l'ouvrier était convaincu de n'avoir pas observé à la lettre une des multiples prescriptions de la loi de police des mines ou du règlement intérieur de la mine. Dans ces conditions, ouvriers et patrons estiment presque unanimement que la nouvelle loi (qui laisse d'ailleurs formellement à l'ouvrier le droit de réclamer la compensation intégrale du préjudice causé s'il y a responsabilité du patron ou de son préposé) constitue un progrès en faveur des ouvriers et une charge pour les patrons ; en effet, d'une part, elle assure toujours un minimum d'indemnité aux premiers' et, d'autre part, elle ne met pas les seconds à l'abri de très coûteuses condamnations s'il y a eu faute plus ou moins caractérisée de leur part. Ce progrès en faveur des ouvriers est d'ailleurs beaucoup moins évident pour les mines que pour les autres industries, parce que les ouvriers mineurs bénéficiaient précédemment d'un régime spécial du fait des articles ci-dessus rappelés des deux lois des mines.

Il faut encore ajouter que la loi de 1900 n'a pas abrogé différents autres textes législatifs relatifs aux accidents, qui constituent ce que j'ai appelé ci-dessus le droit commun. Je citerai d'abord la loi sur la responsabilité des patrons du 13 septembre 1882, amendée les 19 août 1891 et 24 septembre 1892 ; cette loi proclame le principe de la responsabilité du patron, et du droit pour l'ouvrier à une juste indemnité pour tout dommage subi par lui, en cas d'accident provenant de tout défaut dans les installations ou de toute négligence ou inobservation des règlements commise par le patron ou ses préposés. L'indemnité est d'ailleurs limitée, en cas de mort, sauf circonstances jugées exceptionnelles par les tribunaux qui auront à en connaître, à trois années de salaire (ce qui est précisément le montant de l'indemnité forfaitaire fixée par la loi sur les accidents de 1900 au cas où l'ouvrier laisse des parents entièrement à sa charge), et en tous cas au maximum à 500 £, soit 12.500 francs (au lieu du maximum de 400 £ ou 10.000 francs de la loi de 1900). L'interprétation quelque peu étroite qui avait été donnée parfois à ces dispositions par la jurisprudence est bien indiquée par quelques-uns des amendements que le Parlement a jugé nécessaire de voter, en 1891, pour que la loi fût appliquée d'une façon conforme aux vœux du législateur ; ces amendements spécifient en particulier que : un ouvrier ne sera pas considéré comme s'étant volontairement exposé au danger par ce seul fait qu'il aura continué à travailler bien qu'ayant connaissance de quelque défaut ou de quelque négligence qui aura été la cause de l'accident ; mais un ouvrier n'aura droit à aucune indemnité de la part du patron si celui-ci ignorait le défaut ou la négligence qui aura été la cause de l'accident, et si, de son côté, la victime le connaissait et ne l'avait pas signalé ; de même un ouvrier n'aura droit à aucune indemnité pour tout accident occasionné par sa propre négligence.

A côté de cette loi sur la responsabilité des patrons, je dois mentionner encore la loi du 17 août 1880 sur les indemnités en cas de mort par accident ; cette loi dispose qu'en pareil cas celui qui eût été responsable des conséquences de l'accident envers la victime si elle n'avait été que blessée pourra être recherché de même par les héritiers de la victime. Enfin la loi du 27 juillet 1901 sur les indemnités en cas d'accident donne au juge le droit de faire procéder à l'examen médical de la victime et oblige la victime à s'y prêter sous peine de perdre tout droit à indemnité.

Telles sont les lois qui régissent la matière des indemnités en cas d'accident de mines en Nouvelle-Zélande : comme j'ai déjà eu l'occasion de le dire, avant la promulgation de la loi sur les accidents de 1900, tout dépendait de l'appréciation que le juge faisait de la responsabilité ou de la non-responsabilité du patron ; dans le premier cas, celui-ci pouvait supporter de très lourdes indemnités, quelle que fût la situation de famille de la victime ; dans le second cas, au contraire, la victime n'obtenait rien. C'est ce qui explique que les ouvriers aient attaché une importance capitale à pouvoir opposer aux témoignages du patron et de ses préposés le témoignage d'un des leurs, et c'est pour cela que les mineurs réclamaient, ainsi que je l'ai mentionné ci-dessus, le droit de faire procéder, après tout accident, à une enquête sur place par un de leurs délégués.

Dans ces conditions, la loi de 1900, qui ne faisait qu'ajouter, et d'une façon capitale, aux chances de la victime d'obtenir une indemnité, a-t-elle été la très bienvenue chez les ouvriers en général. Pour les mineurs elle a remplacé des dispositions qui leur étaient en somme très favorables; aussi ai-je recueilli les doléances de certains de leurs représentants, et c'est ainsi qu'à Reefton, le secrétaire de l'Union ouvrière m'a déclaré qu'autrefois les ouvriers obtenaient souvent que le patron fût condamné à leur payer, pendant la période d'incapacité consécutive à un accident, leur plein salaire sans préjudice des frais médicaux et pharmaceutiques, ce à quoi la nouvelle loi ne leur donne pas droit, tant s'en faut. Malgré d'inévitables récriminations elle ne paraît pas, dans l'ensemble, avoir été trop mal vue des patrons, en ce sens que, si elle l'a augmenté, elle a du moins notablement régularisé le risque qu'ils courent; ils s'en déchargent donc d'autant plus facilement par voie d'assurance. On m'a néanmoins cité le cas d'un exploitant qui était déjà assuré précédemment (mais avec certaines restrictions, il est vrai) et dont la prime s'est trouvée doublée du fait de la promulgation de la loi de 1900.

En fait, il résulte des renseignements que j'ai pu recueillir qu'aujourd'hui ce sont les stipulations de la loi de 1900 qui jouent le plus souvent. Elles assurent à l'ouvrier une indemnité journalière égale au demi-salaire, tout comme notre propre loi sur les accidents (avec cette différence notable que l'indemnité ne court que du 15e jour au lieu du 4e), mais sans remboursement des frais médi-

caux et pharmaceutiques. D'autre part, elle ne donne aux
héritiers, en cas de mort, que le triple du salaire annuel
au maximum, au lieu d'une rente variable de 20 à 60 p. 100,
comme en France ; cela est très notablement moins que
chez nous, puisqu'on peut grossièrement admettre que
les rentes de notre loi de 1898 doivent être capitalisées
par multiplication par 15 en moyenne. La loi néo-zélandaise des accidents apparaît donc, dans l'ensemble, comme
moins favorable aux ouvriers que la loi française.

Quant aux charges qu'elle constitue pour les patrons,
elles se résolvent universellement sous la forme d'une
assurance, laquelle est le plus souvent contractée au
bureau officiel d'assurance (government insurance) créé
par le Gouvernement ; les tarifs de ce bureau sont les suivants en matière d'exploitations minières.

Primes de :
   2 1/2 p. 100 de l'ensemble des salaires du fond, pour
      assurer la totalité du personnel du fond d'une exploi-
      tation houillère.
   1 1/4 p. 100 pour le personnel du jour d'une houillère.
   2 p. 100 pour le personnel du fond d'une mine d'or en
      roche.
   1 1/4 p. 100 pour le personnel du jour d'une mine d'or
      en roche.
   1 p. 100 pour le personnel d'un lavage d'or d'alluvions.
   1 3/4 p. 100 pour le personnel d'une drague à or en ri-
      vière rapide.
   1 1/4 p. 100 pour le personnel d'une drague à or en ri-
      vière tranquille.

Ces tarifs sont susceptibles de réductions, pouvant
atteindre jusqu'à 30 p. 100, pour les entreprises occupant
un personnel très nombreux. On ne m'a d'ailleurs pas
caché que la loi aux charges de laquelle l'assurance doit
répondre est trop récente pour que le Gouvernement
puisse être bien fixé sur la question de savoir si ces

primes seront suffisantes ou non. Dans ce doute, et contrairement à ce qu'aurait fait toute compagnie d'assurance privée, le Gouvernement paraît avoir cherché à fixer les primes plutôt au-dessous qu'au-dessus du taux nécessaire, quitte à les relever plus tard, en vue de faciliter l'acceptation de la loi par les patrons.

Comme les règles du droit pénal permettent, en cas d'accident, la condamnation du patron, reconnu coupable d'homicide ou de blessure par imprudence ou même de simple contravention, à une « pénalité » à payer à la victime, il pouvait y avoir là autrefois une source d'indemnité en faveur de l'ouvrier blessé ou des héritiers de l'ouvrier tué ; mais l'article 11 de la loi sur les accidents de 1900 a spécifié qu'il serait, le cas échéant, tenu compte d'une telle pénalité dans le calcul de l'allocation à payer par le patron. Tout au contraire, la loi des mines de 1898 spécifiait, en son article 224, que tout ou partie du montant des pénalités encourues par le patron pour les délits ou contraventions dont je viens de faire mention pourrait être attribué à la victime d'un accident, sans préjudice des autres indemnités auxquelles elle pourrait avoir droit ; il peut donc encore y avoir cumul aujourd'hui, à la condition que la victime renonce à se prévaloir de la loi de 1900, ainsi qu'elle en a la faculté.

Aux diverses indemnités auxquelles les ouvriers peuvent prétendre en vertu de la loi, lorsqu'ils sont victimes dans une industrie quelconque d'un accident du travail, une disposition toute particulière de la loi des mines de houille de 1891 a ajouté des secours spéciaux en faveur des seuls ouvriers des houillères. Jusqu'ici ces secours se cumulaient, sans aucune contestation possible, avec toutes autres indemnités ; l'article en question (art. 69) de ladite loi n'ayant pas été abrogé par la loi de 1900 sur les accidents, ces secours continuent à être acquis aux houilleurs

comme par le passé; mais la question était posée, et
n'était pas encore résolue, au moment de mon séjour en
Nouvelle-Zélande, de savoir s'il ne devait pas en être
fait déduction partielle ou totale pour l'application de la
loi de 1900 à ces ouvriers. Cela est douteux, puisque les
secours en question peuvent être partiellement à la
charge des Unions ouvrières.

Quoi qu'il en soit, voici le texte de cette disposition
spéciale.

Les propriétaires de toutes les mines (de charbon) situées tant
dans des propriétés privées que dans les terrains de la Couronne (*), devront, indépendamment de toutes autres redevances,
contribuer à l'entretien d'un fonds destiné à secourir les houilleurs victimes d'accidents au cours de leur travail, ainsi que les
familles de ces ouvriers. A cet effet ils devront, dans le courant
de chacun des mois de janvier, d'avril, de juillet et d'octobre
de chaque année, verser une somme de 1/2 d. (0 fr. 05) par tonne
de charbon bitumineux et de 1 farthing (0 fr. 025) par tonne
de lignite provenant desdites mines et vendue pendant le trimestre précédent; ce versement aura lieu à la caisse d'épargne
postale la plus voisine de la mine, au crédit du compte dénommé
« *fonds de secours pour maladies et accidents* », ouvert au bénéfice
de l'Union des mineurs de la région où est située la mine. S'il
n'existe pas d'Union de mineurs (**), le versement aura lieu à la
même caisse au bénéfice du Ministre des mines et du Trésor
public et au crédit du compte « *fonds de secours des ouvriers des
houillères* ».

Toutes les sommes ainsi versées au crédit des différents fonds
de secours pour maladies et accidents seront gérées par les personnes désignées à cet effet par les Unions de mineurs des différentes régions, conformément aux règlements promulgués par le
Gouverneur; les sommes versées au crédit du Ministre des mines
et du Trésor public seront gérées conjointement par eux en vue
de distribuer les secours auxquels elles sont destinées.

(*) Pour tout ce qui regarde les redevances d'extraction, il y a toujours une différence profonde entre le régime des mines situées dans
des propriétés privées ou dans les terrains de la Couronne (terrains non
appropriés).

(**) La loi sous-entend ici « régulièrement enregistrée », ce qui n'est le
cas que d'un petit nombre d'Unions de mineurs.

Les Inspecteurs des mines sont, par les présentes, autorisés : à examiner à toute époque les livres des exploitants pour contrôler les quantités de charbon extraites pendant n'importe quelle période, — à vérifier de même, auprès des agents des Unions de mineurs qui gèrent les différents fonds de secours pour maladies et accidents, et auprès des préposés de la caisse d'épargne postale, le montant des sommes versées par les exploitants durant toute période, — et à comparer ledit montant aux quantités de charbon vendues pendant la même période.

S'il se trouve que cette comparaison fait ressortir qu'un exploitant n'a pas versé audit fonds de secours tout ou partie du montant ci-dessus fixé, celui-ci sera coupable d'une contravention à la présente loi et sera passible d'une pénalité de 2 £ (50 francs) par chaque £ (25 francs) ou fraction de £ qu'il aura manqué de payer; le montant de toutes les pénalités encourues en vertu du présent article, diminué des frais occasionnés par leur recouvrement, sera versé par l'Inspecteur des mines au fonds de secours pour maladies et accidents intéressé ou, suivant le cas, au fonds de secours des ouvriers des houillères.

Tout exploitant qui mettrait obstacle à l'examen, dans le but ci-dessus prévu, des livres de la mine par l'Inspecteur des mines serait coupable d'une contravention à la présente loi et serait passible d'une pénalité de 50 £ au maximum (1.250 francs) pour chaque jour durant lequel il aurait mis cet obstacle.

Dans toute action intentée par un ouvrier contre un exploitant pour obtenir une indemnité du fait d'une blessure, il sera tenu compte du montant du secours qu'il aura reçu du fonds de secours prévu par le présent article (*).

Ainsi qu'il est prévu par le texte ci-dessus cité, le règlement du 29 décembre 1891 fixe, pour l'emploi du fonds de secours pour maladies et accidents géré par chaque Union de mineurs, les règles suivantes :

a) Lorsqu'un ouvrier aura dû chômer, du fait d'un accident, pendant une semaine ou plus, *il recevra* 1 £ (25 francs) par semaine, soit 3 sh. 4 d. (4 fr. 15) par jour ouvrable, à partir du jour de l'accident; le paiement n'en aura lieu que sur le vu d'un certificat

---

(*) Bien que la loi ne le spécifie pas, il paraît naturel de penser qu'il ne s'agit ici que de la part du secours versé par l'Union, qui est prélevée sur les fonds provenant de la redevance à payer par les exploitants.

médical, et ne se continuera que tant qu'un médecin certifiera que l'ouvrier est incapable de travailler. Dans le cas où un ouvrier serait atteint d'une incapacité de travail définitive, *il pourrait recevoir*, pour tout secours, une somme fixe ne dépassant pas 50 £ (1.250 francs).

b) Si un ouvrier est victime d'un accident mortel, ses plus proches parents *pourront recevoir* une somme ne dépassant pas 20 £ (500 francs) pour couvrir les frais occasionnés par la mort et l'enterrement de l'ouvrier ; une somme supplémentaire de 30 £ (750 francs) *pourra être accordée* à sa veuve ou à tous autres proches parents, à titre de tout secours.

c) Tout ouvrier victime d'un accident entraînant une incapacité de travail doit en aviser ou en faire aviser par écrit, dans les trois jours, l'Inspecteur des mines, et toute demande de secours devra être faite dans les dix jours à partir de l'accident sous peine de forclusion.

d) Aucun ouvrier n'aura droit à un secours du fonds de secours pour maladies et accidents en raison de tout accident dû à l'ivresse, à une rixe ou à la pratique d'aucun sport ou jeu, ou en raison de tout accident causé par sa mauvaise conduite.

Les autres articles de ce règlement instituent un contrôle de l'Inspecteur des mines sur la gestion du fonds. Comme on le voit, l'indemnité journalière de 3 sh. 4 d. (4 fr. 15) est seule assurée, tandis que les secours une fois donnés sont seulement facultatifs suivant l'état du fonds.

L'emploi des sommes constituant le fonds de secours du ministère (c'est-à-dire des sommes qui correspondent à toutes les petites exploitations dont les ouvriers ne sont pas organisés régulièrement) n'est pas réglementé; un compte rendu en est publié.

Dans l'ensemble, les recettes annuelles de ce fonds se sont élevées :

En 1900, à. . . . . 244 £ (6.100 fr.)
Et en 1901 à. . . . . 335 (8.375 fr.)

Il a eu à secourir les parents de 4 ouvriers tués en 1900 et de 3 ouvriers en 1901, et il a dû allouer des secours à 52 blessés en 1900 et à 33 en 1901; ces derniers secours se sont élevés respectivement à 254 £ (6.350 francs) et à 191 £ (4.775 francs) au cours de chacune des deux années, ce qui représente une moyenne de 122 francs par blessé la première année, et de 144 francs la seconde. Je donne d'ailleurs ci-dessous, à titre d'exemple, l'indication de quelques-uns des paiements qui ont eu lieu pendant mon séjour en Nouvelle-Zélande.

	£ sh. d.		fr.
Blessure au bras : 10 jours d'incapacité.	1 0 10	soit	26 »
Fracture légère de la hanche : 72 jours d'incapacité	7 10 »	—	187,50
Blessures des muscles : 22 jours d'incapacité	2 5 10	—	57,25
Blessure au pied : 26 jours d'incapacité	2 14 2	—	67,70
Ecorchure du dos et de l'épaule : 20 jours d'incapacité.	2 1 8	—	52,05
Fracture de la cuisse : 46 jours d'incapacité	4 15 10	—	119,80
Mort d'homme par asphyxie (paiement à la veuve)	25 » »	—	625 »

Tous les secours journaliers n'ont, comme on le voit, pu être payés qu'au taux réduit de 2 sh. 1 d., soit 2 fr. 60, au lieu des 4 fr. 15 prévus d'une façon formelle pour le cas des fonds gérés par les Unions; d'autre part, il a été alloué un secours facultatif de 25 £ pour un cas de mort, soit la moitié du maximum fixé par le règlement.

Au contraire, pour les districts houillers importants, où il existe des Unions régulièrement constituées, le fonds est géré par celles-ci, qui y ajoutent de leurs propres ressources, comme je l'indiquerai ci-après. C'est ainsi, qu'au moment de mon séjour dans le district de Westport, l'Union des mineurs leur assurait les secours suivants :

Allocation journalière d'incapacité temporaire : 1 £ 5 sh., soit 31 fr. 25, par semaine;

Allocations en cas de mort : 20 £ (500 francs) pour les funérailles, et 30 £ (750 francs) à titre de secours.

Ces sommes étaient prélevées moitié sur le fonds de secours alimenté par la contribution patronale et moitié sur les disponibilités de l'Union.

Intervention des Unions ouvrières. — Aux indemnités et secours dont les ouvriers sont ainsi dotés par la loi, aux frais exclusifs des patrons, je crois qu'il est sans exemple (contrairement à ce qui a lieu parfois chez nous, et à ce qui avait lieu surtout autrefois avant la loi de 1898) que les exploitants de mines néo-zélandais ajoutent quoi que ce soit de leur propre volonté.

Au contraire, l'initiative des ouvriers, dont j'ai déjà eu l'occasion de signaler le rôle beaucoup plus important que chez nous, s'exerce assez largement en matière d'accidents : si la loi sur les mines de houille a laissé à l'Union ouvrière intéressée le soin de gérer seule le fonds de secours pour maladies et accidents, alimenté uniquement par les patrons (ce qui nous paraît quelque peu choquant comme principe), c'est parce que les Unions assumaient déjà spontanément un rôle semblable, et aussi parce qu'elles groupent la presque universalité des ouvriers. D'ailleurs, comme je viens de le mentionner, elles doublent généralement tous les secours provenant du fonds; c'est ce qui leur permet d'atteindre les maxima prévus par le règlement, tandis que, pour les mines où il n'y a pas d'Union (ou du moins pas d'Union habile à gérer le fonds), ces secours dépassent à peine la moitié de ces chiffres. Elles peuvent aussi en donner en outre dans des cas non prévus pour le fonds, par exemple en cas de mort naturelle d'un ouvrier ou au cas où il perd sa femme ou un enfant, ou même en cas de maladie.

Il ne semble pas, à en croire ce qui m'a été dit tant par les patrons que par les Inspecteurs des mines, que la gestion des Unions, d'ailleurs surveillée par l'administration, donne lieu à des irrégularités ou à des réclamations sérieuses.

Pour les mines métalliques, régies par une loi qui ne prévoit rien de semblable, les Unions ne sont ni aidées ni encouragées à assurer des secours en cas d'accident; elles le font néanmoins, et c'est ainsi que l'Union des mineurs d'or de Reefton consacre plus de la moitié de ses revenus, soit plusieurs centaines de £ par an, à secourir les victimes d'accidents : ses statuts prévoient le paiement d'une somme de 1 £ (25 fr.) par semaine pendant 3 mois, et ensuite de 10 sh. (12 fr. 50) par semaine pendant les 6 mois suivants, en cas d'accident entraînant une incapacité de travail survenant à l'un de ses membres ; s'il y a eu mort, elle remet aux héritiers une somme de 20 £ (500 fr.) plus le produit d'une cotisation exceptionnelle de 1 sh. (1 fr. 25) par membre de l'Union. L'Union des mineurs d'or de Thames est plus généreuse encore : le secours journalier qu'elle alloue à ses membres est de 1 £ (25 fr.) par semaine pendant les 12 premiers mois d'incapacité, et ensuite de 10 sh. (12 fr. 50) par semaine jusqu'à guérison ; en cas de mort, elle verse aux héritiers 50 £ (1.250 fr.) plus le produit d'une cotisation exceptionnelle de 6 d. (0 fr. 625) par membre. Cette Union, qui comprenait en 1901 quelque 1.500 membres, avait un budget annuel de quelque 3.000 £ (75.000 fr.), dont 1.062 £ (26.550 fr.) avaient été consacrés, du 1er juillet 1900 au 30 juin 1901, au service des indemnités journalières d'accidents, et 322 £ (soit 8.050 fr.) aux secours après le décès de 4 membres de l'Union(*).

_____

(*) Cela donne un coefficient de mortalité par accident de 2,66 p. 1.000.

Il ressort de ce qui précède que la combinaison des mesures légales et de l'action, fort utile en la circonstance, des Unions en tant que sociétés de secours mutuels, assure un secours des plus efficaces à l'ouvrier mineur blessé au cours de son travail ou aux héritiers de celui qui est tué ; d'autant plus que, ainsi que je l'indiquerai ci-après, les secours médicaux leur sont, en outre, fournis gratuitement ainsi que l'hospitalisation s'il y a lieu. D'aucuns même estiment que ce secours est trop bien assuré en cas de blessure : en effet, sauf cette garantie que, comme l'Union des ouvriers serait lésée en cas d'abus, la surveillance est relativement plus facile que si le patron seul l'était, cela doit fatalement pousser à des prolongations exagérées de chômage puisque le demi-salaire que procure la loi sur les accidents et les 3 ou 4 shellings de secours journalier qu'ajoute l'Union constituent ensemble, pour l'ouvrier qui ne gagnait pas plus de 8 shellings par jour, une somme équivalente à son salaire normal.

Cependant les chiffres que j'ai donnés ci-dessus pour les dépenses de l'Union des ouvriers mineurs de Thames en secours pour accidents, qui accusent une proportion de chômeurs par suite d'accidents de 1,3 p. 100 seulement, ne paraissent pas indiquer qu'il y ait beaucoup d'abus.

§ II. — Australie.

Sans être aussi largement assurés qu'en Nouvelle-Zélande, c'est généralement des mêmes sources — obligations légales imposées aux patrons et initiative des Unions ouvrières — que dérivent les indemnités et secours dont jouissent en cas d'accident les mineurs des différents États de la Confédération Australienne ; cependant on ne retrouvait encore nulle part avant 1902 (époque du vote de la loi sur les accidents de l'Australie Occidentale) le principe de la réparation forfaitaire de tout accident par le patron, comme en Nouvelle-Zélande ou comme en France.

Dispositions législatives. — En Nouvelle-Galles du Sud, une loi, modifiée pour la dernière fois, à ma connaissance, le 6 décembre 1897 (Employers liability Act of 1897), institue, pour toutes les industries, y compris celle des mines, la responsabilité pécuniaire des patrons en cas d'accident survenu à un de leurs ouvriers du fait de la faute du patron ou de son préposé, dans des conditions analogues à celles prévues par la loi néo-zélandaise de 1882. Cette responsabilité est limitée, au maximum, au paiement d'une somme égale au salaire de trois années de travail de la victime, et encore sous déduction, d'une part, de toute pénalité imposée au patron et acquise à la victime du fait de l'accident, et, d'autre part, de toute somme payée par le patron en faveur de la victime sous une forme quelconque et en particulier par voie d'assurance. Il ne semble pas, en fait, que la jurisprudence ait rendu cette loi quelque peu onéreuse pour les industriels : le directeur d'une des grandes exploitations de Newcastle (N. G. S.) me déclarait qu'elle ne lui avait jamais coûté un centime, tandis que celui d'une autre des exploitations de ce même bassin me disait s'être assuré à peu de frais contre le risque qui en résultait pour lui, mais il ajoutait que c'était là une précaution bien inutile. Le directeur d'une grande mine de cuivre à Cobar me disait la même chose et m'expliquait que son assurance lui coûtait 21 shellings par 100 £ de salaires payés, soit 1,05 p. 100(*), alors que, dans des mines similaires en Nouvelle-Zélande, c'est 2 à 2 1/2 p. 100.

(*) On peut être surpris de voir l'assurance plus coûteuse pour une mine métallique que pour des mines de houille menacées de catastrophes dues au grisou ; cela tient à ce que ces catastrophes sont généralement exclues de l'assurance.

En outre, une loi spéciale a institué un fonds de secours en faveur des mineurs (ouvriers des mines de houille comme des mines métalliques et de toutes leurs dépendances) victimes d'accidents au cours de leur travail ; cette loi, dite loi de secours en faveur des ouvriers mineurs victimes d'accidents (Miner's accident relief Act), promulguée le 5 novembre 1900, a été amendée à la date du 28 décembre 1901. Son titre complet, qui en indique bien le principe, est conçu en ces termes : « Loi prévoyant des « secours en faveur des ouvriers victimes d'accidents de « mines, ou des parents des ouvriers blessés ou tués dans « de tels accidents, — instituant dans ce but une contri- « bution des exploitants et des ouvriers des mines ainsi « que du Trésor Public, — et réglant à cet effet diffé- « rentes questions accessoires. »

La contribution des ouvriers, qui doit être retenue par les patrons au moment de la paye, est de 4 d. 1/2 (0 fr. 50) par semaine ; celle des patrons est de la moitié du montant total de celle de leurs ouvriers ; enfin celle du Trésor Public est égale à celle des patrons.

La répartition de ces sommes est assurée par une double organisation. Il existe, d'une part, pour chaque mine en particulier, un Comité composé de l'Inspecteur des mines, de trois ouvriers et de deux représentants de l'exploitant, qui reçoit uniquement, en principe, les sommes retenues sur les salaires des ouvriers, et, seulement à titre éventuel, les ressources complémentaires nécessaires provenant du fonds général dont il sera question ci-après ; ce comité distribue des secours suivant des tarifs qu'il fixe sans dépasser les secours maxima prévus par la loi dans les différents cas. D'autre part, il a été créé une commission spéciale, unique pour toute la Colonie, dite « Commission de secours pour les accidents de mines en Nouvelle-Galles du Sud » (New South Wales miners accident relief board), qui est composée d'un président choisi à discrétion par le Gouverneur, d'un représentant des exploitants de mines de houille, d'un représentant des exploitants de mines métalliques, d'un représentant des ouvriers des mines de houille, d'un représentant des ouvriers des mines métalliques et d'un représentant de l'administration des mines ; ladite commission reçoit directement les contributions patronales et celle du Trésor Public afin de distribuer aux différents Comités locaux les ressources supplémentaires qui leur sont nécessaires, elle groupe en même temps les sommes en excédent ; elle sert donc de caisse de réserve aux Comités.

Le taux maximum des secours fixé par la loi est le suivant :

I. En cas de mort :

a) Si la victime était mariée :

1° Une allocation hebdomadaire de 8 sh. (10 fr.) payable à la veuve tant qu'elle ne sera pas remariée :

2° Une allocation hebdomadaire de 2 sh. 6 d. (3 fr. 125) pour chaque enfant du défunt jusqu'à ce qu'il ait atteint l'âge de 14 ans ou jusqu'à ce qu'il soit mort ; cette allocation est payable soit à la veuve tant qu'elle est en vie, soit, s'il n'y a pas de veuve ou qu'elle vienne à mourir, à la personne qui a la garde de l'enfant ou des enfants ;

3° Une allocation hebdomadaire de 8 sh. (10 fr.), payable à la personne qui aura la garde des enfants orphelins de la victime, tant que tous ces enfants n'auront pas dépassé l'âge de 14 ans ;

4° Une somme de 12 £ (300 fr.) pour couvrir les frais funéraires, payable à la personne que désignera le Comité.

b) Si la victime n'était pas mariée :

1° Une allocation hebdomadaire de 8 sh. (10 fr.), payable au père du défunt sa vie durant si, de l'avis du Comité, il était, au moment de la mort de son fils, à la charge de celui-ci ;

2° Une allocation hebdomadaire de 8 sh. (10 fr.), payable à la mère du défunt pour le restant de sa vie tant qu'elle n'aura pas de mari vivant, si, de l'avis du Comité, elle était, au moment de la mort de son fils, à la charge de celui-ci ;

3° Si les père et mère du défunt sont tous deux morts, ou s'ils n'ont droit à aucune somme, une allocation hebdomadaire de

15

8 sh. (10 fr.) à la sœur, ou par parts égales aux sœurs du défunt, tant que celles-ci seront en vie et ne seront pas mariées, si, de l'avis du Comité, elles étaient, au moment de la mort de leur frère, à la charge de celui-ci ;

4° Une allocation hebdomadaire de 2 sh. 6 d. (3 fr. 125) pour chaque enfant de la mère du défunt, ou des sœurs du défunt, payable à ladite mère ou auxdites sœurs suivant le cas, jusqu'à ce que ces enfants atteignent l'âge de 14 ans, si, de l'avis du Comité, ladite mère ou lesdites sœurs étaient, au moment de la mort du défunt, à la charge de celui-ci ;

5° Une somme de 12 £ (300 fr.) pour couvrir les frais funéraires, payable à la personne que désignera le Comité.

II. En cas d'incapacité de travail :

Une allocation hebdomadaire de 12 sh. (15 fr.), payable à la victime.

Un ouvrier est considéré comme étant atteint d'incapacité de travail, tant qu'il est entièrement incapable de faire son métier habituel.

III. En cas d'incapacité permanente de travail :

1° Une allocation hebdomadaire de 12 sh. (15 fr.) payable à la victime ;

2° Une allocation hebdomadaire de 2 sh. 6 d. (3 fr. 125), payable à la victime, pour chacun de ses enfants jusqu'à ce qu'ils atteignent leur 15e année ou qu'ils viennent à mourir.

Je ne saurais mieux faire, pour donner une idée des conditions dans lesquelles était appliquée cette loi, toute nouvelle au moment de mon séjour en Australie, que de reproduire ici les indications essentielles du rapport de la « Commission de secours pour les accidents de mines en Nouvelle-Galles du Sud » pour l'année 1901 (année même où la loi a été amendée).

La loi a été bien accueillie dans l'ensemble, malgré quelques protestations locales, et les ouvriers d'un certain nombre de mines occupant moins de 15 ouvriers ont exprimé le désir de bénéficier de ses dispositions (*).

_____

(*) La loi de 1900 n'était applicable qu'aux mines occupant plus de 15 ouvriers : l'amendement de 1901 l'a étendue à toutes les mines en constituant des Comités pour l'ensemble de plusieurs petites mines voisines.

Les Comités de secours des différentes mines se sont consacrés à leur tâche locale avec beaucoup de zèle, et ont fait de soigneuses enquêtes au sujet des demandes de secours qui leur sont parvenues ; dans quelques cas, les exploitants ont refusé de prendre part aux travaux des Comités, mais le plus souvent ils y ont au contraire apporté une utile collaboration.

La loi a été appliquée durant l'année à 168 mines différentes, dont 114 pour toute la durée de l'année ; à la fin de l'année, 128 mines contribuaient au fonds (mines occupant à ce moment plus de 15 ouvriers chacune), représentant une population de 17.300 ouvriers (*).

La contribution totale des ouvriers, qui ont été au nombre de 20.000 environ à verser dans l'année, s'est élevée à 19.118 £ 2 sh. 8 d. (477.952 fr. 90) ; les patrons et le Trésor Public ont versé respectivement 6.304 £ 14 sh. 1 d. (157.618 francs) et 6.140 £ 15 sh. (153.519 francs), ce qui fait un total à distribuer en secours de 31.563 £ 11 sh. 9 d. (789.089 francs) (**).

Les chiffres suivants caractérisent l'importance des opérations des Comités et de la Commission centrale.

1° Accidents mortels.

Nombre de tués . . . . 47 (***)
Nombre de veuves secourues 26
— mères — 6
— sœurs — 1
Nombre des enfants pour lesquels il a été payé des secours 80
Age moyen de ces enfants . . . . 7 ans

(*) Ce chiffre, très inférieur à celui que j'ai donné ci-dessus (p. 6) pour la population minière de la Colonie, peut s'expliquer, d'une part, par le très grand nombre des petites exploitations d'or occupant moins de 15 ouvriers, et, d'autre part, par l'exclusion, avant l'amendement de 1901, des ouvriers des dépendances des mines, et enfin par la diminution, considérable en 1901, du nombre des ouvriers mineurs de Broken-hill.

(**) La loi de 1900 fixait la contribution des patrons et celle du Trésor Public à un forfait de 10 sh. par ouvrier sur le nombre moyen des ouvriers occupés dans l'année.

(***) Si l'on compare ce chiffre au nombre moyen des ouvriers intéressés, soit 20.000, on trouve un coefficient de mortalité de 2,35 p. 1.000 qui, applicable surtout à des ouvriers du fond (les dépendances au jour étant exceptées par la loi originale), est plus fort que ceux qui ressortent pour cette catégorie d'ouvriers de la statistique des accidents : c'est sans doute parce qu'il tient compte des décès après coup.

2° *Accidents non mortels.*

Nombre d'accidents pour lesquels il a été donné
des secours 2.558
Nombre d'accidents ayant entraîné une incapacité de plus de 8 semaines 210
Nombre d'accidents ayant entraîné une incapacité de 4 à 8 semaines 109
Nombre d'accidents ayant entraîné une incapacité de 2 à 4 semaines 859
Nombre d'accidents ayant entraîné une incapacité de moins de 2 semaines 1.080

Dix-huit de ces accidents ont donné lieu à des incapacités de
plus de 6 mois, dont la durée a varié entre 26 et 49 semaines ; plusieurs des blessés étaient encore secourus à la fin de 1901, et
devaient vraisemblablement rester d'une façon permanente à la
charge du fonds.

Le montant des secours distribués dans l'année se décompose
ainsi qu'il suit :

	£	sh.	d.		fr.
Frais funéraires	564	»	»	soit	14.100
Secours { aux familles des morts	487	12	9	—	12.191
{ aux blessés	5.426	19	8	—	135.675
TOTAL	6.478	12	5	—	161.966

Cela fait, ressortir à 2 £ 2 sh. 6 d. (53 fr. 125) le
secours moyen par blessure.

Le fonds se trouvait, en fin d'année, constitué par
25.000 £, mises en réserve en dehors de l'encaisse cou-
rante ; cela tient, dit la Commission, à ce que l'année n'a
été marquée par aucun accident d'une gravité exceptionnelle, et, pourrait-on aussi ajouter, à ce fait que c'était
la première année que la loi était appliquée et que, le
fonds devant fournir, en cas de mort ou d'incapacité permanente, des pensions, et non des secours une fois donnés,
il était naturel et indispensable qu'il en fût ainsi.

D'ailleurs, cette prospérité n'aura pas été de longue
durée : le 31 juillet 1902, la catastrophe de la mine de

Mount-Kembla tuait 95 ouvriers à la fois et entraînait naturellement des charges considérables pour les secours aux nombreuses veuves et orphelins qu'elle faisait.

Les secours ainsi assurés aux ouvriers de toutes les mines de la Nouvelle-Galles du Sud, et ceux assurés en Nouvelle-Zélande aux ouvriers des houillères par leurs Unions grâce au fonds de secours prévu par la loi, se trouvent être bien comparables entre eux puisque, pour l'une des Colonies comme pour l'autre, les fonds proviennent par moitié des ouvriers, ici par voie de contribution volontaire à l'Union, et là par voie de retenue légale sur les salaires ; en Nouvelle-Zélande, les secours en cas d'incapacité temporaire sont bien plus larges (1 £ par semaine en général, soit 25 fr., au lieu de 12 sh., soit 15 fr.) ; mais, par contre, en Nouvelle-Galles du Sud les veuves d'ouvriers tués sont beaucoup mieux traitées, car elles reçoivent une pension d'au moins 10 francs par semaine, soit 520 francs par an, au lieu d'une simple indemnité une fois donnée ne dépassant pas 100 £, soit 2.500 francs, au total.

Les seules dispositions légales que j'aie encore à rapprocher de celles que je viens de faire connaître, et tout particulièrement de celles de la Nouvelle-Zélande, dont elles sont imitées, sont celles de la loi sur les accidents de l'Australie Occidentale (Workers compensation Act), du 19 février 1902, qui venait d'être votée tout récemment au moment de mon séjour dans cette Colonie. Je ne puis, pour cette raison, qu'indiquer l'esprit de ses stipulations, presque exactement calquées sur celles de la loi néo-zélandaise de 1900 ; c'est dire que cette loi institue la responsabilité des patrons toutes les fois que l'accident n'est pas dû à une faute volontaire de l'ouvrier, mais en la tarifant d'une manière fixe par rapport au salaire gagné par lui. Ce tarif ne constitue d'ailleurs pas absolument un forfait, puisque l'ouvrier a toujours le droit, en cas de faute imputable au patron ou à ses préposés, de poursuivre par les voies de droit commun la réparation intégrale du préjudice causé. Quant au tarif des indemnités dues, il est le même qu'en Nouvelle-Zélande.

J'ajouterai, qu'à en croire l'organe des exploitants de la Colonie (Monthly report of the chamber of mines of Western Australia), ceux-ci, tout en protestant contre le principe qui consiste à mettre ainsi tous les accidents à leur charge, considéraient cette loi comme à peine plus onéreuse que l'application faite précédemment par les tribunaux du principe de la responsabilité de l'exploitant jusqu'à preuve du contraire ; ils se félicitaient, en particulier, de voir limiter au maximum forfaitaire de 400 £ (10.000 francs) les indemnités qu'ils peuvent avoir à payer à la suite d'accidents mortels.

Au Queensland, le principe est tout différent, puisque le patron n'est responsable que de sa faute ou de celle de ses préposés ; mais la loi des mines dispose, en son article 211, comme elle le faisait autrefois en Nouvelle-Zélande, que tout accident est, jusqu'à preuve du contraire, attribuable à la faute du patron. Tout dépend donc de la façon plus ou moins large suivant laquelle la loi est appliquée par les tribunaux et, comme j'ai déjà eu l'occasion de le mentionner, les mineurs se plaignent qu'elle le soit d'une façon trop favorable au patron.

Enfin, dans l'État de Victoria, il en est encore de même ; mais les ouvriers prétendent aussi qu'il leur est, malgré tout, difficile d'obtenir des indemnités, surtout lorsqu'ils se trouvent en face des Compagnies d'assurances, auxquelles les patrons s'en remettent le plus souvent.

Initiative des patrons ou des ouvriers. — A côté de ce que la loi les oblige à faire, les exploitants de mines australiens ne sont guère plus portés que les patrons néozélandais à secourir bénévolement leurs ouvriers victimes d'accidents.

Ce n'est que tout à fait exceptionnellement que j'ai entendu tel directeur d'une des grandes exploitations houillères de Newcastle me dire, qu'avant la promulgation de la loi de 1900 sur les secours aux ouvriers mineurs, il avait parfois donné, par pure charité, des secours à des veuves d'hommes tués dans la mine. A Bendigo (Vict.) on m'a également parlé de secours donnés quelquefois par les exploitants en cas d'accidents graves. Enfin il paraîtrait que la riche Compagnie des mines d'or de Mount-Morgan (Q.) serait assez généreuse pour ses ouvriers blessés ou tués par accident.

En dehors de ces quelques louables exceptions, une partie des patrons ne font qu'attendre les condamnations à des indemnités dont les tribunaux les frappent, plus ou moins souvent suivant les Colonies. Les autres, au contraire, s'assurent contre les risques qu'ils courent ainsi, si bien que les ouvriers ne trouvent en face d'eux que des compagnies d'assurances ; ces compagnies sont, paraît-il, si habituées à contester le bien-fondé de leurs demandes que cela entraîne pour eux des procès souvent malheureux, dont l'exemple est bien fait pour décourager une partie d'entre eux de toutes réclamations. Aussi les primes payées dans ce cas par les exploitants de mines sont-elles généralement faibles ; elles sont d'ailleurs variables suivant les Colonies. C'est ainsi que, dans le district de Bendigo (Vict.), la prime à payer est de 7 sh. 6 d. (9 fr. 375), 8 sh. 6 d. (10 fr. 625), 9 sh. 6 d. (11 fr. 875), ou 10 sh. 6 d. (13 fr. 125) par 100 £ (2.500 fr.) de salaires, suivant le maximum (fixé à 500, 1.000, 1.500, ou 2.000 £, c'est-à-dire à 12.500, 25.000, 37.500, ou

50.000 francs) de l'indemnité dont la compagnie d'assurances assume la charge pour chaque accident. A Gympie (Q.), la prime est couramment de 1 p. 100 des salaires.
Le même taux m'a été indiqué par des patrons de la Nouvelle-Galles du Sud, bien que, m'ont-ils dit, la jurisprudence, surtout depuis la mise en vigueur de la loi sur les
secours aux mineurs victimes d'accidents, ait tendance
à écarter fort souvent les réclamations, d'ailleurs très
rares, des ouvriers; il devient donc presque inutile de
s'assurer.

Dans quelques districts, l'assurance est habituellement
étendue même au cas où l'ouvrier n'aurait droit, en vertu
de la loi, à aucune indemnité, et elle lui garantit, par
exemple (Gympie), 30 sh. (37 fr. 50) par semaine pendant six
mois au maximum en cas de blessure, ou 100 £ (2.500 fr.)
en cas de mort, et cela moyennant un versement supplémentaire, fait par l'ouvrier de son côté, et égal aussi
à 1 p. 100 de son salaire, ce qui fait 2 p. 100 au total.
Exceptionnellement le patron assume toute la charge de
cette double assurance : tel est le cas d'un des exploitants
de mines d'or de Victoria que j'ai vu, et qui payait de la
sorte une prime de 2 1/2 p. 100 du salaire de ses ouvriers.
C'est aussi ce qui avait lieu dans le temps aux mines de
Mount-Morgan (Q.); mais les ouvriers profitaient mal de
la générosité patronale à cause de l'âpreté de la compagnie
d'assurance : aussi l'exploitant a-t-il renoncé à l'assurance,
et a-t-il pris le parti de payer directement à ses ouvriers blessés, tantôt le demi-salaire et tantôt même leur
salaire entier, pendant toute la durée de l'incapacité de
travail.

L'initiative des ouvriers s'exerce d'autant plus largement que celle des patrons est moindre : les ouvriers
paraissent en avoir pris l'habitude dès longtemps, avant
que dans certaines Colonies la loi ne soit venue leur assu-

rer des indemnités raisonnables dans tous les cas ; et ils n'y ont pas renoncé depuis. Dans ces conditions, le plus souvent, ils touchent des indemnités ou secours des deux côtés à la fois, ce qui leur vaut presque un salaire normal en cas d'incapacité temporaire, et ce qui assure à leurs veuves ou enfants des secours sérieux en cas de mort.

Ainsi que je viens de le dire, cette initiative s'exerce quelquefois par voie d'assurance conclue par l'ouvrier, parfois sur l'instigation du patron qui se charge même du versement à la compagnie d'assurance moyennant une retenue égale sur le salaire (retenue ne dépassant pas en général 1 p. 100) ; mais beaucoup plus souvent c'est l'Union ouvrière qui fait le service des secours d'accidents, et parfois c'est un organisme à part géré par les ouvriers.

C'est ainsi, par exemple, que la très importante Union des ouvriers mineurs du district houiller de Newcastle (Colliery employee's federation of the Northern district of New South Wales, ou Fédération des ouvriers des charbonnages du district du Nord de la Nouvelle-Galles du Sud) alloue aux héritiers de tout membre de l'Union victime d'un accident mortel une somme de 20 £ (500 fr.), prélevée partie sur ses ressources courantes et partie sur le produit d'une contribution spéciale de 3 d. (0 fr. 30) demandée aux membres de l'Union à l'occasion de chaque accident mortel : au cours de l'année 1901, elle avait dépensé de la sorte une somme de 323 £ (8.075 fr.) pour secours à la suite d'accidents mortels, sur laquelle 118 £ (2.950 fr.) provenaient de contributions spéciales, et le reste des ressources courantes de l'Union qui s'élèvent à quelque 4.000 £ (100.000 fr.) grâce à une contribution de 6 d. (0 fr. 65) par quinzaine et par membre. Cette organisation ne juge plus nécessaire d'allouer aucun secours au cas où l'ouvrier est simplement blessé.

A Cobar (N. G. S.), au contraire, l'Union des ouvriers

des mines d'or et des mines de cuivre du district
assure, moyennant une cotisation fixe de 1 sh. (1 fr. 25)
par quinzaine, des secours de 20 sh. (25 fr.) par semaine,
pendant une année entière s'il y a lieu, pour tout accident, survenu à un des membres de l'Union tandis qu'il se
rendait au travail, qu'il travaillait, ou qu'il revenait du
travail. En outre, si l'ouvrier vient à mourir des suites
de ses blessures au cours de l'année, il est alloué à ses
héritiers un secours de 10, 20, 40 ou 50 £ (250, 500,
1.000 ou 1.250 fr.), suivant qu'il était membre de l'Union
depuis 3 à 6 mois, depuis 6 à 9 mois, depuis 9 à 12 mois,
ou depuis plus d'un an ; d'ailleurs, en même temps que ce
secours est payé, il est fait un appel général de 1 sh.
(1 fr. 25) auprès de chaque membre de l'Union.

A Broken-hill, il en est à peu près de même : moyennant une cotisation de 1 sh. 6 d. (1 fr. 875) par quinzaine
et une contribution exceptionnelle de 1 sh. (1 fr. 25) en
cas d'accident mortel, les ouvriers reçoivent 22 sh. 6 d.
(28 fr. 125) par semaine d'incapacité de travail pendant
12 mois au maximum, et en cas de mort leurs héritiers
reçoivent 10 £ (250 fr.) pour les funérailles plus un secours de 25 à 100 £ (625 fr. à 2.500 fr.), suivant l'an-
cienneté du défunt comme membre de l'Union.

Dans les Colonies où il n'existe rien qui ressemble au
fonds de secours pour accident de la Nouvelle-Galles du
Sud, l'initiative ouvrière est encore plus utile :

Dans le bassin houiller d'Ipswich (Q.), les mineurs ont
constitué une association spéciale dite « Société de secours
en cas d'accident de Blackstone et du district environ-
nant » (Blackstone and district accident Society), dont le
seul but est d'assurer à ses membres, moyennant une
contribution mensuelle de 1 sh. 6 d. (1 fr. 875): 1° une
allocation hebdomadaire, en cas d'incapacité de travail
résultant d'un accident, se montant à 21 sh. (26 fr. 25)

pendant les 6 premiers mois, et à 10 sh. 6 d. (13 fr. 125) pendant les 6 mois suivants; 2° un secours de 15 £ (375 fr.) payable aux héritiers en cas de mort naturelle ou accidentelle.

Dans le district aurifère de Gympie (Q.), une partie des ouvriers sont assurés à leurs propres frais contre les accidents. A l'importante mine de « Scotch Gympie » cette assurance est réalisée par la voie de la mutualité ; je transcris ci-dessous le règlement de cette caisse mutuelle d'accident, que j'ai vu affiché dans tous les locaux fréquentés par les ouvriers.

I. Une allocation de 30 sh. (37 fr. 50) par semaine est accordée à tout ouvrier victime d'un accident au cours de son travail.

II. L'allocation n'est pas payée pour moins de 3 jours de chômage, mais elle l'est à partir du 3e jour jusqu'à l'expiration du délai ci-après fixé.

III. Le délai maximum pendant lequel l'allocation se continue est de 6 mois.

IV. Tout ouvrier victime d'un accident au cours de son travail doit en donner connaissance à son chef de poste, et à défaut de le faire il n'a droit à aucune allocation.

V. Le Comité réclame la production d'un certificat toutes les fois qu'il le juge nécessaire.

VI. Tout ouvrier convaincu de s'être enivré pendant qu'il touche l'allocation y perd tout droit.

VII. Une cotisation de 6 d. (0 fr. 625) (*) par semaine sert à couvrir la dépense des allocations prévues à l'article 1er.

VIII. Le contremaître de chaque poste recueille les cotisations et les remet au secrétaire.

IX. Deux ouvriers du fond de chacun des postes et deux ouvriers du jour sont élus pour constituer le Comité.

X. Un ouvrier de chaque poste est désigné par le Comité pour visiter chaque blessé une fois par semaine, et pour en rendre compte.

(*) Cela représente 1 p. 100 d'un salaire de 2 £ 1/2 par semaine, salaire qui est plutôt supérieur à la moyenne de la région ; ce chiffre est à rapprocher de celui que j'ai indiqué ci-dessus pour les assurances.

XI. Tout ouvrier en retard de plus de deux semaines de cotisations perd tout droit à une allocation.

XII. Tout ouvrier qui, bénéficiant d'une allocation, viendrait à quitter Gympie sans un certificat du médecin établissant qu'il est profitable à sa guérison qu'il se déplace, perdrait tout droit à l'allocation.

XIII. Tout ouvrier entrant au service de la mine et désireux de devenir membre participant de la caisse (*) paie immédiatement le montant de la dernière cotisation.

XIV. En cas d'accident mortel, une somme de 50 £ (1.250 fr.) est versée à la veuve, aux enfants, ou aux parents de la victime.

A côté de ces affiches figurait le compte rendu des opérations de la caisse durant l'année 1901 ; il se résumait ainsi qu'il suit :

Doit.

	£	sh.	d.
En banque au début de l'année.	49	3	
Dons	17	2	6
Cotisations.	268		
	334	5	6

Avoir.

	£	sh.	d.
Allocations (119 semaines et 4 jours et demi). .	179	12	6
Un accident mortel.	50		
Frais d'administration	6		
Frais d'impressions.	1	2	
Frais de banque		10	
	237	4	7
En banque à la fin de l'année. . . .	97	1	
	334	5	6

J'ai encore à signaler des caisses analogues dans les différents districts aurifères de la Colonie de Victoria, où

(*) L'exploitant exige, en vue d'éviter que les ouvriers victimes d'accidents ne se retournent contre lui, que tous les ouvriers fassent partie de la caisse.

elles sont généralement gérées par les sections de la
Fédération générale des mineurs de la Colonie [cotisation
de 6 d. (0 fr. 625) par semaine, allocations de 1 £ (25 fr.)
par semaine en cas d'incapacité de travail et de 50 £
(1.250 fr.) en cas de mort], ainsi qu'à Kalgoorlie [cotisa-
tion de 1 sh. (1 fr. 25) par semaine, allocations de 30 sh.
(37 fr. 50) pendant les 6 premiers mois d'incapacité, de
15 sh. (18 fr. 75) pendant les 3 suivants et de 7 sh. 6 d.
(9 fr. 375) ensuite, et secours en cas de mort comprenant
à la fois une somme fixe de 50 £ (1.250 fr.) et le produit
d'une cotisation de 1 sh. (1 fr. 25) par membre].

Ainsi qu'on peut s'en rendre compte par l'énumération
qui précède, je n'ai pas visité un seul district minier où
je n'aie eu à constater l'existence de quelque organisation
ouvrière assurant aux mineurs ou à leurs familles des secours en cas d'accident. J'ajouterai que souvent les sociétés
de secours mutuels indépendantes des mines, dont je ferai
mention ci-après, donnent à leurs membres ou aux héritiers de ceux-ci des secours plus ou moins importants,
non seulement en cas de maladie ou de mort naturelle,
mais encore en cas d'accident mortel ou non.

Le cumul des indemnités dues aux ouvriers des mines
en vertu de diverses lois, des secours versés par les organisations de mineurs, et éventuellement des allocations
d'une société de secours mutuels, ou quelquefois même de
plusieurs sociétés (lorsque la loi ou leurs statuts n'interdisent pas l'affiliation du même individu à plus d'une de
ces sociétés), finit par valoir à l'ouvrier mineur incapable
de travailler par suite d'un accident une allocation journalière totale presque égale, parfois même supérieure
m'a-t-on affirmé, à son salaire normal ; ce cumul assure,
en cas d'accident mortel, à la veuve ou aux enfants de la
victime un capital de plusieurs milliers de francs.

C'est là un fort joli résultat qui est acquis, comme on l'a vu, au moins autant par l'initiative de l'ouvrier grâce à la mutualité que par l'effet des lois chargeant le patronat. Les chiffres ci-dessus suffisent à montrer qu'en Australasie l'exploitant de mines contribue aux indemnités et secours pour accidents notablement moins qu'en France (où les primes d'assurances pour couvrir les charges de la loi de 1898 atteignent au moins 4 à 5 p. 100 en matière de travaux souterrains); et cependant ces allocations sont, en général, sensiblement plus élevées, tout compris, que celles prévues par notre loi en ce qui touche soit les indemnités journalières, soit les secours alloués en cas de mort (*) tout au moins lorsque l'ouvrier ne laisse pas une veuve chargée de famille. Je rappelle en effet que, dans ce dernier cas, la veuve reçoit chez nous une pension viagère pouvant atteindre jusqu'à 60 p. 100 du salaire, ce qui représente souvent un capital une fois versé très supérieur aux quelques dizaines de livres, ou même éventuellement à la centaine de livres, qui sont allouées en Australasie sans aucun égard au montant du salaire que touchait la victime ; seule la loi sur les secours aux mineurs en cas d'accident de la Nouvelle-Galles du Sud institue quelque chose d'analogue.

_____

(*) Le cas de l'incapacité permanente totale ou partielle est, au contraire, à peu près laissé de côté en Australasie.

CHAPITRE III.

LES MESURES DE PRÉVOYANCE A L'ÉGARD DE LA MALADIE ET DE LA VIEILLESSE.

J'ai déjà eu, dans le chapitre qui précède, à me référer souvent, en ce qui touche à la réparation des accidents survenus aux mineurs, soit aux lois générales applicables à toutes les industries, soit à l'initiative des ouvriers qui pourrait s'exercer, — et qui en fait s'exerce souvent, — tout aussi bien dans une industrie quelconque que dans l'industrie des mines. Dans le présent chapitre, qui examinera les mesures de prévoyance prises à l'égard de la maladie et de la vieillesse, je n'aurai rien à dire qui soit nécessairement particulier aux mines : les mineurs sont, en effet, uniquement sous l'empire du droit commun ; et, alors que chez nous c'est précisément en matière de caisses de secours en cas de maladie et en matière de retraites qu'ont été faites les tentatives de législation spéciale en faveur des mineurs, je n'ai rien rencontré de semblable en Australasie.

§ I. — Secours en cas de maladie.

Les secours en cas de maladie sont toujours restés systématiquement en dehors de la législation ouvrière de l'Australie et de la Nouvelle-Zélande, comme si l'on avait considéré que la maladie est affaire purement personnelle et absolument indépendante du travail dans l'industrie (ce qui n'est vrai, pour le mineur en particulier, que jusqu'à un certain point). Tout ce qui a été fait dans cet ordre d'idées l'a donc été uniquement par la libre initiative, tantôt de l'ouvrier pris individuellement indépendamment de l'industrie à laquelle il est attaché, et tantôt du groupement des ouvriers d'une même mine ou d'un même district minier, qui sont particulièrement prompts, dans cette industrie spéciale, aux antipodes comme chez nous, à se former en groupements.

Les allocations journalières en cas de maladie et les secours aux veuves et aux orphelins en cas de mort naturelle sont l'objet essentiel des très nombreuses sociétés de secours mutuels (friendly societies) qui existent en Australasie. Quelquefois même leur intervention s'étend aux soins médicaux, au service de pensions de retraite et éventuellement à des secours en cas de chômage ou d'accident ; dans ce dernier cas, les allocations dont bénéficient leurs membres s'ajoutent à celles dont j'ai fait mention précédemment. Il est peu d'ouvriers un peu âgés, et de pères de famille en particulier, qui ne soient membres d'une de ces sociétés de secours au moins. Souvent même ils sont affiliés à plusieurs d'entre elles lorsque, ce qui est le cas dans la plupart des Colonies, la loi ou les statuts des sociétés n'interdisent pas à une même personne de toucher simultanément pour la même circonstance (maladie ou blessure) les allocations de plusieurs d'entre ces sociétés de secours.

Dans chacune des Colonies une loi spéciale (Friendly societies Act) fixe d'une façon générale les conditions dans lesquelles peuvent se créer de semblables sociétés. Les dispositions de ces lois, qui varient peu d'une Colonie à l'autre, ont trait essentiellement : aux objets pour lesquels les sociétés peuvent se créer, — à la forme que doivent présenter leurs statuts et aux dispositions essentielles qui doivent s'y trouver, — à l'enregistrement des dites sociétés après vérification que leurs statuts ne sont pas illégaux, — à la communication à donner à l'administration et aux intéressés de leurs statuts, de leurs comptes annuels et de leur bilan, de la liste de leurs membres, etc..., — à la vérification par l'administration des tables sur lesquelles seraient fondés tous services de rentes viagères, — à la gestion des fonds de la société par des fidéi-commissaires, — au droit pour les sociétés de posséder des immeubles et à leur personnalité civile — à certaines facilités qui leur sont accordées, telles que l'exemption des droits de timbre, etc...

Je n'insisterai pas ici sur les conditions, essentiellement variables de l'une à l'autre, dans lesquelles fonctionnent les très nombreuses sociétés de secours mutuels qui existent dans les diverses Colonies, ni sur les stipulations de leurs statuts : c'est moyennant des cotisations, parfois de 6 d. (0 fr. 625) seulement, et plus souvent de 1 sh. (1 fr. 25), par semaine, ou même de 5 sh. (6 fr. 25) par mois, qu'elles assurent à leurs membres une allocation de maladie voisine du demi-salaire moyen des ouvriers de la région, quelquefois les soins médicaux et les remèdes gratuits, et souvent, en outre, des secours divers suivant les circonstances malheureuses qui peuvent les atteindre.

Je compléterai ces renseignements par quelques indications tirées, à titre d'exemple, du rapport annuel pour l'année 1900 du préposé à l'enregistrement des sociétés de secours mutuels de la Nouvelle-Zélande. Le nombre des sociétés ou sections de sociétés existant dans la Colonie au 31 décembre 1900 était de 433 au total, tandis que celui des groupements de plusieurs d'entre ces sections était de 35; le nombre de leurs membres était de 38.202 (sur une population blanche totale de 769.321 habitants); le total de la fortune de ces sociétés était de 728.249 £ (18.206.225 fr.), soit 477 francs par membre. Pour l'ensemble de l'Australasie on comptait, à la même époque, 3.387 sections de sociétés, avec 290.253 membres (population blanche totale 4.537.488 habitants) et avec un capital de 3.415.653 £ (85.391.450 fr.), soit 294 francs par membre.

16

Dans l'année, il a été distribué, en moyenne, par l'ensemble des sociétés de la Nouvelle-Zélande, 35 sh. 1 d. (soit 43 fr. 85) pour chaque décès de membre des sociétés ou de la femme de l'un d'eux (si la société alloue un secours en pareil cas). D'autre part, 20 p. 100 des membres ont été secourus à titre de maladies : ces secours leur ont été donnés en moyenne pendant 7 semaines et 1 dixième pour chaque cas, et à raison de 17 sh. 5 d. (21 fr. 75) par semaine, sans compter les soins médicaux. Il a, de la sorte, été dépensé en moyenne, pour chaque membre de société, 1,42 £ (soit 35 fr. 50) en secours pour maladie ou décès et 18 sh. 10 d. (23 fr. 50) pour le service médical.

Si l'on consulte la liste des sociétés et de leurs sections, on y relève surtout les très nombreuses sections locales (lodges) d'un petit nombre de sociétés, dont je cite ci-dessous les noms sans essayer de les traduire :

Manchester unity independent order of odd fellows (193 sections);
Independent order of odd fellows (56 sections);
Ancient order of foresters (128 sections);
United ancient order of druids (65 sections);
Independent order of rechabites (56 sections);
Sons and daughters of temperence (14 sections);
Hibernian Australasian Catholic benefit society (28 sections);
Protestant alliance friendly society of Australasia (18 sections).

On y relève, parmi les quelques sociétés que je n'ai pas citées, trois sociétés composées exclusivement de mineurs ; ce sont les suivantes :

Société médicale et de secours en cas d'accident des houilleurs de Denniston ;
Société médicale et de secours en cas d'accident des houilleurs de Granity ;
Société de secours en cas d'accident des houillères de Blackball.

Je dois rapprocher de l'existence, en Nouvelle-Zélande, de ces trois sociétés spéciales à des mineurs, la gestion, dans d'autres Colonies, par diverses organisations ouvrières, de quelques caisses de secours en cas de maladie. Tel est par exemple le cas du « Watson's sustentation fund » (ainsi nommé du nom d'un donateur), géré par la section de Bendigo de l'Association générale des mineurs de la Colonie de Victoria, qui accuse quelque 1,500 participants et qui, au cours du 1er semestre 1902, n'a pas distribué moins de 342 £ 7 sh. 6 d. de secours de maladie (8.560 fr.), à raison de 7 sh. 6 d. (9 fr. 375) par semaine d'incapacité de travail.

Quelques-unes des sociétés de secours ouvertes à toute personne indépendamment de sa profession procurent à leurs membres, en même temps que des allocations pécuniaires en cas de maladie, les soins médicaux nécessaires en pareil cas. Mais, dans presque tous les centres miniers, ce dernier service est assuré à part aux mineurs par des organisations spéciales, qui, le plus fréquemment, ne sont pas des sociétés de secours régulièrement enregistrées ; souvent il n'y a même à cet effet qu'une simple entente traditionnelle entre les ouvriers pour pourvoir, grâce à une légère contribution hebdomadaire de 6 d. à 9 d. (0 fr. 625 à 0 fr. 937), aux appointements d'un médecin qui leur donnera gratuitement, à eux et à leur famille, ses soins en cas de maladie, et qui leur fournira les remèdes usuels. Le plus souvent il est spécifié que les soins aux femmes en couches sont exclus de ceux dus par le médecin ; d'autres fois ces soins sont assurés à forfait grâce à un versement exceptionnel du mari de 1 £ (25 fr.).

Quelquefois la collecte de la contribution et la remise des fonds au médecin ont lieu par les soins du patron, grâce à une retenue sur les salaires, tandis que d'autres fois elles sont faites par les ouvriers (généralement par l'Union ouvrière).

En cas de maladie grave, c'est dans les hôpitaux voisins que les ouvriers et leur famille reçoivent des soins, qui sont gratuits en principe. Mais, comme ces hôpitaux ne vivent le plus souvent que de dotations particulières, il est nécessaire, dans les centres miniers, qu'ils soient entretenus par les mines, c'est-à-dire pratiquement aux frais des ouvriers. C'est généralement à l'aide de retenues bi-hebdomadaires sur les salaires, soit acceptées de plein gré par les ouvriers en raison de la tradition, soit imposées par les patrons au moment de l'embauche, que ce résultat est obtenu : le montant de la retenue correspondante est d'ailleurs très variable suivant les conditions locales ; de 1 d. (0 fr. 10) par mois à Ipswich (Q.), centre houiller autour duquel sont groupées quelques industries, elle s'élève au contraire à 6 d. (0 fr. 625) par quinzaine à Mount-Morgan (Q.), localité uniquement minière où les médecins de l'hôpital donnent gratuitement aux mineurs et à leurs familles toutes les consultations utiles et leur délivrent les médicaments nécessaires; à Kalgoorlie (A. O.), où la vie est particulièrement coûteuse, c'est une contribution de 1 sh. (1 fr. 25) par semaine qui assure aux ouvriers et à leurs familles, par l'intermédiaire de l'hôpital, les soins de toute nature. La retenue sur les salaires est exercée à cet effet par les patrons, qui, dans beaucoup de mines, l'imposent aux ouvriers soit au moment de leur admission, soit lors de la signature des contrats d'entreprise (*), afin d'être assurés qu'ils ne tomberont pas à la charge de l'exploitation en cas de maladie.

§ II. — Retraites.

Des pensions d'invalidité peuvent en principe être servies par les sociétés de secours mutuels (friendly societies), mais cela n'a pas lieu en fait, et jusqu'à ces dernières années

---

(*) Voir ci-dessus, II⁰ partie, chap. 1ᵉʳ, § IV, le 13ᵉ alinéa du contrat cité in extenso.

les retraites étaient à peu près inconnues en Australasie, aussi bien pour les ouvriers mineurs que pour les autres ouvriers de l'industrie, car l'initiative patronale ne s'était pas plus exercée dans ce sens que dans les autres. Depuis peu, plusieurs Colonies se sont lancées dans la voie de la création de pensions de vieillesse (old age pensions), dont les mineurs bénéficieront exactement au même titre que tous autres ouvriers, ou même que toutes autres personnes âgées et sans ressources, mais qui constituent plutôt des mesures d'assistance aux vieillards que des retraites.

Dispositions législatives. — Dans trois des sept Colonies de l'Australasie, des lois de ce genre, toutes conçues dans des termes analogues, avaient été promulguées avant mon séjour ; ce sont celles :

Du 1ᵉʳ novembre 1898, amendée les 18 octobre 1900 et 7 novembre 1901, pour la Nouvelle-Zélande ;

Du 11 décembre 1900, pour la Nouvelle-Galles du Sud ;

Et du 11 décembre 1901, pour Victoria.

Ici, comme sur beaucoup d'autres points, c'est donc encore la Nouvelle-Zélande qui a montré la voie aux autres Colonies, et dont la loi leur a servi de modèle. Cette loi accorde à toute personne (homme ou femme) âgée de plus de 65 ans, à l'exclusion des étrangers et en particulier de tous Asiatiques ou Chinois même naturalisés, mais en y comprenant les Maoris, le droit à une pension, à condition : qu'elle ait résidé sans interruption en Nouvelle-Zélande pendant les 25 dernières années, — que son revenu annuel soit inférieur à 52 £ (1.300 fr.), — que le total de ses biens représente moins de 270 £ (6.750 fr.) de capital, — et enfin qu'elle n'ait pas subi dans les dernières années de condamnations infamantes, qu'elle soit de bonnes vie et mœurs, etc. Dans ces conditions, la pension est fixée à 18 £ (450 fr.) par an et par personne, sous réserve d'une réduction de 1 £ (25 fr.) pour chaque £ de revenu possédée par l'intéressé en plus de 34 ou par chaque 15 £ (375 fr.) de capital. La loi précise comment est effectuée l'évaluation des revenus et du capital des ayants droit ; elle fixe en outre des amendes et des pénalités en cas de fausses déclarations faites en vue d'obtenir les pensions ainsi prévues.

La loi de la Nouvelle-Galles du Sud est rédigée dans le même esprit, et je n'ai à signaler que les quelques différences que voici : les 25 ans de résidence exigés peuvent ne comporter que les dix dernières années dans la Colonie même, et les 15 autres peuvent avoir eu lieu dans une autre des Colonies de l'Australasie, à la condition que dans cette Colonie il ait été institué des retraites de même qu'en Nouvelle-Galles du Sud et qu'il y ait eu entente réciproque à ce sujet entre les deux Colonies.

En outre, une pension peut être accordée, par décision spéciale, à toute personne âgée de plus de 60 ans et de moins de 65 ans, reconnue incapable de gagner sa vie et qui, si elle avait 65 ans, se trouverait dans les conditions sus-indiquées. Le revenu annuel à partir duquel cesse tout droit à une pension est, comme en Nouvelle-Zélande, de 52 £ (1.300 fr.) ; mais le capital dont la possession fait de même cesser ce droit est de 390 £ (9.750 fr.).

La pension est :

1° Dans le cas où le mari et la femme sont pensionnés simultanément, de 19 £ 1/2 par tête (487 fr. 50), avec diminution de 1 £ par chaque livre de revenu de chacun d'eux au-dessus de 19 £ 1/2 ou par chaque 15 £ de capital ;

2° Dans le cas d'individus vivant seuls, de 26 £ (650 fr.) par tête, avec diminution de 1 £ par chaque £ de revenu au-dessus de 26 £ ou par chaque 15 £ de capital.

Dans l'État de Victoria, les stipulations de la loi sont un peu différentes :

Le droit à la pension est acquis à partir de 65 ans, ou bien à partir de n'importe quel âge si l'intéressé est dans un état permanent de maladie dû soit au *travail des mines*, soit à toute autre occupation dangereuse ou malsaine, à condition d'avoir résidé pendant vingt ans au moins dans la Colonie, sauf le tempérament admis en Nouvelle-Galles du Sud pour le cas de résidence partie dans la Colonie même et partie dans une des autres Colonies de l'Australasie ; sont exclus du bénéfice de ces dispositions les étrangers, les indigènes de l'Australie et tous les Asiatiques, y compris les Chinois d'origine, même naturalisés. Il faut, en outre, que, pendant les six derniers mois, le revenu du candidat à la pension ait été inférieur à 8 sh. (10 fr.) par semaine en moyenne, et qu'il ne possède pas plus de 160 £ (4.000 fr.) en capital.

Le taux de la pension à allouer dans chaque cas est fixé par une commission spéciale ; il ne doit pas dépasser 8 sh. (10 fr.) par semaine ; la retraite peut d'ailleurs être refusée à toute personne âgée de plus de 65 ans et qui est encore capable de gagner son existence, de même que le taux peut en être fixé au-dessous de 8 sh. par semaine pour la même raison. Inversement le Ministre peut, en dehors des cas de maladie permanente ci-dessus prévus, allouer une retraite à une personne âgée de moins de 65 ans et reconnue invalide.

En aucun cas, le total de tout revenu supérieur à 2 sh. (2 fr. 50) par semaine et de la pension ne doit dépasser 8 sh. (10 fr.) ; il est tenu compte de toute fortune possédée par le candidat en diminuant la pension de 6 d. (0 fr. 625) par semaine par chaque 10 £ (250 fr.) de capital.

En résumé, dans les trois Colonies, le droit à la pen-

sion n'est acquis qu'à partir de 65 ans, et encore à condition que le candidat n'ait pas de revenus suffisants,
ou même (Victoria) qu'il soit incapable de gagner sa
vie; le taux en est fixé à 150 francs (Nouvelle-Zélande),
520 francs (Victoria) ou 650 francs (Nouvelle-Galles du
Sud), avec cumul, soit total, soit partiel, en faveur de deux
conjoints âgés l'un et l'autre de 65 ans; tout droit à pension cesse à partir d'un revenu annuel de 520 francs
(Victoria) ou de 1.300 francs (Nouvelle-Zélande et Nouvelle-Galles du Sud).

Application de ces lois. — S'appliquant à tous les citoyens,
même aux femmes, le taux de ces pensions est relativement fort élevé; mais l'âge à partir duquel elles sont
acquises est plus reculé que chez nous, où c'est générale-
lement 55 ou 60 ans. Enfin, alors qu'en France la pension de retraite est un droit acquis, généralement grâce à
une contribution de l'intéressé, indépendamment de sa
fortune ou de ses revenus personnels, en Australasie ce
n'est qu'un secours en faveur de ceux qui en ont besoin
pour ne plus être contraints à travailler une fois que leur
âge ou leurs forces ne le leur permettent plus.

La charge ainsi assumée par l'État ne saurait être que
très considérable : les résultats des premières années
d'application ne peuvent d'ailleurs renseigner que fort
incomplètement à ce sujet, et ici encore je dois dire que
les mesures législatives que j'ai eu à étudier étaient trop
récentes pour fournir des enseignements vraiment utiles.

Je donnerai cependant à titre de renseignement les
quelques chiffres statistiques que voici relatifs à la
Nouvelle-Zélande :

Le 31 mars 1899, cinq mois après la mise en vigueur
de la loi, 7.487 pensions avaient été accordées pour un
montant total de 128.032 £ (3.202.050 fr.), soit une
moyenne de 17 £ 2 sh. (maximum prévu par la loi : 18 £);

un an plus tard, il y avait 11.285 pensionnés touchant
193.178 £ (4.829.450 fr.) et, le 31 mars 1901, il y en
avait 12.105 touchant 211.965 £ (5.299.125 fr); le tout
pour une population totale (blancs et noirs) de 815.820 personnes ; cela représente 1 personne pensionnée par 66 habitants et cela fait une charge de 6 fr. 50 par habitant
du fait des pensions.

Pour terminer, j'indiquerai enfin qu'au Queensland, où
il n'existe (ou du moins où il n'existait encore au milieu
de 1902) aucune loi sur les retraites, il a été créé un
asile national pour les vieux ouvriers incapables de travailler. Cet asile, où un millier d'entre eux sont admis
gratuitement, est devenu rapidement insuffisant; aussi le
gouvernement accorde-t-il à ceux qui ne peuvent y être
reçus de petites pensions alimentaires de 5 sh. (6 fr. 25)
par semaine.

On voit donc que, surtout si les États de l'Australasie qui n'ont pas encore de loi sur les retraites suivent,
comme cela est probable, l'exemple qui leur a été donné
par la Nouvelle-Zélande, la Nouvelle-Galles du Sud et
Victoria, les ouvriers de ces contrées, et en particulier les
ouvriers mineurs, se trouveront, une fois atteint l'âge de
65 ans, notablement mieux traités que leurs camarades
d'Europe. Ils recevront en effet, sans avoir eu à faire aucun
versement, des retraites de 450 à 650 francs (qu'il ne
faut d'ailleurs pas uniquement juger d'après leur valeur
absolue, mais plutôt par comparaison avec les salaires
moyens des ouvriers qui travaillent).

On doit toutefois se demander combien d'ouvriers mineurs peuvent travailler jusqu'à l'âge de 65 ans. Il n'est
pas douteux que chez nous cette limite d'âge serait considérée comme quelque peu élevée, et comme destinée à la
fois à laisser bien peu de mineurs profiter de la retraite
et à ne pas permettre de leur venir en aide dès l'âge où ils

en ont besoin. La grave question de leurs moyens d'existence, une fois venu le moment où ils ne sont plus capables de gagner leur vie par le travail des mines, ne paraît donc pas encore suffisamment résolue. Cela est d'autant plus vrai que ce moment doit venir plus vite en Australasie qu'ailleurs, maintenant qu'il n'est plus permis à la plupart des exploitants d'employer de vieux ouvriers moyennant des salaires réduits ; je rappelle en effet que, de par la pratique de l'arbitrage, les patrons sont généralement obligés, sans aucun tempérament, de payer à tout ouvrier un salaire minimum, fixé eu égard au travail que peut fournir un homme dans la force de l'âge.

QUATRIÈME PARTIE.

LA SITUATION MATÉRIELLE ET MORALE DES OUVRIERS MINEURS EN AUSTRALASIE.

CHAPITRE Iᵉʳ.

LA SITUATION MATÉRIELLE DES MINEURS.

Après avoir successivement indiqué quels sont les salaires que peut gagner l'ouvrier des mines de l'Australasie, et comment il les gagne, puis avoir fait connaître quelles sont les mesures de prévoyance qui viennent suppléer à ces salaires dans les circonstances critiques de la vie du mineur, je me propose maintenant de faire brièvement ressortir quelle est la situation matérielle qui lui est ainsi faite, réservant pour le chapitre suivant l'étude de sa situation morale.

§ I. — RÉSUMÉ DES RESSOURCES DONT DISPOSE L'OUVRIER MINEUR.

Salaires. — Malgré la brièveté relative de ses heures de travail, l'ouvrier mineur est largement payé en Australasie. Ce ne sont d'ailleurs pas seulement les salaires journaliers de quelques ouvriers d'élite qui se trouvent atteindre de temps en temps à des chiffres élevés; ce sont aussi, malgré les chômages plus ou moins fréquents, et malgré l'existence de simples manœuvres à côté des mineurs proprement dits, les salaires annuels moyens de l'ensemble du personnel qui sont fort beaux.

. Des indications que j'ai fournies ci-dessus (II⁰ partie, chap. I⁰ʳ), il résulte que les salaires journaliers moyens des adultes varient, suivant les catégories d'ouvriers et suivant les régions, entre 6 fr. 25 au minimum (manœuvres au jour dans les régions où la main-d'œuvre est bon marché) et 20 à 25 francs au maximum.

Mais ces salaires ne sont pas acquis pour tous les jours de l'année, en raison des fêtes, des interruptions accidentelles de travail, des chômages par suite de manque de débouchés pour les produits de la mine (surtout dans les houillères), des maladies, des blessures, etc. ; d'autre part, les maxima indiqués ne sont pas régulièrement obtenus, même par les meilleurs ouvriers. Néanmoins, lorsque j'ai pu relever des salaires moyens annuels, j'ai toujours (sauf pour certains ouvriers pratiquant la recherche et le lavage de l'or dans des conditions toutes spéciales et d'une façon intermittente) constaté qu'ils atteignaient des chiffres de 2.000 à 4.000 francs, doubles de ceux réalisés en France dans nos bassins houillers (*).

Pour représenter exactement les sommes dont l'ouvrier dispose effectivement, ces salaires doivent d'ailleurs, comme j'ai déjà eu l'occasion de le faire observer, être diminués des retenues et cotisations assez nombreuses qui sont imposées à l'ouvrier, et surtout qu'il s'impose volontairement, principalement dans des buts de prévoyance ; il y aura lieu, inversement, de tenir compte des avantages qu'il s'assure de la sorte. Le montant total des déductions qui sont ainsi à faire sur les salaires bruts peut atteindre de 20 à 30 centimes par jour en moyenne, soit tout au plus 100 francs par an.

. (*) J'ai cité ci-dessus (II⁰ partie, chap. I⁰ʳ, § 6) le salaire moyen annuel des piqueurs d'une des grandes exploitations de Newcastle (N. G. S.), qui atteint 3.373 fr. 50 ; dans nos grandes compagnies minières françaises, il ne dépasse pas 1.600 à 1.800 francs.

Avantages accessoires. — Par contre, il y a lieu de faire état, en même temps que des salaires, des différents avantages accessoires qui sont acquis aux ouvriers tant par l'effet de ces retenues que par les lois ouvrières, ou même par la libre initiative des patrons dans les très rares cas où elle s'exerce.

Je ne ferai que rappeler ici ceux de ces avantages qui ont trait à la prévoyance sociale et que j'ai mentionnés en détail dans les chapitres qui précèdent : indemnités en cas d'accident toutes les fois qu'il y a eu faute ou seulement présomption de faute de la part du patron ou de ses préposés, ou même allocations forfaitaires quelle que soit la cause de l'accident, et cela sans préjudice, souvent, de secours mutuels en cas d'incapacité de travail due à un accident, ou en cas de mort par accident, — allocations journalières en cas de maladie, soins médicaux et médicaments gratuits pour le mineur et pour sa famille, — secours en cas de mort naturelle, — retraites d'âge ou d'invalidité.

Quant à ceux de ces avantages qui dérivent de la libre initiative du patron, c'est-à-dire ceux que l'on a appelés les « condiments du salaire », et qui ont pris chez nous des formes si variées : location d'habitations à bon marché, — vente à terme de maisons ouvrières, — chauffage gratuit dans les bassins houillers, — assistance à l'ouvrier et à sa famille dans les différentes circonstances critiques de la vie, — hospitalisation, — éducation des enfants, — retraites d'âge ou d'invalidité, etc..., j'ai déjà eu l'occasion d'indiquer, en traitant de la prévoyance sociale, combien ils sont rares en Australasie. Je n'ai eu à mentionner dans cet ordre d'idées qu'un petit nombre de cas isolés où les patrons donnent de leur plein gré quelques secours en cas d'accident, ou bien où ils assurent leurs ouvriers contre les accidents, non seulement pour le cas où ils en seraient eux-mêmes responsables, mais même pour les autres cas, de façon à leur valoir de toutes façons une indemnité lorsqu'ils viennent à être blessés. En-dehors de cela les caisses de retraites patronales sont inconnues, comme aussi les écoles, hôpitaux et asiles, entretenus par les exploitants pour leurs ouvriers; et j'ai eu, en particulier, l'occasion de mentionner comment les hôpitaux des localités minières sont souvent subventionnés aux frais des ouvriers sans la moindre contribution patronale.

En matière d'habitations ouvrières, c'est à peine si, dans deux ou trois centres miniers, il a été fait quelque chose, et généralement bien peu de chose. Complètement inconnues sont, même dans l'important bassin houiller de Newcastle, les installations du genre des corons de nos exploitations houillères du Nord et du Pas-de-Calais; et nulle part, malgré le soin que j'ai mis à m'en informer, je n'ai eu connaissance d'efforts faits soit par les exploitants eux-mêmes, soit par des groupements quelconques, pour mettre à la disposition des mineurs des habitations saines et à bon marché et, éventuellement, pour leur permettre d'en devenir peu à peu propriétaires.

Il semblerait cependant que, dans des régions comme la plupart des régions minières des différentes Colonies, où les exploitations se sont créées en pleine solitude, il eût été tout naturel que les Compagnies minières, en même temps qu'elles développaient leurs centres d'extraction et qu'elles construisaient des usines de traitement, aient pourvu au logement des ouvriers qu'elles attiraient. Il n'en a rien été, et partout, pour ainsi dire, ceux-ci ont dû se résoudre à loger d'abord sous la tente ou dans des baraques en tôle ondulée, en attendant que l'initiative privée ait érigé des constructions plus ou moins durables. Cela tient sans doute pour une part à la modicité relative des capitaux avec lesquels ont été entreprises les différentes exploitations, mais cela tient aussi beaucoup à une tendance d'esprit générale des patrons,

que j'ai déjà signalée, de ne rien faire pour les ouvriers
de plus que ce qui est strictement indispensable, et cela
même alors que les entreprises sont devenues puissamment riches et singulièrement florissantes. C'est donc
à peine si, après avoir visité un grand nombre de centres
miniers, j'ai à citer, dans cet ordre d'idées, la création,
auprès de quelques mines dont les puits sont écartés de
toute agglomération, comme à Reefton (N. Z.), de dortoirs
gratuits à l'usage des ouvriers, ou l'existence ici ou là de
quelques maisons ouvrières (mines d'East-Greta dans le
bassin houiller de Newcastle, mines d'or de Lucknow
également en Nouvelle-Galles du Sud) louées aux ouvriers
moyennant un loyer de quelque 4 ou 6 sh. (5 à 7 fr. 50)
par semaine (*), soit 250 à 400 francs par an ; enfin, j'ai
encore à mentionner que les mines de Mount-Morgan
(Queensland) encouragent ceux de leurs ouvriers qui
veulent se bâtir une maison au voisinage de la mine en
leur faisant les avances de fonds nécessaires.

Une observation du même genre s'impose en ce qui
concerne le chauffage des ouvriers dans les bassins
houillers, bien qu'il exige des quantités de charbon beaucoup moindres que sous nos climats : alors que chez nous
il est d'usage constant qu'une allocation gratuite de
charbon soit accordée aux ouvriers des houillères, ce
n'est que dans l'important bassin de Newcastle qu'il
en est de même ; ailleurs les ouvriers, soit n'ont aucun
avantage semblable, soit jouissent seulement d'un prix
de faveur pour l'achat à la mine du charbon qui leur est
nécessaire.

L'ouvrier mineur dispose donc normalement des salaires
élevés dont j'ai fait mention, mais de rien de plus ; en

(*) C'est là une dépense de loyer à peu près normale en Australasie,
où l'on estime que le loyer hebdomadaire d'un ouvrier représente en
moyenne le salaire d'une journée de travail.

cas de chômage par suite d'accident ou de maladie, il reçoit des allocations ou des secours qui, s'ils n'atteignent pas, le plus souvent du moins, le taux des salaires normaux, sont néanmoins largement calculés. Par contre, dans les ménages de mineurs, la femme ne travaille que bien rarement (tout travail à la mine lui est presque partout interdit par la loi) pour apporter de son côté un appoint aux ressources du ménage, et l'on ne peut que se réjouir de voir la mère de famille avoir la possibilité de rester à son foyer au lieu d'être obligée, ainsi que cela est trop fréquent chez nous, de le déserter pour quelque atelier. De même l'emploi des filles comme trieuses de charbon ou de minerai est inconnu, et les garçons ne paraissent, en fait, apporter de leur côté quelque ressource au foyer paternel que moins souvent et de moins bonne heure qu'en France.

Quoi qu'il en soit, le chapitre recettes du budget de l'ouvrier mineur de l'Australasie doit être considéré comme variant entre une fois et demie et deux fois et demie ce qu'il est pour son camarade français, c'est-à-dire comme étant grossièrement, en moyenne, le double.

§ II. — DÉPENSES.

Mais ce serait faire là une constatation sans aucun intérêt pratique, si l'on ne donnait en regard quelques indications au sujet du chapitre dépenses de ce même budget.

Nourriture. — En ce qui touche tout d'abord à la nourriture, on constate que les objets de première nécessité, et surtout la viande, sont notablement moins chers en Australasie qu'en France. C'est ce que montrent par exemple les chiffres ci-dessous, extraits de l'*Annuaire officiel de la Nouvelle-Zélande* pour 1901 (New Zealand official Yearbook) : suivant cette publication, les prix moyens, dans la Colonie, des quelques denrées le plus fréquemment consommées auraient été les suivants en 1900 :

	sh. d.	fr.	
Pain.	» 1	soit 0,125 la livre (de 450 gr.)	
Viande de bœuf. .	» 4 1/4 —	0,425	—
Viande de mouton	» 3 1/2 —	0,35	—
Sucre.	» 2 3/4 —	0,275	—
Thé.	1 9 —	2,15	—
Beurre frais	» 10 —	1 »	—
Fromage.	» 5 1/2 —	0,60	—
Lait.	» 3 —	0,30 le quart (soit 1 lit. 1/4).	

Si, dans les autres Colonies, les prix de ces denrées sont parfois un peu plus élevés, tout particulièrement dans les centres miniers reculés, du moins les chiffres ci-dessus donnent-ils une idée de ce qu'ils peuvent être, et montrent-ils qu'ils sont nettement inférieurs dans l'ensemble à ce qu'ils sont en France pour des ouvriers dont les salaires sont moitié moindres (*).

Aussi, — sauf lorsqu'il travaille dans les mines les plus isolées au milieu du désert, — l'ouvrier célibataire peut-il avoir partout un bon repas moyennant 6 d., soit 0 fr. 625; et, alors que son gain moyen par semaine est de 2 à 3 £

(*) La Compagnie des mines d'Anzin, réunissant récemment, dans sa réponse écrite à la Commission des mines de la Chambre des députés (Procès-verbaux de la Commission, t. 1er, pp. 124 et 125), des données statistiques fort intéressantes sur la situation matérielle des ouvriers, montrait qu'avec des salaires moyens annuels de 1.564 francs (pour l'ensemble du personnel) et de 1.735 francs (pour les piqueurs des tailles) ses ouvriers payaient :

	fr.
Le pain.	0,15 la livre
La viande.	0,90
Le sucre.	0,65
Le beurre.	0,70
Le fromage.	0,90
Le lait.	0,20 le litre

au minimum (50 à 75 fr.), trouve-t-il une bonne pension, avec logement, nourriture, blanchissage, etc., moyennant 16 à 20 sh. (20 à 25 fr.) par semaine.

La conséquence immédiate et fort heureuse du bas prix des denrées alimentaires courantes est qu'on ne meurt pas de faim en Australasie, et que l'ouvrier qui a du travail (l'ouvrier mineur tout particulièrement) peut toujours aisément gagner le pain de ses enfants, quelque nombreuse que soit sa famille, et elle comprend souvent 8 ou 10 membres.

Cela ne veut d'ailleurs pas dire qu'en pratique la nourriture de l'ouvrier australasien lui coûte beaucoup moins cher qu'elle ne coûte à l'ouvrier européen, car ses besoins croissent avec la facilité qu'il a de les satisfaire. C'est ainsi que, suivant M. Métin (*), l'Australasien ne consomme pas moins de 264 livres anglaises (120 kilogrammes) de viande par an, tandis que l'Anglais se contente de 109 livres et le Français de 77. D'autre part, malgré ses hauts salaires, l'ouvrier australasien consacrerait 34,4 p. 100 de son salaire aux dépenses de nourriture, tandis que l'ouvrier français en consacrerait 44 p. 100, ce qui représente une somme totale notablement moindre dans le deuxième cas que dans le premier. J'ajoute d'ailleurs que cette différence ne tient pas à ce que le nombre des bouches à nourrir par famille serait dans l'ensemble notablement plus considérable en Australasie qu'en France, puisque le taux de la natalité y baisse d'année en année et oscille aujourd'hui entre 25 et 27 p. 1.000 habitants, c'est-à-dire qu'il est à peine plus élevé que chez nous, où il se tient entre 22 et 23.

La nourriture mise à part, toutes autres choses nécessaires à la vie sont plus coûteuses en Australasie qu'en Europe.

(*) Albert Métin, *Législation ouvrière et sociale en Australie et Nouvelle-Zélande*, p. 181.

Logement. — C'est d'abord le logement : la moindre maisonnette coûte en effet assez cher à construire, et l'intérêt que l'on est habitué à demander au capital est beaucoup plus élevé que chez nous. Il faut donc compter qu'un ouvrier mineur dépense par semaine pour son logement à peu près le montant d'une journée de salaire, soit 8 à 12 ou 15 francs, ce qui représente près du cinquième de son budget. D'autre part, ainsi que je l'ai mentionné ci-dessus, les logements à bon marché, et en particulier les maisons ouvrières construites par les exploitants pour assurer à leur personnel au voisinage de la mine une habitation salubre et peu coûteuse, sont à peu près complètement inconnus en Australasie; et, là où il en existe quelques-uns, ce sont des loyers de 5 francs à 7 fr. 50 *par semaine* qui sont exigés des ouvriers, alors que chez nous c'est quelques francs *par mois* (*). C'est dire que, sitôt que l'ouvrier père de famille veut assurer aux siens un abri suffisant, il doit soit payer un loyer atteignant plusieurs centaines de francs par an, soit réussir à économiser quelques milliers de francs pour se faire construire sa petite maison de bois. Ce n'est que l'ouvrier célibataire, ou celui qui vit en célibataire, étant venu chercher fortune dans quelque riche champ d'or perdu au milieu du désert, tandis qu'il laissait femme et enfants vivre à bon marché dans une des régions fertiles du continent, qui peut se loger à bon compte. Il y parvient soit en vivant en pension, soit en se contentant des dortoirs que l'exploitant met parfois gratuitement à la disposition de son personnel, comme par exemple à Reefton (N. Z.), soit enfin en logeant sous une tente plantée sur les terrains dépendant de la mine, comme cela a encore souvent lieu

---

(*) La Compagnie des mines d'Anzin loue ses maisons ouvrières moyennant un loyer mensuel moyen qui a varié dans les six dernières années de 3 fr. 62 à 6 fr. 11 (*loc. cit.*, p. 123), et la Compagnie des mines de Lens les loue moyennant 4 à 6 fr. 50 par mois (*ibid.*, p. 26³).

à Kalgcorlie (A. O.), et comme cela est la règle générale plus avant dans l'intérieur de cette même Colonie. .

Vêtements. — Si de la nourriture et du logement on passe aux vêtements, on arrive à des objets manufacturés, c'est-à-dire à des objets dont le prix est extrêmement élevé dans toutes les Colonies, et tout particulièrement en Nouvelle-Zélande. Tout ce qui est manufacturé sur place, dans des établissements qui ne bénéficient ni du développement considérable ni du perfectionnement de l'outillage ni du bon marché des matières premières, que l'on trouve aux États-Unis par exemple (où la main-d'œuvre est également chère), ne saurait en effet que coûter en raison de l'élévation générale des salaires. Quant aux articles importés, bien que grevés de frais de transport, ils auraient eu vite fait de tuer toute industrie locale s'ils n'avaient été frappés de droits protecteurs de 20 et 25 p. 100 *ad valorem* et parfois même plus, destinés d'ailleurs, en même temps, à aider les Gouvernements à faire face aux charges énormes que leur politique socialiste leur a imposées(*). C'est donc dire que le linge, les vêtements, les chaussures, etc., sont beaucoup plus coûteux là-bas que chez nous. J'ajoute que l'ouvrier mineur, qui jouit de plus de liberté, et qui, d'une façon générale, se crée d'autant plus de besoins (bien artificiels en la matière) que sa situation est relativement meilleure, entend être vêtu comme un « gentleman ». On comprend donc que l'habillement lui coûte fort cher pour lui et pour sa famille, et l'on ne sera pas surpris qu'un mineur, que je m'étonnais de ne pas voir plus satisfait de son sort avec un salaire double de celui que gagnent nos ouvriers français, se soit lamenté de la faiblesse extrême du pouvoir

(*) Je rappelle qu'en outre les Colonies de l'Australasie, bien que vieilles de moins de cent ans, et n'ayant pas eu jusqu'ici de charges militaires, sont toutes obérées de dettes considérables.

d'achat de ce salaire et m'ait dit en particulier : « Croiriez-vous, Monsieur, que je suis obligé de payer 5 shellings (6 fr. 25) la cravate que je porte ! »

Conclusion. — Si l'on tient encore compte d'un certain nombre de besoins de ce genre, plus ou moins artificiels et dont la satisfaction n'ajoute rien au bien-être réel de l'ouvrier, si l'on ajoute ce qu'il dépense au « bar » en « whisky » et autres boissons alcooliques, que la langue anglaise dénomme si justement « intoxicating liquors », mais dont l'ouvrier ne s'abstient pas pour cela plus que chez nous, et enfin si l'on fait état de gaspillages très fréquents, tels que ceux qu'il fait en cédant à la passion des paris aux courses, si universelle en Australasie, on comprend aisément que l'ouvrier mineur arrive vite à dépenser les hauts salaires dont j'ai fait mention.

Quoi qu'il en soit, les dépenses de première nécessité sont au total notablement plus élevées là-bas que chez nous, si bien que l'excédent du salaire sur ces dépenses est relativement faible. Il serait cependant suffisant pour permettre à un ouvrier, qui consentirait à vivre aussi modestement que la plupart de ses camarades le font chez nous, de réaliser de sérieuses économies ; mais il faudrait pour cela qu'il fût assez raisonnable pour renoncer à mille dépenses superflues que le mineur australasien est habitué à considérer comme nécessaires, si bien qu'il arrive au contraire de très bonne foi à la persuasion que son salaire est insuffisant, dérisoire même ; et c'est ainsi que j'ai entendu qualifier, par un représentant de l'Union ouvrière de Reefton (*), de salaires de « meurt-de-faim » les salaires de 10 à 15 francs par jour qui y sont la règle.

(*) Voir ci-dessus (IIᵉ partie, chap. Iᵉʳ § 2), le taux usuel des salaires à Reefton.

Et si, dans les anciens centres miniers, c'est-à-dire dans les localités bien habitables et habitées de la région côtière, l'ouvrier mineur peut, en dépit de l'appréciation quelque peu exagérée que je viens de rapporter, jouir, dans ces conditions, d'une vie facile, d'un réel bien-être, et d'un certain confort, il n'en est plus du tout de même au voisinage des mines plus récemment découvertes en plein désert de l'intérieur. Là, la cherté de toutes choses est extrême, ce qui tient pour une part, je le reconnais, aux conditions géographiques de la région, mais pour une bonne part également au régime économique général de l'Australasie ; aussi, tout en vivant une vie de privations sous. bien des rapports, l'ouvrier mineur réussit-il à peine (lorsque encore il y réussit) à mettre quelque argent de côté ou à en envoyer suffisamment à sa femme et à ses enfants qu'il a quittés pour quelques années et qu'il a laissés dans une région du continent où la vie est plus facile et le climat plus sain. Dans ce cas, l'élévation considérable des salaires profite donc à peine aux ouvriers [elle profite bien plus aux intermédiaires (*)], tandis qu'elle limite de la façon la plus fâcheuse, je le répète, l'exploitabilité des beaux gîtes minéraux de l'Australie.

(*) Les patrons, comme je l'ai déjà mentionné, ont songé parfois, et récemment encore dans les nouveaux champs d'or de l'Australie Occidentale, à la création d'économats ou de coopératives qui éviteraient que, dans les localités reculées, les ouvriers ne soient rançonnés par les rares commerçants qui s'y aventurent ; mais ils ont toujours été arrêtés par les dispositions très sévères des lois contre le « truck system ».

CHAPITRE II.

LA SITUATION MORALE DES OUVRIERS MINEURS.
LEURS GROUPEMENTS ET LEURS TENDANCES.

————

§ I. — SITUATION MORALE DES OUVRIERS MINEURS.

Les ouvriers mineurs de l'Australasie ont donc des journées de travail courtes et de hauts salaires, sans d'ailleurs que le pouvoir d'achat de ceux-ci soit notablement plus élevé que chez nous ; mais ils n'en sont pas pour cela plus satisfaits de leur sort.

Bien qu'ils aient, d'une façon générale, obtenu effectivement la journée de 8 heures, qui est le rêve de leurs camarades du vieux monde, et qu'ils aient même souvent obtenu mieux, ils n'en sont pas moins constamment à réclamer, avec tout autant d'acharnement qu'eux, des réductions dans la durée du travail.

D'autre part, tout en constatant que le pouvoir d'achat de leurs hauts salaires reste, par la force même des choses, relativement faible, ils ne cessent de réclamer que ces salaires soient encore augmentés, sans comprendre que leur élévation incessante, qui ne saurait se limiter à eux seuls au milieu de tout le monde ouvrier, ne peut guère amener d'amélioration réelle à leur situation matérielle, et doit au contraire fatalement arrêter le développement de l'industrie minière et tuer en quelque sorte leur poule aux œufs d'or.

Aussi sont-ils loin de se trouver satisfaits de conditions du travail qui, à ne considérer que les quelques chiffres qui les caractérisent, paraîtraient en elles-mêmes superbes aux yeux des ouvriers de nos contrées ; presque partout, au contraire, ils se déclarent fort mécontents de leur sort et ils vont même parfois, comme je le mentionnais ci-dessus, jusqu'à se prétendre réduits à la famine. C'est d'ailleurs cet état d'esprit que révèlent les perpétuelles réclamations et les recours à l'arbitrage si nombreux dont j'ai eu à faire mention dans ce qui précède ; et les indications que j'ai été amené à donner au sujet des prétentions qu'ils mettent en avant en pareil cas montrent qu'ils ne sont pas encore près d'avoir pleine satisfaction, à supposer même, contrairement à ce qu'a toujours montré l'expérience, que leurs prétentions ne croissent pas à mesure qu'ils obtiennent des satisfactions partielles.

D'une part, ils voudraient voir écourter encore les heures de travail par l'admission dans le compte des 8 heures, là où cela n'est pas encore le cas, du temps consacré au repos et aux trajets, — par la réduction à 6 heures de la durée de la journée toutes les fois que le chantier présente quelque difficulté spéciale, — par l'extension de la courte journée du samedi, — par la multiplication des fêtes chômées, etc. Ils voudraient en outre, dans le même ordre d'idées, voir supprimer, ou du moins modifier par l'octroi de la garantie d'un salaire minimum, le travail par contrat, qui rémunère les ouvriers suivant l'effort fourni, et qui assure ainsi au patron une certaine somme déterminée de travail en échange du salaire.

D'autre part ils ne manquent pas, à chaque occasion, d'exiger, d'une façon ou de l'autre, des augmentations soit dans le tarif des salaires à la journée, soit dans les prix de base pour la fixation des salaires aux pièces.

Tels sont les deux objets essentiels de toutes leurs revendications, auxquelles s'ajoutent souvent celles qui ont trait à la puissance de leurs unions ouvrières. Ce sont d'ailleurs ces Unions qui sont les artisans de toutes ces réclamations : elles se donnent pour mission, avant même que de chercher à obtenir des améliorations à la condition des ouvriers, de commencer par persuader à ceux-ci qu'ils ne sauraient se contenter de ce qui chez nous, je le répète, paraîtrait aujourd'hui fort enviable à nos mineurs.

§ II. — ORGANISATIONS OUVRIÈRES.

C'est de l'organisation et de l'action de ces Unions qu'il me reste à parler brièvement pour compléter les indications que je me propose de donner ici sur la situation morale des ouvriers mineurs de l'Australasie.

Dispositions législatives. — Au point de vue légal, ces Unions se trouvent, dans toutes les Colonies, dans des conditions analogues à celles des « trade-unions » anglaises : elles peuvent, par une simple formalité d'enregistrement, acquérir la personnalité civile avec le droit de posséder et la faculté d'ester en justice, qui comporte à la fois le droit de poursuivre, mais aussi la menace d'être poursuivi, c'est-à-dire d'être rendu pécuniairement responsable des abus commis.

Dans chaque Colonie, une loi spéciale détermine les conditions sous lesquelles une Union peut être enregistrée et peut acquérir cette personnalité civile. C'est ainsi, par exemple, qu'en Nouvelle-Zélande la loi sur les trade-unions (Trade-unions Act) du 31 août 1878, amendée à la date du 12 octobre 1896, dispose qu'une trade-union pourra être enregistrée, à la seule condition que ses statuts contiennent certaines dispositions essentielles destinées à assurer son fonctionnement régulier; et que, dès lors, elle pourra ester en justice, et posséder des biens mobiliers et immobiliers, ces derniers jusqu'à concurrence d'une superficie de 1 acre (40 ares). Cette loi prévoit, en outre, que les biens de l'Union seront administrés sous certaines garanties, que ses statuts devront

être rendus publics et qu'un extrait de ses comptes
devra être annuellement communiqué à l'administration.
J'ajoute que les trade-unions qui profitent de ces
dispositions ont toujours été l'exception, du moins
en ce qui concerne les mines; la plupart des Unions
n'ont donc pas d'existence légale en tant que trade-
unions et échappent de la sorte à la responsabilité
de leurs actes, responsabilité que la jurisprudence an-
glaise(*) a, comme on sait, formellement reconnue en particulier en ce qui touche à l'excitation à la grève. Cependant les trois récentes lois d'arbitrage obligatoire de
la Nouvelle-Zélande, de la Nouvelle-Galles du Sud et de
l'Australie Occidentale ont prévu l'enregistrement d'associations ouvrières dans des conditions qui sont analogues;
mais cet enregistrement leur confère une personnalité
civile moins complète, se limitant, ou à peu près, à ce
qui est strictement indispensable à la pratique de l'arbitrage; et c'est dans ces conditions que beaucoup de
« trade-unions » sont aujourd'hui enregistrées simplement comme « industrial unions »(**).

Si la défense des intérêts collectifs des ouvriers, tant
par action directe auprès des patrons que par action politique, est le but essentiel et la principale raison d'être
des trade-unions formées entre ouvriers mineurs en
Australasie, ces Unions se doublent presque toutes (je crois
même que je puis dire toutes, à en juger d'après les nombreux exemples que j'en ai vus) de sociétés de secours
mutuels (pour le cas de maladie le plus souvent). Cela m'a
paru avoir plusieurs avantages capitaux : 1° tous les ouvriers, même les moins convaincus de l'utilité de l'action

---

(*) La jurisprudence des tribunaux néo-zélandais et australiens est
en dernière analyse confirmée, ou réformée s'il y a lieu, par l'autorité
judiciaire anglaise.

(**) Je renvoie, pour plus de détails sur les conditions de cet enregistrement, à la première partie du présent travail (chap. III, § 1er) et
au texte de la loi d'arbitrage de la Nouvelle-Zélande (art. 5 à 20).

syndicale auprès des patrons ou des pouvoirs publics, trouvent profit à faire partie de l'Union et à ne pas se désintéresser de son administration, ce qui tend à éviter qu'elle ne soit menée uniquement par les ouvriers les moins raisonnables ; 2° le maniement de fonds d'une certaine importance et le soin d'intérêts immédiats et palpables obligent les dirigeants de l'Union à une gestion raisonnable et prudente et les habituent aux affaires sérieuses ; 3° enfin, cette gestion est pour eux une occupation, et une raison d'être même en l'absence de conflits avec les exploitants, ce qui est un motif pour qu'il en naisse moins de complètement injustifiés.

Objet des Unions. — Les statuts des Unions énumèrent souvent tout au long les objets divers en vue desquels elles sont constituées ; c'est ainsi, par exemple, que l'Union des mineurs d'Inangahua (district de Reefton en Nouvelle-Zélande), qui est une union industrielle, régulièrement enregistrée en vertu de la loi sur la conciliation et l'arbitrage dans l'industrie, a pour objet :

a) De réunir des fonds grâce à des contributions régulières, à des appels exceptionnels, à des amendes et à des donations, en vue d'une assistance mutuelle ;
b) D'obtenir le vote de dispositions législatives pour l'amélioration des travaux des mines ou autres, en vue de préserver la santé et la vie des mineurs ;
c) De faire les démarches nécessaires, s'il y a lieu, pour obtenir des indemnités en cas d'accident lorsque le patron est responsable ;
d) De venir en aide aux membres de l'Union lorsqu'ils sont victimes des injustices des patrons ou des directeurs ;
e) D'améliorer les conditions actuelles du travail dans les mines du district, et d'assister nos frères dans les efforts qu'ils font pour les objets prévus par les présents statuts ;
f) De faire le nécessaire pour faire régler toutes les difficultés s'élevant entre patrons et ouvriers conformément à la loi sur la conciliation et l'arbitrage dans l'industrie.

Les statuts de la Fédération des ouvriers des houillères du district du Nord de la Nouvelle-Galles du Sud n'énumèrent pas moins de douze objets différents en vue desquels est constituée ladite Fédération ; l'article 2 de ces statuts, qui contient cette énumération, est ainsi conçu :

ART. 2. — La Fédération réunit des fonds par voie de cotisations régulières, d'appels exceptionnels et d'amendes, et aussi grâce à des donations, en vue :

1° D'obtenir le vote de dispositions législatives améliorant l'aménagement des mines dans l'intérêt de la sécurité et de la santé des mineurs et autres ouvriers, et, le cas échéant, de faire le nécessaire pour assurer une juste réparation aux victimes des accidents dont les exploitants sont responsables ;

2° De réaliser la limitation légale des heures de travail à 8 par 24 heures ;

3° De faire fixer les salaires et les prix de base des travaux à l'entreprise ;

4° De faire procéder à la pesée exacte, à l'orifice des puits, des produits extraits, pour assurer à la fois aux patrons et aux ouvriers ce qui leur est légitimement dû ;

5° D'empêcher la suppression abusive des salaires des membres de l'Union ;

6° D'assurer des subsides aux membres de l'Union qui seraient traités injustement ;

7° De fournir des secours aux familles des membres de l'Union qui trouveraient la mort dans des accidents ;

8° D'acquérir toutes propriétés utiles dans les conditions prévues par la loi sur les trade-unions de 1881 et ses amendements ;

9° De prêter assistance aux associations-sœurs qui ont des objets analogues ;

10° De chercher à réaliser, par tous les moyens constitutionnels, la nationalisation des mines de houille de la Colonie ;

11° De pourvoir à une surveillance plus efficace de l'exploitation des mines ;

12° D'accomplir tous autres actes prévus ci-après.

La tendance à l'action politique qui se manifeste dans cette énumération se retrouve de même, sous une forme un peu différente, dans les statuts de la Fédération des ouvriers mineurs (mines métalliques) de la Nouvelle-Galles du Sud, section de Broken-hill, c'est-à-dire de l'Union du district qui a été de tout temps l'un des centres les plus actifs de l'agitation ouvrière en Australie. Ces statuts lui assignent les objets suivants :

a) Maintenir les droits et privilèges des ouvriers du district tant au point de vue politique qu'au point de vue industriel ;

b) Assurer une mutuelle assistance à nos frères dans leurs efforts pour réaliser les objets prévus par les statuts ;

c) Leur prêter secours, tant au point de vue pécuniaire qu'à tout autre point de vue, pour se défendre contre toute atteinte portée aux droits et privilèges ci-dessus mentionnés;

d) Fournir des secours pécuniaires aux membres de la section en cas d'accident, et à leurs femmes et enfants en cas d'accident mortel, le tout conformément au règlement de la section;

e) Améliorer les relations entre patrons et ouvriers par la conciliation et l'arbitrage ;

f) Travailler à la conclusion d'ententes justes et équitables entre patrons et ouvriers ;

g) S'efforcer, par l'action politique, d'assurer la justice sociale;

h) Créer et entretenir un journal du travail ;

i) Assister devant la justice les membres de la section dans la défense de leurs droits, si cela est jugé utile ;

j) Aider à l'émancipation et à l'organisation des travailleurs.

Je n'ai pas à revenir ici sur le rôle d'assistance en cas d'accident ou de maladie que remplissent presque toutes les Unions de mineurs ; mais je dirai quelques mots de leur double rôle au point de vue politique et au point de vue industriel, et de leur intervention éventuelle dans les grèves qu'elles ont pour but de soutenir, en particulier par des allocations aux grévistes.

Leur rôle politique est de date récente : jusqu'en 1890, les trade-unions, essentiellement pratiques comme tendances, avaient cru devoir borner leur action à l'interven-

tion auprès des patrons, en vue d'exiger d'eux, sous
menace de grèves, l'octroi d'un certain nombre d'améliorations dans les conditions du travail. Mais, en 1890,
éclata la grande grève maritime, qui s'est étendue à
presque toutes les Colonies de l'Australasie, affectant plus
ou moins toutes les industries ; au cours de cette grève le
groupement des patrons réussit à triompher de l'unio-
nisme sur sa prétention de ne tolérer l'emploi que d'ouvriers unionistes et encore aux seules conditions acceptées
par les Unions.

Dès lors ces dernières, sans abandonner le rôle auquel
elles s'étaient limitées jusque-là, ont eu recours à l'action
politique pour obtenir de la loi non seulement tout ou
partie des avantages qu'elles réclamaient précédemment
du bon vouloir des patrons, mais encore l'autorité que
ceux-ci se refusaient à leur reconnaître, et la restaura-
tion de la puissance qu'ils venaient de briser.

C'est, comme j'ai déjà eu l'occasion de le dire, de ce
jour que s'est constitué peu à peu dans les assemblées
législatives de chacune des Colonies un parti ouvrier
(labor party) qui, s'il ne formait pas la majorité à lui seul,
a suffi pour la déplacer ; il a pu, de la sorte, s'assurer
une autorité qui lui a permis, dans la plupart des Colonies, de dicter au Parlement les nombreuses lois ouvrières
que j'ai énumérées précédemment.

Ces lois ont, d'une part, valu aux ouvriers, et aux
ouvriers mineurs tout particulièrement, une série d'entre
les avantages que leurs trade-unions n'avaient obtenus
qu'avec peine et à titre plus ou moins précaire, ou même
qu'elles n'avaient pas encore pu obtenir. D'autre part,
surtout dans les Colonies où l'arbitrage a été rendu obligatoire (Nouvelle-Zélande, Nouvelle-Galles du Sud et
Australie Occidentale au moment de mon séjour), les patrons se trouvent de la sorte obligés, lorsqu'ils ne veulent
pas le faire directement de leur plein gré, d'entrer en

conversation avec les Unions, soit devant les Comités de conciliation, soit devant la Cour d'arbitrage. Aussi ont-elles vu, de ce fait, leur situation singulièrement consolidée et leur autorité accrue en face du patronat. En outre, elles ont souvent obtenu (d'une façon constante en Nouvelle-Zélande), grâce à la clause de préférence dont j'ai longuement parlé dans ce qui précède, un avantage qui équivaut presque, dans la pratique, à l'obligation pour tous les ouvriers de s'affilier à l'Union.

Quant aux revendications des Unions au point de vue purement industriel, elles ont trait à presque tous les sujets que j'ai passés en revue ci-dessus; et j'ai déjà eu occasion d'y faire allusion. Leurs statuts mentionnent souvent avec précision une partie d'entre ces revendications, celles sans doute qui leur tiennent le plus à cœur, sous forme de prescriptions auxquelles leurs adhérents devront se conformer dans leur travail : je n'ai pas besoin d'ajouter que force est souvent à tous les membres d'une Union d'enfreindre telles ou telles des prescriptions de ce genre rejetées par les patrons; et cela est même fatal, à moins que les statuts ne se contentent d'enfoncer des portes ouvertes.

Je relève, dans cet ordre d'idées, les stipulations suivantes des statuts de la Fédération des ouvriers des houillères du district du Nord de la Nouvelle-Galles du Sud (Newcastle), stipulations qui se retrouvent d'ailleurs presque identiquement dans les statuts de l'Union du bassin houiller de Wollongong (N. G. S.) :

ART. 19. — Aucun membre de la Fédération ne devra abattre de charbon moyennant un salaire de tant par poste, sans l'autorisation du Comité local de la Fédération, ni ne devra soumissionner pour l'abatage à l'entreprise (*).

_____

(*) Je rappelle que, dans les bassins houillers de la Nouvelle-Galles du Sud, l'abatage est toujours payé à tant la tonne, suivant un taux fixé par convention entre patrons et ouvriers.

Art. 51. — Les heures de travail des membres de la Fédération ne devront pas dépasser 8 heures par jour ; les différentes sections de la Fédération conservent d'ailleurs la faculté de fixer l'heure du début du travail, à condition qu'il ne commence nulle part avant 6 heures du matin et ne finisse pas après 4 heures du soir.

Art. 52. — Lorsqu'une mine chôme, il est interdit aux membres de la Fédération de descendre pour préparer l'abatage du charbon.

Art. 53. — Tout piqueur faisant partie de la Fédération qui roulerait des bennes, épuiserait de l'eau, transporterait des rails ou des bois, ou qui accomplirait tout autre travail qui ne lui incombe pas formellement, serait passible d'une amende.

Art. 55. — Tout membre de la Fédération qui travaillerait un samedi de paye, le jour de l'an, le jour de l'anniversaire, le Samedi Saint, le lundi de Pâques, le jour de naissance du Roi, le jour de naissance du prince de Galles, le jour de Noël, le jour du match de boxe, le jour de la manifestation en faveur des 8 heures, le jour des élections au Parlement, ou tout autre jour de fête substitué par le Gouvernement aux précédents, ou enfin tout autre jour désigné par la Fédération, serait passible d'une amende, sauf au cas d'un travail d'une urgence absolue.

On retrouve des prescriptions du même genre dans les statuts de beaucoup d'entre les Unions de mineurs; plusieurs prévoient même un salaire minimum au-dessous duquel il est interdit aux ouvriers de travailler. C'est ainsi que l'article 104 des statuts de la section de Bendigo de la Fédération des mineurs de l'État de Victoria est ainsi conçu : « *Tarif des salaires :* Dans tous les puits ou descenderies « humides, pas moins de 8 sh. 4 d. (10 fr. 40) par poste; « dans tous les chantiers où la température dépasse 80° « (26°,6 centigrades), postes de 6 heures; chantiers nor- « maux, 7 sh. 6 d. (9 fr. 40) par poste. » On trouve des stipulations analogues dans les statuts de l'Union des mineurs de Thames (art. 87) (*). Il y a même des statuts défendant le travail à côté d'ouvriers non unionistes.

(*) Voir, à ce sujet, aux Annexes au présent travail, la sentence du différend d'Haumki (paragraphe des explications préliminaires à la sentence relatif au taux des salaires, 6e alinéa).

Plusieurs d'entre les statuts que j'ai eu l'occasion de consulter envisagent le cas de grève (en Nouvelle-Zélande ils ne le font plus et imposent au contraire aux Unions le recours à l'arbitrage). Ils font, pour ce cas, une obligation aux membres de l'Union de cesser le travail lorsque celle-ci en a décidé ainsi, mais ils leur garantissent en échange des secours de 1 £ (25 fr.) par semaine, à la condition qu'ils s'inscrivent sur les listes de grévistes et qu'ils se présentent régulièrement à l'appel tous les jours. Ils prévoient en outre l'organisation d'un Comité de la grève et d'un service de patrouilles : c'est ainsi que les articles 64 et 65 des statuts de la section de Broken-hill de la Fédération des mineurs sont ainsi conçus :

ART. 64. — En cas de grève, le secrétaire du Comité de la grève établira une liste de tous les membres en grève susceptibles d'être appelés au service des patrouilles, conformément aux instructions du Comité. Les membres du Comité seront exempts du service de patrouilles. Tout membre de l'Union qui refusera de prendre part aux patrouilles sera passible d'une amende de 2 sh. 6 d. (3 fr. 125) et perdra son droit à l'allocation journalière de grève. Le Comité de la grève pourra exempter du service de patrouilles tout membre de l'Union, s'il le juge convenable. Le président, le vice-président, le trésorier et le secrétaire de la section de Broken-hill en seront exemptés.

ART. 65. — Les hommes de patrouille se tiendront aux abords de la mine en grève dans les conditions fixées par le Comité, ils en surveilleront les voies d'accès et ils informeront tout ouvrier qui voudrait y travailler que la mine est en grève, en lui donnant connaissance des causes du conflit ; dans le cas où un ouvrier aurait commencé à travailler par ignorance des circonstances ou pour toute autre raison, ils devront l'avertir ainsi qu'il est dit ci-dessus.

On remarquera que c'est dans des statuts régulièrement enregistrés, comme n'ayant rien de contraire aux lois, que figurent de telles prescriptions qui ne visent à

18

rien moins qu'à l'intimidation, sinon à la violence, à l'égard des travailleurs.

§ III. — FONCTIONNEMENT DES UNIONS DE MINEURS.

Administration des Unions. — Dans tous les nombreux districts miniers que j'ai visités en parcourant cinq d'entre les sept Colonies de l'Australasie, sauf à la seule mine de Mount-Morgan en Queensland et dans les quelques exploitations d'alluvions aurifères de Kumara en Nouvelle-Zélande, j'ai vu fonctionner, sous l'empire de statuts tels que ceux dont je viens de faire mention, des Unions florissantes : elles groupaient presque partout la très grande majorité des ouvriers mineurs proprement dits (les ouvriers auxiliaires ou manœuvres appartiennent souvent à d'autres Unions de travailleurs non spécialisées pour les mines), et les patrons ne montraient généralement aucune hésitation à entrer en pourparlers avec elles pour régler les conditions du travail, ou pour aplanir les difficultés qui pouvaient s'élever entre eux et leurs ouvriers. J'ajoute que, ce faisant, ils savaient parfaitement qu'ils avaient en face d'eux les représentants autorisés de leur personnel, et qu'ils pouvaient être assurés que ce qui serait convenu avec ceux-ci serait fidèlement observé par l'ensemble des ouvriers.

Les présidents, secrétaires et trésoriers des Unions avec lesquels ils sont ainsi amenés à traiter sont d'ailleurs toujours des gens intelligents, capables de discuter une affaire et de saisir la portée d'une objection, et non pas, ainsi que cela a trop souvent lieu chez nous, des hommes choisis uniquement parce qu'ils ont eu des démêlés avec la direction de la mine ou parce qu'ils se sont fait remarquer par la violence de leurs attaques contre celle-ci ou par le caractère déraisonnable de leurs revendications. J'ai eu plaisir à constater par moi-même la réelle valeur personnelle des ouvriers qui sont à la tête des Unions de mineurs des différents districts que j'ai visités, la courtoisie qu'ils sont susceptibles d'apporter dans les relations même avec ceux qui ne partagent pas leurs idées, et la modération relative qu'ils savent mettre dans la forme pour les soutenir. Aussi les entretiens entre ces représentants des ouvriers et les patrons peuvent-ils, sinon aboutir souvent à une entente, bien difficile à réaliser étant donné l'opposition absolue des idées qui guident les uns et les autres, du moins se poursuivre avec calme et correction ; ils ont en effet lieu entre hommes qui peuvent s'estimer réciproquement, et qui ne paraissent pas, comme cela s'est trop souvent vu chez nous, ne songer, les uns qu'à persécuter plus ou moins ouvertement les meneurs de leur personnel, et les autres qu'à injurier et calomnier dans les réunions publiques leurs patrons pour lesquels ils s'imaginent être devenus inviolables par leur seule qualité de président ou de secrétaire d'un syndicat.

Si les relations entre patrons et ouvriers ne peuvent que gagner au choix judicieux qui est fait des administrateurs des Unions, il en est de même de la gestion des intérêts de celles-ci. J'ai déjà fait observer que l'existence d'une caisse de secours gérée par l'Union exige, dans une certaine mesure, qu'il en soit ainsi ; les intérêts généraux de la collectivité en profitent largement en même temps.

Les Unions de mineurs, dont les cotisations atteignent généralement 6 d. (0 fr. 625) par semaine, ce qui paraîtrait quelque peu élevé chez nous, ont d'ailleurs des revenus importants ; une partie sans doute de ces revenus servent à couvrir les allocations courantes prévues en faveur des membres victimes d'accidents ou, éventuellement, atteints de maladies, mais ils laissent toujours une encaisse élevée, ce qui permet de consacrer à l'administration même de l'Union les sommes nécessaires. C'est ainsi que, pour toute Union de mineurs un peu importante, l'un au moins des membres du bureau donne tout son temps à la gestion des affaires communes, et reçoit en compensation des émoluments tels qu'un ouvrier intelligent n'hésite pas à s'en charger : ici c'est une somme de 3 £ (75 fr.) ou 3 £ 1/2 (87 fr. 50) qui lui est allouée par semaine, là ce sont 200 £ (5.000 fr.) par an. C'est encore ainsi que la Fédération des ouvriers du bassin houiller de Newcastle, jugeant utile de faire inspecter périodiquement les mines du bassin, comme la loi lui en donne le droit, a pu désigner à cet effet un ancien ouvrier expérimenté et capable, auquel elle n'assure pas moins de 200 £ (5.000 fr.) par an, et que les différentes sections (branches) de cette Fédération entretiennent à leurs frais les peseurs contrôleurs (checkweigher) prévus par la loi pour vérifier les poids de bennes dont il est tenu compte aux piqueurs.

De même, le jour où des membres d'une Union sont frappés de renvoi dans des conditions que celle-ci ne juge pas pouvoir admettre, et qui lui paraissent de nature à menacer sa puissance, elle peut leur venir efficacement en aide [ainsi d'ailleurs que le prévoient le plus souvent les statuts(*)], soit en leur donnant quelque emploi dans sa propre administration, soit en leur fournissant, pendant des mois s'il le faut, l'équivalent des salaires dont ils sont privés. Le différend des mines d'or d'Hauraki (N. Z.), dont j'ai longuement parlé dans la première partie de ce travail, en a donné un exemple frappant : quelques ouvriers des mines de Waihi ayant trouvé insuffisants les salaires qui leur étaient alloués et ayant provoqué un mouvement d'opinion

---

(*) Voir ci-dessus les statuts de l'Union des mineurs d'Inangahua, alinéa d ; — les statuts de la Fédération des ouvriers des houillères du Nord de la Nouvelle-Galles du Sud, art. 2, 6° ; — et les statuts de la section de Broken-hill, alinéa c.

parmi leurs camarades en vue d'un recours à l'arbitrage, la direction de la mine s'est empressée de les renvoyer, avant que ce recours n'ait eu lieu, c'est-à-dire avant que les ouvriers ne se trouvent couverts par l'immunité prévue par l'article 100 de la loi d'arbitrage (*). En présence de ce procédé, évidemment abusif, sinon illégal aux termes mêmes de la loi, l'Union a jugé nécessaire, non seulement de prendre fait et cause pour eux, en faisant de leur réintégration l'objet d'une des demandes présentées à la Cour d'arbitrage, mais encore de leur servir les salaires dont ils étaient privés. C'est ainsi que, depuis le mois de janvier 1901, époque de leur renvoi, jusqu'au mois d'octobre 1901, où fut prononcée la sentence qui, au regret de la Cour (**), ne put pas ordonner leur réintégration, ces ouvriers furent à la charge de l'Union : les comptes de celle-ci, arrêtés au 30 juin 1901 pour l'année qui venait de s'écouler, accusaient déjà de ce fait, sous la rubrique : *Salaires aux ouvriers renvoyés*, une dépense de 248 £ 14 sh. 6 d., soit 6.218 francs. L'Union a donc consacré au total quelque 10.000 francs à venir en aide à ces ouvriers, auxquels elle a ensuite assuré de nouveaux emplois.

C'est, enfin, la richesse des Unions qui leur permet d'avancer, et même éventuellement de supporter définitivement, les frais, quelquefois élevés, d'une procédure de conciliation et d'arbitrage (***). C'est ainsi que, dans le différend des mines d'or d'Hauraki, qui intéressait quelque

---

(*) L'amendement de 1901 à ladite loi, qui, par son article 19, touche à la question, n'avait pas encore été voté.

(**) Voir aux Annexes : les explications préliminaires à la sentence (paragraphe relatif à la préférence), et les considérations qui font suite à la sentence.

(***) Je rappelle que la loi d'arbitrage obligatoire de l'Australie Occidentale subordonne même le droit pour une Union de faire appel à l'arbitrage à la preuve à fournir par elle d'une certaine solvabilité (Voir *supra*, 1re partie, chap. III, § 3).

3.500 mineurs répartis sur une étendue considérable, et dont l'examen par la Cour a nécessité le déplacement de nombreux témoins, sans parler des dépenses faites directement par l'Union des mineurs pour enquêtes, réunions de documents, etc., tous les frais sont restés à la charge de l'Union, dont les demandes ont été reconnues injustifiées, si bien que celle-ci a eu à supporter une dépense totale de 1.525 £, soit 38.125 francs.

On conçoit que la gestion d'intérêts pécuniaires de cette importance, et l'administration de budgets qui se montent annuellement à des dizaines de mille francs, lorsqu'ils n'atteignent pas quelque 100.000 francs, exigent une organisation régulière (au sujet de laquelle les lois sur les trade-unions prévoient certaines garanties), beaucoup d'ordre, et la possibilité d'un contrôle efficace, toutes choses qui sont généralement inconnues de nos syndicats d'ouvriers mineurs, même les plus importants. Toutes les Unions sont en particulier tenues, — de par les stipulations des lois sur les trade-unions si elles veulent pouvoir être régulièrement enregistrées, et de toutes façons de par leurs statuts, — de publier annuellement leur bilan et leur compte profits et pertes, en même temps que le bureau rend compte de sa gestion de l'année. La lecture de ces documents, dont j'ai réuni un certain nombre, n'est pas sans présenter un réel intérêt, et j'y ai puisé quelques-uns des renseignements que je viens de donner ci-dessus ou de ceux que j'ai fournis précédemment quant à l'intervention des Unions en matière de prévoyance sociale.

Peut-être n'est-il pas inutile de reproduire ici le compte profits et pertes de l'une des plus importantes d'entre ces organisations, la section de Broken-hill de l'Association générale des mineurs de la Nouvelle-Galles du Sud, section qui comprenait 1.343 membres ; ce compte, qui ne s'applique qu'à un seul trimestre, fait ressortir un mouvement de fonds de plus de 700 livres, soit 17.500 francs, ce qui représenterait un budget annuel de quelque 70.000 francs. En voici le détail:

Débit.

		£	sh.	d.		fr.
Au début du trimestre	Dépôt à la banque de l'Australasie.....	608	6	7	soit	15.208, 25
	Dépôt à la caisse d'épargne du Gouvernement.........	230	»	»	—	5.750 »
	Espèces entre les mains du trésorier.....	39	13	7	—	991, 95
	Total.........	878	0	2	—	21.950, 20
	Cotisations, droits d'admission............	508	0	4 1/2	—	12.700, 45
	Appels de fonds à la suite de décès..........	44	19	3	—	1.124, 05
	Divers.............	2	10	»	—	62, 50
	Total général.....	1.433	9	9 1/2	soit	35.837, 20

Crédit

	£	sh.	d.		fr.
Secours d'accidents (56 accidents).........	223	2	6	soit	5.578, 10
Secours après décès (4 décès)............	170	5	3	—	4.256, 55
Avance à la Fédération des travailleurs de l'Australasie..........	101	»	»	—	2.525 »
Appointements du secrétaire...........	58	»	»	—	1.450 »
Trimestre du journal *La Vérité*..........	51	1	»	—	1.276, 25
Employé de bureau....	15	»	»	—	375 »
Contribution trimestrielle à la Fédération des travailleurs de l'Australasie...........	12	15	3	—	319, 05
A reporter.....	631	4	»	soit	15.779, 95

	£ sh. d.	fr.
Report.	631 4 »	soit 15.779, 95
Loyer, gaz, taxes diverses	12 3 »	— 303, 75
Timbres, papeterie, télégrammes.	11 7 5	— 284, 25
Appointements du chef de musique.	11 5 »	— 281, 25.
Dons à la Ligue politique du travail.	10 » »	— 250 »
Impressions.	9 15 »	— 243, 75
Publicité.	8 3 9	— 204, 70
Appointements du secrétaire de la sous-section de Broken-hill-Sud. . .	6 » »	— 150 »
Dépenses d'administration	5 8 »	— 135 »
Vérification des comptes.	4 11 »	— 113, 75
Nettoyage du bureau. . .	4 10 »	— 112, 50
Abonnement au téléphone	4 » »	— 100 »
Frais de justice.	3 3 »	— 78, 75
Frais de voitures	1 8 »	— 35 »
TOTAL.	722 18 2	soit 18.072, 65
A la fin du trimestre { Dépôt à la banque de l'Australasie.	477 13 10	— 11.942, 30
Dépôt à la caisse d'épargne du Gouvernement.	230 » »	— 5.750 »
Espèces entre les mains du trésorier.	2 17 9 1/2	— 72, 25
TOTAL.	710 11 7 1/2	soit 17.764, 55
TOTAL GÉNÉRAL. . . .	1.433 9 9 1/2	soit 35.837, 20

On voit, en particulier, que l'Union n'a pas manqué de se conformer à l'article de ses statuts (*) qui prévoit qu'elle devra s'efforcer, par l'action politique, d'assurer la justice sociale : les dépenses faites dans ce but (au profit de la Fédération des travailleurs de l'Australasie, de la Ligue politique du travail, et du journal *La*

(*) Art. 2, § g, voir ci-dessus (IVᵉ partie, chap. ii, § 2).

Vérité) ont, en effet, atteint au total 4.370 francs, soit près du quart des dépenses totales, plus de la moitié de celles-ci étant d'ailleurs des dépenses d'assistance mutuelle.

Attitude des Unions. — Les dirigeants des Unions de mineurs (généralement le secrétaire de chaque Union), qui n'ont pas d'autre occupation, et qui sont d'ailleurs largement rémunérés ainsi que je l'ai déjà mentionné (et comme on peut le voir ci-dessus, puisque le secrétaire de l'Union de Broken-hill reçoit 5.800 francs par an et qu'il est, en outre, secondé par un employé de bureau qui reçoit 1.500 francs), m'ont paru remplir leurs fonctions avec zèle et dévouement, et savoir se renseigner utilement sur tout ce qui touche aux intérêts qu'ils sont chargés de défendre. Trop souvent, en France, on a le regret de constater que les membres dirigeants des syndicats de mineurs ignorent tout de la situation industrielle et financière des compagnies minières, et on les voit accueillir et répéter, avec une naïveté telle que l'on est souvent même obligé de douter de leur bonne foi, tous les contes les plus invraisemblables sur la comparaison des prix d'abatage payés aux ouvriers et des prix de vente du charbon ou du minerai, et sur les bénéfices fabuleux réalisés par les exploitants. En Australasie, il m'a paru en être tout autrement : j'y ai souvent vu des secrétaires d'Unions parfaitement documentés sur toutes ces questions, en possession des statistiques officielles, des rapports aux assemblées et des comptes des Compagnies minières, au courant des prix de vente du charbon ou des cours du plomb, du cuivre, de l'argent, et ayant des idées très nettes sur les teneurs des minerais d'or, et les frais de traitement de ces minerais, etc... Aussi voit-on, devant les cours d'arbitrage, les représentants des mineurs, — qui ne sont pas des porte-parole d'occasion, mais bien leurs représentants ordinaires et attitrés, c'est-à-dire les secrétaires, trésoriers, ou présidents de leurs Unions, — prendre une part active et fort utile aux débats, discuter avec compétence les affirmations apportées et les documents produits par les patrons, et présenter des arguments, sinon décisifs, du moins raisonnables, à l'appui de leurs prétentions qui, elles, il est vrai, ne le sont pas toujours. Ceux qui ont eu l'occasion de voir combien les présidents et secrétaires de nos syndicats de mineurs sont généralement incapables de prendre part à une discussion sérieuse de leurs propres revendications, et qui savent que ces syndicats se voient obligés, sitôt qu'un débat doit s'engager, de recourir comme porte-parole à des personnages politiques, généralement ignorants des questions à discuter, et capables seulement de les porter sur le terrain politique, ceux-là, dis-je, ne peuvent que constater à ce point de vue la très grande supériorité des organisations ouvrières des mineurs de l'Australasie sur les nôtres ; et ils ne peuvent que regretter que ces dernières ne sachent pas trouver dans leur sein des hommes aussi dignes de les représenter, hommes qui ne manquent sans doute pas parmi nos mineurs, mais auxquels des habitudes déplorables empêchent leurs camarades de songer.

A cette réelle compétence et à cette connaissance sérieuse des intérêts qu'ils sont chargés de défendre, les représentants des groupements des mineurs de la Nouvelle-Zélande et de l'Australie joignent généralement, tout au moins tant qu'il s'agit de négocier et tant qu'ils n'ont pas partie perdue, une modération dans la forme tout à fait inconnue dans les réunions publiques et dans les publications de nos centres houillers. C'est ce qui leur permet souvent de jouir, même de la part des patrons, d'une considération et d'une estime générales, qui ne peuvent que faciliter beaucoup les relations qu'ils doivent entretenir avec ceux-ci.

C'est ainsi, par exemple, que j'ai eu plaisir et profit
à m'entretenir de l'objet de mon enquête avec le Secrétaire général de la Fédération des mineurs du bassin de
Newcastle : c'était un ancien ouvrier mineur, choisi par
ses camarades en raison de ses qualités sérieuses et de
son instruction, beaucoup plutôt qu'en raison de son
talent à débiter contre les exploitants de mines des
discours aussi violents qu'exagérés. Il m'a paru faire le
plus grand honneur à l'organisation qu'il représentait, et
être beaucoup plus à même de bien défendre les intérêts
qui lui sont confiés qu'aucun des représentants des ouvriers
mineurs auxquels j'ai eu affaire en France ; j'ai d'ailleurs
pu constater qu'il était universellement rendu hommage
à ses qualités, tant parmi les Inspecteurs des mines du
district que parmi les exploitants, et que son opinion
était prise en sérieuse considération par les uns et par
les autres. Si je tiens à citer tout particulièrement ce
secrétaire-là, qui appartenait au district houiller le plus
important de l'Australasie, ce n'est pas que plusieurs
de ses collègues d'autres centres miniers, avec lesquels
j'ai également été en rapport, ne m'aient pas donné, à
un degré plus ou moins fort, la même impression. Sans
doute ce n'est pas là un fait absolument général et sans
exceptions, et je ne voudrais pas aller jusqu'à dire que
les Unions de mineurs de l'Australasie ne se trompent
jamais dans le choix qu'elles font de leurs représentants. J'ai déjà mentionné la regrettable aventure dans
laquelle l'Union des mineurs de Thames (N. Z.) a été
entraînée par son président lorsqu'il a soulevé le différend
dont j'ai rendu compte sous le nom de différend d'Hauraki; et j'ai fait connaître, qu'une fois rendue la sentence
de la Cour d'arbitrage qui consacrait cet échec, le président de l'Union s'était laissé aller jusqu'à mettre publiquement en doute l'impartialité du président de la Cour
et à demander qu'il fût relevé de ses fonctions; j'ai

même dû noter que cette démarche inqualifiable avait
été sanctionnée par la majorité des membres de l'Union !
Mais il me faut avouer, qu'après avoir vu chez nous des
ouvriers mineurs refuser de se soumettre à la sentence
d'un tribunal arbitral qu'ils avaient librement accepté, il
ne m'est pas possible de trouver dans les faits que je viens
de rappeler une contre-partie à la supériorité que j'ai été
obligé de reconnaitre aux dirigeants des organisations
minières australasiennes sur ceux des nôtres. Je dois
même dire que la démarche inqualifiable qui a ainsi été
faite par le président de l'Union des mineurs de Thames n'a
au moins pas été accompagnée, comme elle l'aurait sans
doute été chez nous, d'une campagne d'injures dans la
presse locale du parti ouvrier à l'égard du président de
la Cour, et que, dans les autres districts, elle a été plus
ou moins nettement désapprouvée par les représentants
des ouvriers.

Un autre indice de la supériorité très marquée de
l'état d'esprit qui règne dans les milieux de mineurs en
Australasie peut être cherché dans la façon dont les
délégués des ouvriers, chargés de visiter les mines au
point de vue de la sécurité des travaux, exercent leur
mandat. On sait que chez nous, où leur caractère semi-
officiel et l'autorité que l'administration a sur eux de par
la loi devraient engager les délégués mineurs à exercer
leurs fonctions avec une certaine impartialité et à s'exprimer avec mesure, leurs rapports trahissent trop souvent
de la façon la plus choquante une tendance au dénigrement systématique et un respect insuffisant de la vérité.
En Australasie, où ils ont une indépendance absolue puisqu'ils ne relèvent en aucune façon que de leurs commettants, je n'ai nulle part ouï dire que l'exercice du droit
de visiter les mines, qui leur est donné par la loi
comme je l'ai indiqué ci-dessus (IIIᵉ partie, chap. 1ᵉʳ, § 4),

soulève de sérieuses objections de la part des exploitants, ni que la façon dont ils l'exercent donne lieu à des abus comme ceux que je viens de rappeler. Tout au contraire les entretiens que j'ai eus avec certains de ces délégués, et ce que j'ai pu voir des observations qu'ils font à la suite de leurs visites, m'ont fait constater qu'ils remplissent leur mission d'une façon sérieuse, et sans faire montre d'un parti pris d'hostilité à l'égard des exploitants.

Tout cela n'empêche pas, d'ailleurs, qu'il y ait un profond désaccord entre patrons et ouvriers des mines sur les questions relatives à l'organisation et à la rémunération du travail; mais, au lieu de s'attarder à de vaines piqûres d'épingle, ou à des paroles violentes mais sans utilité, les ouvriers ont recours à une action réfléchie et permanente, grâce à laquelle ils obtiendront encore beaucoup, car ils se montrent tout aussi insatiables, et plus déraisonnables encore au fond, que ceux de nos mines. Aussi, le plus souvent, les discussions entre ouvriers mineurs et exploitants de l'Australie, qui ont sur celles de nos pays la supériorité d'être beaucoup plus calmes et courtoises, et de porter sur des questions réellement sérieuses au lieu de s'éterniser sur des détails parfois aussi futiles qu'irritants, n'aboutissent-elles pas mieux à l'entente entre les deux parties.

Les grèves ont donc été, dans le temps, nombreuses et acharnées dans les différents districts miniers australasiens; et, si elles disparaissent aujourd'hui, ou à peu près, en présence des lois d'arbitrage obligatoire, les procédures mêmes auxquelles donne lieu l'application de ces lois montrent toute l'âpreté des discussions entre patrons et ouvriers. Si, d'autre part, le recours à l'arbitrage est quelquefois évité par des arrangements amiables, c'est bien plutôt parce que les deux partis, sachant qu'ils courront nécessairement le risque de l'arbitrage s'ils ne parviennent pas à s'entendre, sont assez raisonnables pour se faire des concessions mutuelles, mais sans rien abandonner au fond de leurs prétentions qui sont si loin les unes des autres.

Intervention des Unions en matière de grèves. — Tout en constatant qu'aujourd'hui, grâce aux débuts des lois d'arbitrage obligatoire, les grèves sont à peu près écartées des mines de l'Australasie, mais en rappelant qu'il y a de bonnes raisons de craindre qu'il n'en soit pas toujours ainsi, je dois signaler ici qu'il n'est guère de centre minier important des différentes Colonies que j'ai visitées où la grève n'ait sévi plus d'une fois dans le temps.

Tel est en particulier le cas du grand bassin houiller de Newcastle (N. G. S.), où les grèves ont été fréquentes autrefois et où la dernière grève générale, qui date de 1896, n'a pas duré moins de trois mois.

Tel est aussi le cas des célèbres mines de plomb argentifère de Broken-hill (N. G. S.), où l'exploitation d'un des plus beaux filons métallifères connus a concentré en plein désert, auprès d'un affleurement de quelque 5 ou 6 kilomètres de longueur, des milliers de mineurs qui se sont toujours montrés fort exigeants. J'ai mentionné ci-dessus les dispositions des statuts de leur Union relatives au cas de grève.

Je rappellerai en quelques mots l'histoire des difficultés ouvrières qui se sont produites dans ce dernier centre minier depuis 1884, époque où l'exploitation y a été entreprise. La première grève générale eut lieu, en 1889, sur la seule question de la reconnaissance de l'Union des mineurs par les exploitants, et elle se termina au bout de dix jours par la victoire complète de l'Union; celle-ci obtenait même que les exploitants se chargeraient de recueillir pour elle les cotisations par voie de retenues sur les salaires.

Au mois de septembre 1890, nouvelle grève qui n'était nullement provoquée par des questions locales, mais qui fut déclarée comme conséquence de la grande grève maritime dont j'ai déjà fait mention plusieurs fois. Après quatre semaines, le conflit se termina par un arrangement par lequel patrons et ouvriers s'engageaient à soumettre désormais à l'arbitrage tout conflit qui viendrait à s'élever au sujet des mines et du travail dans celles-ci, à l'exclusion de toutes questions politiques générales pour lesquelles les ouvriers promettaient de ne plus se mettre en grève ; le principe des postes de huit heures seulement, avec un total de quarante-six heures de travail par semaine, était formellement admis ; le travail à l'entreprise était interdit ; et la reconnaissance de l'Union, accordée en 1889, était confirmée.

Dans ces conditions, l'Union restait toute-puissante, et je tiens de l'un de ceux qui se sont trouvés à cette époque contraints d'en faire partie pour pouvoir obtenir du travail, les quelques détails que voici. Si un ouvrier, quelque capable qu'il fût, désirait être embauché et qu'il allait solliciter de l'être dans quelque mine, comme boiseur par exemple, il se heurtait immédiatement à cette question : « Êtes-vous membre de l'Union et venez-vous en son nom ? » Dans le cas de la négative, il était bel et bien éconduit ; parfois cependant un exploitant ajoutait : « Je vous prendrai volontiers lorsque vous vous serez fait inscrire à l'Union. » L'ouvrier se rendait alors au siège de l'Union, s'y faisait admettre, s'engageait à en observer les statuts, et devait immédiatement verser un droit d'entrée de quelques shellings et commencer à payer une première cotisation hebdomadaire. Puis, lorsqu'il manifestait l'intention d'aller se faire embaucher comme boiseur à la mine où on s'était déclaré prêt à le prendre, le secrétaire de l'Union lui disait : « Pas du tout, il y a 10, 15, 20 boiseurs inscrits avant toi et tu dois attendre ton tour »; et il allait immédiatement trouver le directeur de la mine intéressée pour lui imposer l'embauchage du premier des candidats de l'Union, puisqu'il avait du travail pour un boiseur.

C'est en raison de cette situation et en présence d'une forte baisse des cours du plomb que, le 27 juin 1892, les Compagnies déclarèrent dénoncer, à partir du 30 juillet, les deux conventions de 1889 et 1890, et reprendre en particulier leur liberté en ce qui touche au travail à l'entreprise. Dès le 3 juillet, les ouvriers de Broken-hill se mettaient en grève et les grévistes imposaient à tous leurs camarades, grâce à une surveillance étroite, et grâce à divers procédés d'intimidation, à des patrouilles, etc., la cessation complète du travail. Le 17 août, sans avoir voulu engager de pourparlers avec l'Union, les Compagnies déclaraient par voie d'affiches qu'elles rouvriraient les mines le 25 en maintenant le principe des postes de 8 heures, en conservant les salaires à la journée antérieurement accordés et dont elles rappelaient le tarif, mais en se réservant de faire effectuer les dépilages à l'entreprise. Le 25 août, 200 ouvriers reprenaient le travail, non sans que quelques horions aient été échangés, et les jours suivants le nombre des travailleurs augmentait peu à peu. Néanmoins, comme un fort parti de grévistes refusait toute reprise du travail, les exploitants embauchèrent à leur place des ouvriers de Melbourne; des bagarres ayant eu lieu à leur arrivée, avec violences caractérisées, les meneurs du mouvement furent arrêtés et condamnés à quelques années de prison.

Ce fut la fin de la grève et la ruine, pour quelque temps du moins, de l'autorité morale de l'Union, qui perdit un grand nombre de ses membres. Depuis lors elle a repris peu à peu une certaine importance et une certaine puis-

sance ; mais elle n'a jamais revu l'état de choses de
1891-1892, et elle ne compte guère actuellement dans
ses rangs plus du tiers des ouvriers. Aussi, en 1894, à
la suite d'une nouvelle baisse des cours du plomb, les
Compagnies purent-elles, sans provoquer de grève, réduire
de 10 p. 100 tous les salaires; et, plus tard, elles purent
encore ne pas relever les salaires, bien que les cours aient
remonté depuis lors ; elles profitèrent même des difficultés
croissantes auxquelles donnait lieu en profondeur la substitution des minerais sulfurés aux minerais oxydés pour
remanier le mode de rémunération des dépilages, en
substituant aux entreprises à long terme à tant par mètre
cube abattu le système de la rémunération à tant par tonne
suivant un taux fixé chaque quinzaine par le contremaître
d'après la nature du chantier.

Lorsque à la fin de 1901 les cours du plomb, qui
s'étaient relevés dans l'intervalle comme je l'ai dit,
eurent de nouveau subi une baisse importante, les Compagnies minières n'osèrent plus en user de nouveau comme
elles en avaient usé en 1894 en imposant d'autorité une
nouvelle diminution des salaires ; elles se contentèrent
d'offrir à leurs ouvriers le choix entre une diminution
générale de 10 p. 100 ou une restriction de l'exploitation
par voie de licenciement du personnel dans la mesure où
elles le jugeraient nécessaire. Les mineurs, consultés
par voie de referendum, préférèrent la deuxième alter-
native et ne voulurent pas se prêter, une fois de nouveau,
à un abaissement des salaires en raison de la faiblesse
momentanée des cours du plomb, abaissement qui risquait
de devenir définitif comme le précédent. Aussi, après
avoir réduit leur personnel, plusieurs des entreprises
importantes de Broken-hill arrêtèrent-elles complètement leurs travaux au milieu de 1902; il ne restait donc
en activité, au moment de mon séjour dans la région,
que les trois ou quatre plus importantes d'entre les mines

auxquelles la richesse du gisement et la perfection de leurs installations permettaient de travailler encore avec un bénéfice, si léger fût-il. J'ajoute d'ailleurs que, si les salaires à la journée n'avaient pas été modifiés, les prix unitaires d'abatage, fixés à chaque chantier suivant ses conditions spéciales, se ressentaient quelque peu de la faiblesse des cours du plomb.

Influence des Unions. — Si j'ai été frappé de la sagesse avec laquelle sont administrées les Unions de mineurs en Australasie, je ne l'ai pas été moins de constater quelle est leur influence et combien elles groupent une proportion importante des ouvriers; et, lorsque je parle des ouvriers qu'elles groupent, ce n'est pas de ceux qui assistent plus ou moins exactement à des réunions ou qui suivent plus ou moins docilement le mot d'ordre des Unions, mais de ceux qui payent régulièrement les cotisations, quelque peu élevées, qu'elles imposent à leurs membres (généralement 6 d., soit 0 fr. 60, par semaine, ce qui représente quelque 30 francs par an). Ces deux caractères, sagesse de la gestion et nombre considérable de leurs membres, vont ensemble, sans qu'il soit bien facile de distinguer si c'est parce qu'elles sont gérées raisonnablement et parce qu'elles peuvent par suite assurer de réels avantages à leurs membres qu'elles attirent beaucoup d'ouvriers dans leurs rangs, ou, inversement, si c'est parce qu'elles groupent une fraction importante du personnel, et non pas seulement quelques hommes à l'esprit agité, qu'elles se donnent des représentants raisonnables. En tous cas, comme je l'ai déjà fait observer, leur rôle comme sociétés de secours est bien fait à la fois pour rendre leur gestion sérieuse et pour leur attirer des adhérents.

En outre, en Nouvelle-Zélande, la Cour d'arbitrage et

après elle la loi d'arbitrage (loi du 20 octobre 1900, art. 2, § 5, e) donnent éventuellement une aide des plus efficaces aux Unions un peu importantes, puisqu'elles accordent à leurs membres le bénéfice de la clause de préférence dont j'ai expliqué ci-dessus la portée.

En matière d'Unions de mineurs, la Cour a toujours consenti à insérer cette clause lorsqu'elle en a été sollicitée, et cela en faisant valoir chaque fois que l'Union groupait déjà la grande majorité des mineurs. Une semblable clause revient presque, ainsi que je l'ai déjà fait remarquer, à rendre l'Union obligatoire pour les ouvriers. Les stipulations des articles 16, 17 et 18 de la sentence d'Hauraki ci-annexée donnent un exemple des dispositions adoptées en pratique par la Cour pour contraindre les patrons d'observer la clause de préférence. En fait, l'effet de cette clause est avant tout d'amener tout ouvrier non encore occupé dans un district où elle a été imposée, et désireux de s'y faire embaucher, à s'affilier à l'Union. Quant à la tenue du registre d'embauche par les soins de l'Union, ainsi que le prévoit la sentence (art. 18), et à l'examen préalable du registre par tout exploitant qui veut recruter du personnel, ce sont là des dispositions qui ne sont guère observées en fait : je tiens, d'une part du président de l'Union de Thames, que les ouvriers unionistes qui cherchent du travail négligent de se faire inscrire régulièrement sur le registre d'embauche, et d'autre part de l'un des exploitants de la région, qu'il ne s'est jamais donné la peine d'aller le consulter. Dans ces conditions, l'Union se plaint de la présence d'ouvriers non unionistes dans les travaux, soit qu'ils aient été embauchés préalablement à la sentence, soit qu'ils l'aient été depuis sous le nom d'entrepreneurs ou par quelque autre moyen détourné; mais elle n'avait cependant pas, jusqu'à mon passage à Thames (mars 1902), eu à relever de cas bien net où un exploitant ait enfreint la sentence ouvertement, sans quoi elle n'eût pas manqué de le signaler à la Cour. Il faut bien observer d'ailleurs que rien dans la sentence n'empêcherait un ouvrier, après s'être affilié à l'Union pour pouvoir se faire embaucher, de s'en retirer tout en conservant son poste. La clause de préférence est ainsi, en fait, beaucoup plus efficace par la contrainte morale qu'elle exerce sur l'ouvrier que par l'obligation effective qu'elle impose au patron au moment de l'embauche.

Ce n'est donc, en Nouvelle-Zélande, qu'exceptionnellement que les Unions de mineurs ne sont pas constituées par la presque totalité du personnel ouvrier des centres miniers ou, du moins, du personnel spécialisé de ces centres. Dans les autres Colonies, il en est presque partout à peu près de même, en particulier dans les importants bassins houillers de Newcastle et de Wollongong. La situation de Broken-hill, où l'Union ne comprend aujourd'hui, comme je le disais ci-dessus, qu'un tiers (*) environ des ouvriers du district, est certainement exceptionnelle ; elle tient, à n'en pas douter, à la lutte particulièrement violente qui a eu lieu dans le temps entre patrons et ouvriers et à l'aide que les premiers ont trouvée dans cette lutte du fait des variations fréquentes, et surtout des baisses importantes, qu'ont subies les cours du plomb dans ces dernières années, ainsi que du fait de la décroissance constante de la valeur de l'argent. J'ajoute que fréquemment les ouvriers auxiliaires des mines, qui en constituent le personnel le moins stable, passant souvent du travail des mines à tout autre

---

(*) En France, cette proportion du tiers est à peine dépassée dans l'ensemble, à en croire les syndicats eux-mêmes, dont les indications ne peuvent d'ailleurs être contrôlées par aucune comptabilité publique; ils ont, en effet, accusé tout récemment encore (10-14 mars 1905), au Congrès de la Fédération nationale des mineurs de Gardanne, 61.625 syndiqués cotisants pour toute la France, alors que l'on compte 183.738 ouvriers mineurs, dont 167.273 pour les houillères.

travail, sont affiliés à des Unions de travailleurs autres que les Unions de mineurs.

Quoi qu'il en soit, presque partout les directeurs de mines considèrent que l'Union des mineurs représente la grande majorité de leur personnel, et ils ne paraissent ni essayer de les en écarter, ni même juger qu'il soit bien souhaitable de voir l'Union disparaître ou s'affaiblir.

Il ne faudrait cependant pas croire qu'il règne entre tous les ouvriers mineurs d'une même région une entente absolue, et qu'il n'y ait pas toujours quelques dissidents ; et lorsqu'on lit, comme j'ai pu le faire dans les statuts de certaines Unions de mineurs, qu'il est interdit aux membres de l'Union de travailler à côté d'ouvriers non unionistes, il ne faut pas oublier que de semblables prescriptions restent nécessairement lettre morte, sauf dans des districts où règnent un état d'esprit et une situation tels que ceux que je signalais à Broken-hill entre 1890 et 1892, ou tels que ceux que peuvent créer en Nouvelle-Zélande des sentences arbitrales accordant aux ouvriers la clause de préférence.

Je n'ai, d'ailleurs, pas été sans entendre plus d'une fois des secrétaires ou des présidents d'Unions se lamenter qu'il y ait parmi les mineurs du district un certain nombre de dissidents qui refusent de s'affilier à l'Union, et qui n'en profitent pas moins de toutes les améliorations aux conditions du travail que celle-ci obtient par son action.

§ IV. — GROUPEMENTS PATRONAUX.

En face des unions ouvrières il existe, en matière de mines, un certain nombre de groupements patronaux ; ceux-ci ont d'ailleurs souvent évité avec soin d'avoir une existence légale, c'est-à-dire de se soumettre aux formalités d'enregistrement prévues dans les différentes

Colonies. C'est, en particulier, une telle abstention systématique qui a fait échouer la loi d'arbitrage de l'Australie du Sud, ainsi que je l'ai expliqué ci-dessus (Ire partie, chap. III, § 4). Depuis que les lois d'arbitrage obligatoire ont rendu justiciables des Cours d'arbitrage tout aussi bien les patrons isolés que les unions patronales, les patrons, et les exploitants de mines en particulier, ont pu trouver, dans les trois Colonies où il en est ainsi, quelque intérêt à se constituer en Unions régulièrement enregistrées, bien que les avantages offerts par la loi à ces groupements (tels que celui de pouvoir réclamer la contre-partie de la clause de préférence en faveur des unions ouvrières) soient, comme je l'ai déjà dit, quelque peu illusoires. En fait, dans quelques districts miniers importants, j'ai vu fonctionner avec utilité des associations d'exploitants s'occupant efficacement des divers intérêts généraux de l'industrie des mines. Mais, au point de vue des questions ouvrières, leur rôle m'a paru presque toujours se limiter à une action défensive, intervenant seulement lorsqu'elle était provoquée par les revendications des unions ouvrières ; cependant la décision rendue par la Cour d'arbitrage de la Nouvelle-Galles du Sud, en présence de la grève des ouvriers des charbonnages « Northern Extended » et de Rhondda (décision qui est reproduite par la IIe *Annexe* au présent travail), l'a été sur la plainte de l'Union des exploitants des charbonnages du Nord.

§ V. — Mines aux mineurs.

Dans un pays où les ouvriers mineurs sont aussi fortement organisés que je viens de l'indiquer, et où le Gouvernement a autant de tendances à favoriser l'élément ouvrier, on pourrait s'attendre à rencontrer de nombreuses « mines aux mineurs », d'autant plus que les gisements inexploités ne sont pas rares et que les

capitaux à engager dans une exploitation ne sont pas
nécessairement aussi élevés que chez nous. Or tel n'est
pas du tout le cas, peut-être à cause de la tournure
essentiellement pratique que les Unions ont toujours donnée à leurs réclamations, et à cause de leur entente des
affaires.

Au moment de mon séjour en Nouvelle-Zélande,
quelques malheureux mineurs, qui avaient été au nombre
d'une douzaine au début, mais qui étaient réduits à trois
ou quatre en février 1902, gagnaient misérablement leur
vie à glaner un peu de charbon à la mine de Mohikinui
(près de Westport), dont ils avaient obtenu de reprendre
l'exploitation après que la Compagnie exploitante y eut
renoncé ; les gens les plus impartiaux s'attendaient d'un
jour à l'autre à voir les derniers ouvriers, qui s'achar-
naient depuis trois ans à vouloir réussir là où le capital
avait échoué, abandonner un travail qui ne les faisait pas
vivre. De même, dans le district d'Otago, les six ouvriers
d'une drague à or, dont les propriétaires avaient fait
faillite après le « boom » du dragage de l'or en 1900,
restés créanciers de ceux-ci pour leurs salaires de plusieurs
mois, avaient pris possession de la drague et cherchaient,
sans grand succès paraît-il, à la faire fonctionner sur
la concession abandonnée par leurs anciens patrons. Enfin,
dans le district de Thames, le système de l'amodiation partielle des mines d'or à des groupes d'ouvriers, système
dont j'ai fait mention dans ce qui précède, se rapproche
quelque peu de la « mine aux mineurs ». Ni d'un côté ni
de l'autre, les ouvriers néo-zélandais qui en ont goûté
ne semblent avoir à se féliciter beaucoup de cet affran-
chissement du patronat.

Dans les autres Colonies, je n'ai eu à relever dans le
même ordre d'idées que quelques tentatives, généralement bien misérables, de reprise de mines d'or en roche
par des groupes d'ouvriers, louant à plus ou moins bon

compte le matériel d'exploitation et travaillant soit associés uniquement entre eux, soit avec l'aide de manœuvres
salariés. Il faut, d'ailleurs, ajouter que ces entreprises
procèdent beaucoup moins de théories socialistes que du
mirage exercé, sur tous ceux qui s'occupent de mines en
Australie, par une mine d'or, même bien pauvre, dans laquelle on peut toujours espérer découvrir, la chance
aidant, quelque « bonanza » qui vous enrichira en peu de
jours.

Le seul exemple important, et relativement assez florissant, que j'aie à noter d'une mine aux mineurs en
Australie, se présente précisément dans celle des Colonies où le parti ouvrier est le moins puissant et le
socialisme le moins développé, c'est-à-dire le Queensland.

La plus considérable des mines de houille du bassin
d'Ipswich, la mine d'Aberdare, est exploitée par une
association ouvrière qui l'a amodiée à son propriétaire
pour une durée de vingt-quatre ans courant actuellement
depuis huit ans.

La société est constituée par les porteurs de deux cents
actions, dont le capital (1 £, soit 25 francs par action) a
servi à couvrir les quelques frais à faire pour reprendre
une exploitation poursuivie jusque-là par le propriétaire ; chacun d'entre les porteurs d'actions travaille à la
mine, et inversement chacun des ouvriers doit, autant que
possible, posséder une action, et ce n'est qu'en attendant
que les actions nécessaires viennent à être disponibles
que quelques non-actionnaires travaillent. Le taux des
salaires et les quelques dépenses d'installations sont
réglés pour éviter toute distribution de dividendes, les
ouvriers ayant observé qu'il leur est plus avantageux
de se distribuer à eux-mêmes l'argent disponible sous
forme de salaires plutôt que sous forme de dividendes
passibles d'un lourd impôt. Malgré cela, les conditions du

travail, dans cette entreprise débarrassée du souci de la distribution de dividendes (mais astreinte, il est vrai, à une redevance d'amodiation), ne sont pas plus brillantes qu'ailleurs : la durée du séjour des ouvriers dans la mine est de 9 heures et demie, c'est-à-dire que c'est la plus longue que j'aie vu pratiquer en Australie ; — les salaires à la journée sont de 8 sh. (10 fr.) par poste pour les mineurs, et de 6 sh. (7 fr. 50) pour les rouleurs, chiffres les plus bas que j'aie eu à relever dans des mines de houille ; — les piqueurs sont payés à raison de 2 sh. 6 d. (3 fr. 125) par tonne abattue, chargée dans les bennes et roulée à une certaine distance, sans que de nombreuses bonifications soient prévues, comme cela a lieu dans les mines patronales, pour les divers cas où le travail est rendu un peu plus difficile par telle ou telle circonstance spéciale ; — enfin les traçages ont lieu à l'entreprise, système dont les Unions demandent la suppression aux patrons.

La bonne harmonie paraît régner néanmoins d'une manière satisfaisante dans l'exploitation, et les ouvriers ont su désigner deux personnes assez compétentes, et qu'ils rémunèrent convenablement, pour faire office, l'une de chef contremaître du fond (underground manager), et l'autre de directeur, à côté d'un Conseil d'administration de dix membres élus parmi les ouvriers. Cependant certaines récriminations se font jour au sujet du favoritisme qui présiderait au choix des rouleurs et manœuvres passant piqueurs.

Malgré ces circonstances favorables, et malgré la façon raisonnable dont l'affaire paraît être conduite, les bénéfices sont nuls, sans que les salaires soient élevés et sans que les sommes nécessaires puissent être consacrées aux travaux d'avenir, puisque toute l'exploitation a lieu en vallée, sans autre motif tenant à la nature du gîte que le retard des préparations.

Ce n'est donc pas encore cet exemple tiré de l'Australasie, le paradis des ouvriers mineurs, qui démontrera
que le travail puisse aisément se passer du concours du
capital, et que la suppression de la part revenant à celui-ci
permette nécessairement d'améliorer du tout au tout le
sort des ouvriers.

Les quelques indications qui précèdent suffisent, je
crois, pour mettre en évidence les caractéristiques essentielles de la situation morale des ouvriers mineurs de
l'Australasie : bien que notablement mieux partagés, en
fait, que leurs frères d'Europe, — puisque, d'une part, leurs
heures de travail sont plus courtes, et que, d'autre part,
leurs salaires beaucoup plus élevés leur permettent au
moins d'échapper toujours sans difficulté à la préoccupa-
tion du pain quotidien, — ils ne sont pas plus satisfaits de
leur sort, et ils ne mettent pas moins d'acharnement et
d'âpreté à en réclamer l'amélioration. Mais ils le font
avec plus de méthode que chez nous et d'une façon plus
raisonnable, sinon au point de vue de ce qu'ils réclament
au fond, du moins par le calme et le sérieux qu'ils y
apportent ; et c'est, sans doute, ce qui a assuré jusqu'ici
plus d'efficacité et plus de succès à leurs efforts.

Tout en rendant hommage, comme je l'ai fait, à ces
qualités, il me faut bien dire que, pas plus en Australasie
que chez nous, les représentants des ouvriers mineurs
ne paraissent se préoccuper de l'avenir de l'industrie dont
ils vivent, et dont ils cherchent inconsidérément à tirer
aujourd'hui tout ce qu'elle peut rendre, sans aucun souci du
lendemain.

Et c'est ce qui fait que l'on ne saurait se réjouir pour
eux des résultats qu'ils obtiennent, et dont ils ne sont,
d'ailleurs, jamais satisfaits.

CONCLUSION.

Comme on peut en juger par l'exposé qui précède, l'amélioration des conditions du travail des mineurs de l'Australasie a été poursuivie par eux avec une singulière tenacité et une rare persévérance depuis un demi-siècle, c'est-à-dire depuis le début même de l'industrie minière dans ces régions éloignées. Si les moyens d'action auxquels ils ont successivement eu recours pour triompher des résistances patronales, ainsi que les modes de procédure grâce auxquels ont été réalisées les satisfactions qu'ils réclamaient, ont varié avec le temps, leurs efforts n'en ont pas moins eu une remarquable continuité qui peut se mesurer à l'importance des résultats acquis. Les mineurs n'ont d'ailleurs pas été isolés au milieu du monde ouvrier dans ces efforts, — bien au contraire.

Tout d'abord ils ont essayé, non sans succès durant de longues années, de l'action directe des organisations ouvrières auprès des patrons, en l'appuyant d'ailleurs au besoin par la grève; et c'est dès les débuts du développement de l'exploitation de l'or dans la Colonie de Victoria, en 1856, que cette action se manifesta pour la première fois avec ampleur et remporta son premier succès retentissant, au cours des grèves et des troubles qui ont abouti à l'adoption dans cette Colonie de la journée de 8 heures, non seulement pour le travail des mines, mais encore pour une série d'autres industries ou métiers.

Plus tard les organisations ouvrières se sont tournées vers le pouvoir législatif, d'abord d'une façon exceptionnelle et quelque peu timide, ce qui ne les a pas empêchées par exemple de faire sanctionner par une loi dès 1883 la journée de 8 heures dans cette même Colonie de Victoria, puis ensuite d'une façon générale, et avec un singulier succès, à partir de 1890, époque de l'échec de la grande grève maritime.

Enfin le « labour party » a obtenu que la loi donne d'un seul coup aux ouvriers le droit de faire entendre, — et bien souvent admettre, — leurs revendications de tous ordres, auxquelles les lois spéciales n'avaient accordé jusque-là que peu à peu et lentement des satisfactions partielles. C'est là l'effet de l'arbitrage obligatoire qui a été institué en 1894, c'est-à-dire il y a plus de dix ans maintenant, en Nouvelle-Zélande, et qui s'est étendu déjà à l'Australie Occidentale et à la Nouvelle-Galles du Sud, puis enfin aux différends qui intéressent l'ensemble du Commonwealth australien, en attendant qu'il soit en outre adopté par les autres Colonies individuellement. Les ouvriers mineurs n'ont pas été les derniers, j'ai eu l'occasion de le faire ressortir bien des fois, à user de la nouvelle arme qui leur était ainsi donnée, et les avantages qu'ils en ont déjà retirés sont considérables.

Telles sont les trois sources qui ont concouru, chacune en son temps, et d'une manière différente mais également efficace, à l'obtention des améliorations, considérables en apparence tout au moins, qui ont été apportées à la situation des ouvriers mineurs.

Toutes trois successivement leur ont servi à obtenir le raccourcissement des heures de travail : depuis longtemps déjà la durée du labeur effectif demandé aux mineurs de l'Australasie ne dépasse pas 8 heures par jour, soit que l'extraction ait lieu à trois postes comme dans les mines métalliques, soit exceptionnellement qu'elle comporte deux postes par 24 heures, soit enfin qu'il n'y ait qu'un seul poste pour les opérations principales de l'exploitation, ce qui est la règle générale dans les houillères. Dans ce dernier cas, la durée de la présence de l'ouvrier à la mine a, pendant longtemps, été notablement supérieure à 8 heures, et elle l'est encore quelque peu dans certaines régions ; mais déjà en Nouvelle-Zélande la loi est venue in terdire qu'il en soit ainsi, et, si l'application, toute ré- cente encore, de l'arbitrage obligatoire n'a pas conduit jusqu'ici au même résultat dans les charbonnages de la Nouvelle-Galles du Sud, ce n'est pas que les ouvriers ne l'aient réclamé avec énergie, et ce n'est sans doute plus qu'une question de temps. Au total l'ouvrier mineur ne fournit en général même pas 7 heures de travail par jour. Je rappelle d'ailleurs que la durée de la journée est en outre souvent écourtée dans les chantiers chauds ou humides, qu'elle l'est de même, et pour tout le personnel, les jours de paye, enfin que presque tout travail est sus- pendu non seulement le dimanche, mais encore à l'occa- sion d'une série de jours de fête. D'autre part, l'action ouvrière s'exerce sans cesse en vue de diminuer la somme d'efforts que l'ouvrier est obligé de fournir durant ces courtes heures de travail, et c'est en particulier le but auquel tendent les perpétuelles revendications relatives soit à la suppression du travail par contrats, soit à la ga- rantie d'un minimum de salaire aux ouvriers des entre- prises.

L'élévation extrême des salaires, qui a été réalisée con- curremment avec la diminution du travail à fournir, l'a été sans le secours direct de la loi ; celle-ci s'est en effet abstenue jusqu'ici, dans toutes les Colonies, de rien prescrire en matière de salaires d'ouvriers mineurs. C'étaient donc, jusqu'à ces dernières années, la loi de l'offre et de la demande et l'action directe des organisations ouvrières qui avaient imposé aux exploitants de tous les districts miniers, et tout spécialement des districts les plus recu- lés, l'adoption de très hauts salaires ; mais, depuis quelques années, la pratique de l'arbitrage, devenu obligatoire, n'a fait que les relever encore notablement dans l'ensemble. C'est ainsi que les simples manœuvres, travaillant au fond ou même au jour, ne gagnent pas moins de 7 fr. 50 par jour dans les régions où ils sont le moins bien partagés, et souvent jusqu'à 12 fr. 50 dans les autres, tandis que les mineurs proprement dits s'assurent des moyennes journalières de 10 à 20 et même 25 francs. Dans ces conditions, les salaires annuels varient couramment de 2.000 à 4.000 francs, suivant les régions et suivant le genre de travail de l'ouvrier.

Ce sont, au contraire, les lois, aidées seulement, sauf de bien rares exceptions, par une très heureuse initiative des groupements ouvriers à l'exclusion de toute intervention patronale, qui ont pourvu à la protection des travailleurs et aux mesures de prévoyance; mais c'est en général à peine si les ouvriers mineurs de l'Australasie se trouvent de la sorte aussi bien traités à ce point de vue que les nôtres.

La sécurité des exploitations souterraines, sans être complètement oubliée et sans être trop précaire, notamment grâce à des conditions naturelles souvent très favorables, n'est de loin pas portée au même degré que chez nous; de même la protection des jeunes travailleurs est moins complète, et, si les Unions réclament souvent la limitation de leur emploi, c'est beaucoup plutôt pour éviter leur concurrence aux adultes que par sollicitude pour les jeunes gens. Les indemnités en cas d'accident, les secours en cas de maladie, les retraites d'âge sont assurés tant bien que mal, moitié aux frais des exploitants en vertu de prescriptions légales, et moitié aux frais des ouvriers par leurs Unions ou par des sociétés de secours mutuels. Nos mineurs ne me paraissent donc rien avoir à envier non plus en matière de prévoyance sociale à leurs camarades de l'Australasie, sinon, peut-être, leur esprit d'initiative personnelle.

Dans de telles conditions, il semblerait au premier abord que l'ouvrier mineur devrait être singulièrement plus heureux en Australasie qu'il ne l'est chez nous, puisque, travaillant moins, il touche des salaires doubles ou triples de ceux de l'Europe. Mais tel n'est point du tout le fait : d'abord parce que les très hauts salaires qu'il reçoit ont un pouvoir d'achat à peine supérieur à celui des salaires modestes du mineur européen, et ensuite, et surtout, parce qu'il ne sait pas se contenter de ses courtes heures de travail et de ses beaux salaires mieux que son camarade du vieux monde, qui peine davantage et qui est moins bien rémunéré.

Un résultat, et non des moindres, reste néanmoins acquis au point de vue matériel en faveur de l'ouvrier mineur des Colonies australasiennes, c'est qu'il parvient très aisément à gagner de quoi se nourrir lui-même et de quoi nourrir sa famille, même nombreuse. Mais c'est là un résultat dont je ne puis pas plus attribuer le mérite aux efforts des organisations ouvrières qu'à la situation politique du pays. Il m'apparaît uniquement comme une conséquence naturelle de ce fait que les Australiens, et surtout les Néo-Zélandais (*), constituent une population fort peu dense, vivant sur des étendues incomparablement plus considérables que les Européens (en restreignant bien entendu l'Australie aux parties arrosées et fertiles qui jouissent d'un climat tempéré) ; ce sont ainsi quelques millions d'hommes à peine qui se partagent entre eux les productions de la terre et les richesses

---

(*) La Nouvelle-Zélande, dont le climat, bien que comportant des différences importantes de l'extrémité méridionale à l'extrémité septentrionale de la Colonie, est très comparable à celui de la France, et dont le sol est fertile et bien arrosé, ne nourrit pas plus de 810.000 habitants (Maoris compris) pour une superficie de 270.000 kilomètres carrés, soit 3 habitants par kilomètre carré seulement contre 72 en France.

naturelles qui, normalement, devraient faire vivre des dizaines ou même une centaine de millions d'habitants.

Par contre, la restriction du travail que consentent à fournir ceux qui exploitent les richesses de semblables contrées et l'élévation des salaires qu'ils exigent ne peuvent qu'aboutir à la limitation très rapide des ressources utilisables dans ces conditions, et au gaspillage des gîtes. Ce sont là des effets qui n'apparaissent peut-être pas avec une complète évidence, surtout à celui qui ne les veut point voir, mais qui doivent se produire fatalement par le jeu même des lois les plus élémentaires de l'industrie; et cela est tout particulièrement inévitable, en matière de mines, lorsque les produits de ces mines sont destinés à être exportés et à entrer en concurrence avec ceux des mines des autres pays.

Un tel effet s'est déjà manifesté dans plus d'une des régions minières de la Nouvelle-Zélande et de l'Australie, où le développement de l'exploitation s'est trouvé soit enrayé dès le début, soit trop rapidement arrêté; et cela ne fera que se marquer davantage à l'avenir d'année en année. Tant que n'est pas achevée l'exploration des richesses contenues dans le sous-sol de ces vastes régions, les découvertes nouvelles viennent chaque jour suppléer à l'épuisement prématuré des ressources reconnues les premières. Mais, le jour où cette exploration sera terminée, ou du moins sera près de l'être, cet effet se fera sentir bien autrement; et, tandis que quelques Colonies, comme celle de Victoria par exemple, sont seules à en souffrir aujourd'hui, pendant que d'autres, comme l'Australie Occidentale, sont encore en pleine période de découvertes nouvelles, la décadence générale de l'industrie minière de l'Australie n'est peut-être pas très loin de se prononcer. Cela est d'ailleurs d'autant plus inquiétant que, dans toutes les Colonies, sauf peut-être l'Australie Occidentale, les grandes villes, parfois les campagnes, quelquefois même les districts miniers, regorgent de sans-travail (unemployed), si bien que le problème de remédier à cette calamité se pose déjà de la façon la plus sérieuse aux différents Gouvernements. La menace de l'épuisement des ressources minières exploitables est donc des plus redoutables pour l'Australasie, et le jour où cet épuisement commencera à se faire sentir sérieusement dans l'ensemble est peut-être plus proche qu'on ne veut l'admettre.

Ce jour-là, sans doute, les mineurs s'apercevront qu'ils ont tué la poule aux œufs d'or ; mais il sera trop tard, car, à supposer même que l'on puisse revenir en arrière en matière de salaires et d'heures de travail, un gîte qui a été gaspillé par ce fait que les conditions de la main-d'œuvre étaient trop onéreuses ne saurait généralement être repris ultérieurement, même grâce à des conditions meilleures.

Et encore si ces ouvriers tuaient gaiement la poule aux œufs d'or, — c'est-à-dire s'ils donnaient le spectacle d'une population satisfaite de son sort, mettant à accomplir les courtes journées de travail et à gagner les beaux salaires que j'ai dits cette joyeuse activité dont parlent souvent les partisans de la journée de huit heures chez nous, et s'ils montraient au monde l'exemple d'un éden du travail, où patrons et ouvriers vivraient dans cet accord que chacun souhaite, mais que bien peu savent réaliser, — peut-être pourrait-on ne pas songer au lendemain qui se prépare ! Il faudrait d'ailleurs pour cela non seulement prendre son parti, comme je le ferais volontiers, de laisser diminuer de la sorte les réserves d'or que l'homme pourra arracher aux entrailles de la terre, mais il faudrait encore oublier, ce qui est plus grave, que ceux qui aujourd'hui vivent ainsi de l'exploitation de ces richesses raccourcissent à plaisir la durée pendant laquelle cette exploitation pourra se continuer et servir de gagne-pain à des milliers de travailleurs !

Mais je dois bien dire que nulle part je n'ai été témoin de cette satisfaction à laquelle je faisais allusion. Partout, au contraire, les plaintes, les récriminations et les revendications ouvrières, quelque peu justifiées qu'elles aient été, — ou du moins quelque peu intéressantes qu'elles aient paru à quelqu'un d'habitué à celles qu'ont coutume de formuler nos mineurs français, — ont vivement résonné à mes oreilles et m'ont paru trahir de la part de la classe ouvrière une absence de satisfaction, et même un mécontentement, bien marqués.

Ce n'est donc pas encore aux antipodes que nous pourrions aller prendre exemple pour résoudre les graves problèmes que les questions ouvrières posent dans l'industrie extractive (peut-être même puis-je étendre cette conclusion à l'industrie en général) ; et ce ne sont ni les syndicats ouvriers, bien mieux organisés et bien plus puissants que chez nous, ni les lois ouvrières, si développées en Australasie, ni l'institution de l'arbitrage obligatoire, qu'on a voulu représenter comme une panacée universelle en la matière, qui ont résolu le difficile problème de l'accord entre le capital et le travail dans l'exploitation des mines.

Paris, avril 1905.

DOCUMENTS RELATIFS AU DIFFÉREND INDUSTRIEL DES MINES D'OR DE LA RÉGION D'HAURAKI (N.Z.).

1° DEMANDES INITIALES DES OUVRIERS.

CONDITIONS DE TRAVAIL ADOPTÉES (*) PAR L'UNION DES MINEURS DE THAMES POUR LE DISTRICT DE WAIHI (**).

MINES.

1. — Le travail de la semaine comprendra 46 heures pour les hommes du poste du matin et du poste de l'après-midi, et 47 heures pour les hommes du poste de nuit. Le travail commencera à 1 heure du matin le lundi, et cessera à 8 heures du soir le samedi. Les heures de travail pour tous les ouvriers du jour seront de 8 heures du matin à 4 heures de l'après-midi, et le samedi de 8 heures du matin à 2 heures de l'après-midi.

2. — Le taux des salaires sera le suivant :

Chefs de poste ...	12 shellings	Hommes travaillant avec des perforatrices......	10 shellings
Seconds chefs de poste..........	11 —		
Machinistes......	11 —	Forgerons.........	11 —
Mineurs en fonçages..........	10 —	Charpentiers.....	10 sh. 6 d.
		Boiseurs.........	10 shellings
Mineurs en traçages ou dépilages	9 —	Machinistes......	10 sh. 6 d.
Enchaîneurs.....	9 —	Chauffeurs.......	9 shellings
Receveurs.......	9 —	Affûteurs d'outils.	9 —
Mineurs en montages..........	9 sh. 9 d.	Rouleurs........	8 sh. 6 d.
		Manœuvres au jour	8 sh. 6 d.
Mineurs en descenderies......	9 sh. 6 d.	Pompiers et réparationnaires des puits..........	12 shellings
Remblayeurs....	8 sh. 6 d.	Ajusteurs........	11 sh. 6 d.

(*) A la date du 20 février 1901.

(**) Le différend, soulevé au début seulement pour la compagnie des mines de Waihi, a été étendu ensuite à toutes les compagnies minières de la région d'Hauraki, dont les ouvriers constituent une Union unique ayant son siège dans la localité de Thames.

3. — Dans les puits humides et autres travaux humides, un poste de 6 heures constituera la durée normale du travail journalier.

4. — La proportion des jeunes ouvriers n'excédera pas un pour cinq mineurs expérimentés.

5. — Les heures supplémentaires seront payées à raison de une fois et demie le tarif normal, et tout travail effectué le dimanche sera payé double.

6. — Les jeunes ouvriers de 16 à 18 ans seront payés 7 shellings par jour; au-dessus de 18 ans, ils recevront intégralement le salaire prévu par le tableau ci-dessus.

7. — Aucun ouvrier de moins de 18 ans ne sera chargé du service d'une recette comme enchaîneur ou receveur.

8. — Le système des entreprises ne sera pas admis pour le travail souterrain des mines, sauf dans les conditions qui seraient expressément fixées par un arrangement ou par le Comité de conciliation.

9. — La préférence d'emploi sera assurée aux membres de l'Union, pourvu qu'ils soient aussi compétents pour le travail spécial demandé que les ouvriers qui n'en sont pas membres, qu'ils soient en état de l'exécuter, et qu'ils en soient désireux. Les membres de l'Union qui ont été renvoyés par la Compagnie des mines d'or de Waihi seront réintégrés, et ils recevront une indemnité pour la durée de leur chômage.

Ce qui précède s'appliquera à la fois aux ouvriers de la mine et à ceux de l'usine de broyage.

PERSONNEL DES USINES DE BROYAGE.

Le travail de la semaine comprendra 46 heures pour les hommes du poste du matin et de l'après-midi, et 47 heures pour les hommes du poste de nuit. Le travail commencera à 1 heure du matin le lundi et cessera le samedi à 8 heures du soir. Les heures de travail pour tous les ouvriers de l'extérieur seront de 8 heures du matin à 4 heures de l'après-midi, et le samedi de 8 heures du matin à 2 heures de l'après-midi.

Usines de cyanuration :

Broyage à sec, contremaîtres	12 shellings
— seconds..............	10 —
— ouvriers évacuant les tailings	8 sh. 4 d.

Broyage à l'eau, contremaîtres......... 11 shellings
— seconds............. 9 —

Ouvriers des filtres-presses :
Contremaîtres................... 11 shellings
Seconds...................... 9 —

Usines de broyage :
1° A sec, contremaîtres............. 12 shellings
— préposés aux bocards....... 10 —
— graisseurs .... 8 sh. 4 d.
2° A l'eau, contremaîtres........... 11 shellings
— préposés aux bocards...... 9 —
— graisseurs............... 8 sh. 4 d.
Gardiens...................... 8 sh. 4 d.

Entretien des usines :
1° Broyage à sec, premiers ouvriers... 11 shellings
— seconds ouvriers.... 10 —
2° Broyage à l'eau, premiers ouvriers. 10 —
— seconds ouvriers.. 9 —

Concasseurs :
1° Broyage à sec, préposés aux concasseurs........ 11 shellings
— rouleurs. .... 10 —
2° Broyage à l'eau, préposés aux concasseurs .... 10 —
— rouleurs........ 9 —

Kilns de grillage :
Préposés aux kilns.................. 11 shellings
Aides et chargeurs de bois........... 9 —

Mécaniciens et ajusteurs :
Ajusteurs et tourneurs.............. 12 shellings
Mécaniciens de 1re classe............ 12 —
— 2me — .... 10 —

Pour plus de 50 chevaux de puissance, il y aura un chauffeur.
Chauffeurs jusqu'à 100 chevaux....... 9 shellings
— au-dessus de 100 chevaux.. 10 —
Forgerons...................... 12 —
Frappeurs...................... 9 —

Charpentiers........................	11 sh. 8 d.
— s'ils travaillent dans la poussière.............	12 sh. 8 d.
Plombiers.........................	12 shellings
Scieurs (ouvriers de tête)............	12 shellings
— (aides).....................	9 —
Manœuvres (en tous endroits)........	8 —
Dimanches et jours de fête...........	tarif double
Heures supplémentaires ordinaires....	moitié en plus

La préférence d'emploi sera assurée aux membres de l'Union, pourvu qu'ils soient aussi compétents pour le travail spécial demandé que les ouvriers qui n'en sont pas membres, qu'ils soient en état de l'exécuter, et qu'ils en soient désireux.

2° RECOMMANDATIONS DU COMITÉ DE CONCILIATION.

APPLICATION DE LA LOI DE 1900 SUR LA CONCILIATION ET L'ARBITRAGE DANS L'INDUSTRIE.
COMITÉ DE CONCILIATION DU DISTRICT INDUSTRIEL DU NORD.

Relativement au différend industriel qui s'est élevé entre la Compagnie des mines d'or de Waihi et d'autres Compagnies, d'une part, et l'Union professionnelle des mineurs de Thames, d'autre part, et conformément à la demande formulée par celle-ci en vue du règlement du différend,

Le Comité de conciliation, après avoir pris en considération toutes les questions soulevées par le susdit différend, fait les recommandations suivantes :

1. — Le travail de la semaine comprendra 46 heures pour les hommes du poste du matin et de l'après-midi et 47 heures pour les hommes du poste de nuit, y compris la durée du repas. Le travail commencera le lundi à 1 heure du matin et finira le samedi à 8 heures du soir. Le travail de la semaine, pour tous les ouvriers du jour qui ne sont pas répartis par postes, comprendra 47 heures de travail effectif, durée du repas non comprise. Dans

les usines de broyage le poste sera de huit heures, y compris la durée du repas, et le travail commencera à minuit le dimanche pour cesser le samedi à minuit.

2. — Le taux minimum des salaires sera le suivant :

1° Mines :

Machinistes.	9 sh. 6 d.
Mécaniciens conduisant les pompes, astreints à avoir des certificats de 1re classe, et travaillant par postes.	10 shellings
Autres mécaniciens astreints à avoir des certificats de 1re classe, et travaillant par postes	9 —
Mineurs en dépilages et en traçages. . . .	8 sh. 4 d.
Mineurs dans les puits	9 sh. 4 d.
Mineurs en montages.	8 sh. 6 d.
Mineurs en descenderies	8 sh. 6 d.
Hommes chargés des perforatrices.	9 sh. 5 d.
Enchaîneurs.	8 sh. 5 d.
Receveurs	8 sh. 4 d.
Remblayeurs.	7 sh. 10 d.
Forgerons	9 sh. 6 d.
Charpentiers.	9 sh. 6 d.
Boiseurs	9 shellings
Chauffeurs travaillant par postes.	8 sh. 4 d.
Affûteurs d'outils.	8 sh. 4 d.
Rouleurs.	7 sh. 6 d.
Manœuvres au jour	7 sh. 10 d.
Ouvriers des puits et pompiers.	11 shellings
Ajusteurs.	10 —

2° Personnel des usines de broyage : usines de broyage à l'eau, usines de cyanuration et kilns de grillage :

Contremaîtres.	8 sh. 6 d.
Ouvriers des kilns et chargeurs de bois. .	8 shellings
Ouvriers chargés des bocards.	8 —
Amalgamateurs	9 —
Ouvriers chargés des concasseurs.	9 —
Alimenteurs.	7 sh. 6 d.
Ouvriers des filtres-presses.	8 shellings
Rouleurs.	7 sh. 6 d.
Ouvriers évacuant les tailings.	7 sh. 4 d.

Graisseurs.	7 sh. 4 d.
Ouvriers réparationnaires.	7 sh. 8 d.
Ajusteurs et tourneurs.	10 shellings
Mécaniciens astreints à avoir des certificats de 1re classe, et travaillant par postes.	9 sh. 8 d.
Chauffeurs travaillant par postes.	8 shellings
Forgerons	9 sh. 6 d.
Frappeurs	7 sh. 6 d.
Charpentiers.	9 sh. 6 d.
Plombiers	9 shellings
Manœuvres.	7 —

Dans les usines de broyage à sec, tout le personnel travaillant dans la poussière recevra par poste 1 shelling de plus que le salaire ci-dessus fixé.

3. — Si un ouvrier est, en raison de son âge ou d'une infirmité, incapable de gagner le salaire minimum, son cas sera soumis à un comité, constitué par un représentant de l'employeur et un délégué de l'Union, qui fixera le salaire à payer audit ouvrier.

4. — Dans les puits humides, le travail journalier sera de 6 heures.

5. — La proportion des jeunes ouvriers employés n'excédera pas un pour quatre mineurs expérimentés.

6. — Les jeunes ouvriers employés au fond recevront les salaires suivants :

Entre 16 et 17 ans.	5 shellings
Entre 17 et 18 ans.	5 sh. 6 d.
Entre 18 et 19 ans.	6 shellings
Entre 19 et 20 ans.	6 sh. 6 d.
Entre 20 et 21 ans.	7 sh. 6 d.

7. — Aucun ouvrier de moins de 18 ans ne sera chargé du service d'une recette comme enchaîneur ou comme receveur.

8. — A l'exception des travaux relatifs à l'épuisement, à la réparation des avaries de machines, et au service de la cyanuration, les heures supplémentaires seront payées un quart en sus, et le travail du dimanche sera payé moitié en sus.

9. — Dans le cas du travail par entreprise, sauf pour les forfaits mensuels, les conditions dans lesquelles il sera exécuté seront consignées par écrit, et aucune Compagnie ne devra donner aucun travail à accomplir par entreprise, dans une mine

ou aux abords d'une mine, sans introduire dans le contrat cette stipulation formelle que les entrepreneurs devront payer aux ouvriers qu'ils emploieront à la journée les salaires minima indiqués par le Comité; 75 p. 100 du prix du travail effectué seront payés chaque mois aux entrepreneurs au jour habituel de paye de la mine, sur le vu d'un certificat du directeur constatant que le travail a été dûment exécuté à sa satisfaction. Le solde de 25 p. 100 sera payé aux entrepreneurs à celui des jours habituels de paye qui suivra l'achèvement du travail, à condition que les entrepreneurs aient établi que tout ce qu'ils devaient pour la main-d'œuvre qu'ils ont employée a été dûment payé. Avant chacun des jours de paye mensuelle, les entrepreneurs devront fournir à la Compagnie un compte sincère et correct des sommes gagnées par leurs ouvriers; le montant de ce compte sera payé par la Compagnie auxdits ouvriers et sera déduit des paiements mensuels à faire aux entrepreneurs; le reçu de ces paiements constituera pour la Compagnie, sous réserve du solde restant à payer aux entrepreneurs sur chaque paye partielle ou sur la paye finale, décharge des sommes à eux dues. Dans les contrats conclus suivant le système connu sous le nom de forfait mensuel, lorsqu'un entrepreneur rompra son contrat faute de pouvoir se faire un salaire suffisant, il devra lui être fait paiement intégral du travail exécuté.

10. — Aussi longtemps que les statuts de l'Union des mineurs de Thames permettront à toute personne actuellement employée dans ce district industriel (ou qui viendrait par la suite à y résider), qui serait de bonnes mœurs et d'habitudes sobres, et qui serait un ouvrier compétent, de devenir membre de cette Union sur la simple demande qu'il en ferait par écrit, et moyennant le paiement d'un droit d'entrée n'excédant pas 5 shellings et de cotisations ultérieures, payables par semaine ou autrement, n'excédant pas 6 d. par semaine, sans qu'il y ait lieu pour son admission à aucun vote ou à aucune élection, les patrons devront employer les membres de ladite Union de préférence aux ouvriers qui n'en sont pas membres, à condition qu'il y ait des membres de l'Union qui soient aussi qualifiés que ceux qui ne le sont pas pour accomplir le travail spécial à faire, qui soient prêts à l'entreprendre, et qui y consentent : cependant la présente clause n'affectera pas les engagements qui peuvent exister entre patrons et ouvriers non unionistes au moment où sont faites ces recommandations. Lorsque des membres de l'Union des mineurs et des ouvriers qui n'en sont pas membres seront employés ensemble,

il ne devra y avoir aucune distinction entre les uns et les autres, et tous devront travailler en bonne intelligence et devront recevoir le même salaire pour le même travail.

11. — Le personnel des mines qui se trouvent situées à une distance de moins de 4 milles d'une banque devra être payé comptant chaque quinzaine.

12. — Le jour de fête de l'Union des mineurs sera considéré comme un jour de fête légal.

13. — Les présentes recommandations entreront en vigueur le 1ᵉʳ août prochain et resteront en vigueur jusqu'au 31 juillet 1904.

A. H. COLLINS,
président.

Tribunal Suprême. — Auckland, 10 juin 1901.

OBSERVATIONS. — En ce qui touche à la demande de réintégration des ouvriers renvoyés de la mine de Waihi et d'indemnité pour chômage en leur faveur, le Comité estime que c'est là une question à trancher par la Cour, et, dans ces conditions, cette question n'est pas traitée par les présentes recommandations; mais le Comité suggère que la Compagnie de Waihi pourrait rembourser à l'Union les sommes qui ont été jusqu'ici déboursées par elle pour le paiement des ouvriers renvoyés en raison du chômage qu'ils ont subi jusqu'à ce jour; quant à la réintégration de ces hommes, elle lui paraît devoir être laissée à la discrétion du directeur.

3° SENTENCE DE LA COUR D'ARBITRAGE.

Avant de donner lecture de la sentence, Son Honneur (*), parlant en son nom et au nom de ses assesseurs, a dit :

L'importance des questions soulevées dans ce différend, tant en raison du nombre des personnes qu'il touche du côté des ouvriers, que du nombre des Compagnies et des propriétaires de mines qu'il intéresse, que de la nature de l'industrie à laquelle il se rapporte, et enfin que de son influence sur l'ensemble des intérêts de ce district industriel, nous a paru nécessiter que nous fassions connaître les raisons qui nous ont dicté la sentence que nous allons rendre.

_____

(*) Le président de la Cour d'arbitrage, juge du Tribunal Suprême de la Colonie.

Les demandes présentées par l'Union, et actuellement soumises
à la Cour en vertu de la loi de 1900 sur la conciliation et l'arbitrage dans l'industrie, intéressent toutes les Compagnies minières
et tous les propriétaires de mines qui, soit maintenant, soit par
la suite pendant la durée d'application de la sentence, exploitent
ou exploiteront l'or ou l'argent dans le district industriel d'Auckland; elles englobent en particulier les régions minières généralement connues sous les noms de Waihi, Waitekauri, Karangahake, Thames, Coromandel, et l'île de la Grande-Barrière.

Ces demandes se ramènent pratiquement à trois questions
principales :

1. — Les heures de travail;
2. — Le taux minimum des salaires ;
3. — Les entreprises.

Accessoirement la Cour avait aussi à régler le nombre des
jeunes ouvriers qui pourraient être employés dans les mines et
dans les usines de broyage, et à examiner la question de l'emploi
des membres de l'Union de préférence aux autres ouvriers.

HEURES DE TRAVAIL.

Les heures de travail généralement adoptées aujourd'hui pour
les ouvriers du fond sont, dans l'ensemble, celles qui sont
réclamées par l'Union, et la principale question, du moins en
ce qui concerne les mines proprement dites, était la demande de
l'Union tendant à ce que les ouvriers du jour soient traités de
même que les ouvriers du fond, et n'aient à fournir que
46 heures de travail par semaine en y comptant le temps du
repas, au lieu de la durée actuelle, soit 8 heures par jour repas
non compris.

La durée habituelle du travail pour un manœuvre dans ce district industriel, lorsqu'il est payé à la journée, est de 8 heures;
aussi l'Union n'a-t-elle pas pu nous convaincre que la Cour
serait fondée à réduire le travail des manœuvres ordinaires du
jour, de 48 heures par semaine, à une durée qui équivaudrait
pratiquement à 43 ou 44 heures seulement. L'ouvrier du jour
employé aux abords d'une mine n'est, à notre avis, en ce qui
touche aux points essentiels, nullement dans des conditions différentes de celles des ouvriers ordinaires occupés aux terrasse-
ments ou aux travaux de la terre ; et nous n'avons pas cru pouvoir admettre cette prétention que, la durée de travail des
ouvriers du fond étant actuellement moindre que celle des

ouvriers du jour, les uns et les autres devraient nécessairemen être placés sur le même pied.

Les mineurs du fond travaillent dans des conditions différentes des ouvriers du jour, et la coutume, qui s'est établie dans cette région minière, de limiter la durée de travail des ouvriers du fond et de ceux qui occupent à la surface les fonctions les plus essentielles à la bonne marche de la mine à 46 ou 47 heures, y compris la durée du repas, est fondée sur des raisons qui ne s'appliquent pas du tout aux simples manœuvres du jour.

Aussi estimons-nous que les ouvriers de la surface doivent travailler 8 heures pleines par jour

Nous n'estimons pas non plus qu'aucune modification doive être apportée dans l'organisation habituelle des postes de 8 heures actuellement adoptée dans les usines de broyage. Dans les usines où le broyage a lieu à sec, nous pensons que c'est par une augmentation des salaires qu'il doit être tenu compte des conditions spéciales du travail, et c'est ce que fait la sentence ; mais il est essentiel pour le bon fonctionnement des usines de broyage en pleine marche, spécialement lorsqu'on a recours à la cyanuration, que les opérations ne soient arrêtées que le moins longtemps possible.

Le législateur a, par la loi de 1897, destinée à limiter le travail du dimanche dans les mines, décidé que le travail serait interrompu depuis le samedi à minuit jusqu'au dimanche à minuit ; et, comme les ouvriers ne doivent pas, sauf au cas où il est nécessaire qu'ils fassent des heures supplémentaires, travailler plus de 8 heures par 24 heures, le travail est organisé par postes de 8 heures ; nous n'avons pas cru devoir désorganiser le fonctionnement des usines de broyage en exigeant que ces usines soient pratiquement fermées à partir du samedi à 8 heures du soir.

Nous avons limité la durée du travail dans les puits humides, dans les chantiers humides, ainsi que dans les chantiers chauds et mal aérés des mines, à un poste de 6 heures, parce que nous considérons que 6 heures de travail dans ces chantiers spéciaux sont pleinement équivalentes à 8 heures de travail dans les autres parties de la mine.

TAUX DES SALAIRES.

Ainsi que l'indique le tableau annexé à la sentence, les salaires minima ont été fixés, sous réserve de quelques rares exceptions, aux taux qui, en fait, sont actuellement admis comme taux minima, respectivement pour les diverses catégories d'ouvriers dans les différentes régions.

Voici les raisons qui nous ont décidés :

Nous sommes convaincus que l'industrie des mines d'or de ce district industriel est, malgré un accroissement de la production de la mine d'or de Waihi, dans une situation languissante, et même qu'elle subit une dépression. Un grand nombre de milliers de livres ont été enfouis, en différents points du district, dans des travaux de reconnaissance qui n'ont pas été rémunérés jusqu'ici.

Dans bien des cas, l'argent a été complètement perdu. Dans d'autres cas, la situation est si critique, qu'à moins que de nouveaux fonds ne soient versés pour permettre la continuation des reconnaissances dans l'espoir d'obtenir des résultats rémunérateurs, des Compagnies employant actuellement un nombre considérable d'ouvriers devront sombrer, et les ouvriers qu'elles occupent seront privés de leur emploi. Les circonstances sont déjà très suffisamment défavorables, et nous sommes convaincus que si, par l'effet de la sentence de cette Cour, les dépenses des travaux de reconnaissance se trouvaient accrues d'un sixième, les chances qu'il peut y avoir aujourd'hui de trouver de nouveaux capitaux pour continuer les reconnaissances seraient, dans bien des cas, anéanties. Cette Cour serait donc mal fondée, à notre avis, à accroître le taux des salaires de manière à ruiner, ou tout au moins à paralyser dans une large mesure, une industrie dont tant d'ouvriers tirent aujourd'hui leurs moyens d'existence, et dans laquelle tant de personnes ont engagé leurs capitaux.

Les statistiques qui nous ont été fournies par le bureau du Warden (*), et qui indiquent, pour les douze derniers mois, le nombre des permis de recherches et des « claims » abandonnés, pour lesquels il a été accordé des sursis ou pour lesquels il a été donné l'autorisation de ne travailler qu'avec un nombre réduit d'ouvriers (**), ainsi que les témoignages recueillis au cours des débats et les indications fournies à la Cour par différentes Compagnies, nous ont également prouvé que l'industrie des mines dans le district

---

(*) Le Warden est le magistrat spécialement chargé de la police des mines et recherches de mines.

(**) Ces différentes expressions ont trait à la législation spéciale des mines d'or de la Colonie, qui astreint celui qui veut conserver des titres à la propriété d'un gisement à y maintenir constamment en activité des travaux occupant au moins un nombre déterminé d'ouvriers.

d'Hauraki est dans une situation très critique, et que la Cour serait mal fondée, à moins que de très puissants motifs ne l'y obligent, à augmenter les dépenses qu'il est actuellement nécessaire de faire pour tenter d'assurer le développement de cette industrie.

Or, de semblables motifs ne nous ont pas paru exister. Le taux minimum des salaires actuellement payés à la généralité des mineurs dans les régions autres que celle de Thames est, et a constamment été dans les quelques dernières années, de 8 shellings par poste. L'Union compte aujourd'hui plusieurs années d'existence comprenant en particulier la durée du dernier « boom » minier qui s'est produit dans ce district; et, jusqu'au jour où s'est produite la demande qui fait l'objet du présent débat, il ne s'était encore élevé aucune difficulté du fait d'accroissements de salaires réclamés par les mineurs.

L'Union elle-même, par ses statuts qui ont été réenregistrés et votés à nouveau pas plus tard qu'au mois de décembre 1899, déclarait que le salaire minimum pour les mineurs travaillant au front de taille, dans un rayon de deux milles à partir du siège social de l'Union (Thames), devait être de 7 sh. 6 d. par jour, et de 8 shellings en dehors de ce rayon; et elle ajoutait que le taux des salaires, pour les différentes catégories d'ouvriers occupés aux opérations accessoires de l'exploitation, devait être conforme au taux couramment adopté à l'époque.

On soutient aujourd'hui que ces indications ne traduisaient pas réellement l'opinion qu'avait alors l'Union, car elles n'étaient que la reproduction textuelle d'indications figurant précédemment dans les statuts antérieurs; or non seulement l'Union a fait réenregistrer le 28 décembre 1899 les statuts contenant ces indications, mais encore, en juillet 1899, il a été présenté au Comité de conciliation, relativement aux mineurs alors occupés à Waihi par la « Waihi Silverton Company », une demande tendant à l'obtention de ce même minimum de salaires.

La cherté de l'existence a bien subi, dans les dix-huit derniers mois, une augmentation en ce qui concerne quelques articles; mais un examen attentif des preuves qui nous en ont été fournies et des chiffres qui nous ont été produits montre, croyons-nous, que, dans l'ensemble, le prix de la vie dans chacune des régions intéressées est en fait le même qu'il y a dix-huit mois.

On soutenait également que la Cour devait se régler sur les dispositions de la sentence de Reefton (*), rendue en janvier 1900;

_____

(*) Le district de Reefton et celui d'Hauraki constituent ensemble

mais cette sentence était basée sur le taux des salaires qui étaient payés couramment à Reefton dans les conditions qui s'y trouvaient réalisées à ce moment-là. Les conditions dans lesquelles se trouve actuellement ce district-ci ne sont, à notre avis, nullement analogues à celles du district de Reefton il y a dix-huit mois.

D'autre part, cet argument que deux ou trois Compagnies de ce district obtiennent de bons résultats, et qu'en conséquence le taux des salaires devrait être réglé d'après les bénéfices réalisés par ces Compagnies, ne saurait, à notre avis, fournir une raison valable pour faire fixer un taux de salaires élevé dans un district où la grande majorité des mines n'arrivent pas à des résultats rémunérateurs.

Nous devons prendre en considération l'industrie dans son ensemble, et cela nous conduit à regarder le taux courant des salaires, qui a été accepté par les ouvriers eux-mêmes, comme constituant une juste rémunération de leur travail; et, si nous n'avons pas d'autres bonnes et sérieuses raisons de le faire, nous ne sommes pas fondés à accroître ce taux de ce seul fait que les affaires d'un ou deux patrons prospèrent. Et nous devons aussi envisager l'effet que produirait une augmentation de ces salaires sur l'industrie dans son ensemble et sur les ouvriers eux-mêmes. Nous pensons que donner satisfaction aux demandes de l'Union serait faire un acte qui, dans l'état actuel de l'industrie minière de cette région-ci en particulier, aboutirait, pour un grand nombre d'ouvriers, à la perte de leurs moyens d'existence actuels; nous estimons en conséquence que la Cour est pleinement fondée à adopter l'échelle fixée par notre sentence.

M. Slater(*) n'a pas été d'accord pour accepter le taux minimum de salaires fixé par la sentence, et il estimait que ce taux aurait dû être fixé suivant une échelle supérieure; il n'a pas non plus adhéré aux clauses relatives aux surveillants et contre-maîtres.

SYSTÈME DES FORFAITS MENSUELS.

Nous considérons que ce système, qui fonctionne dans une ou deux mines à Karangahake, doit être aboli : le directeur de la mine fixe un certain prix pour un travail déterminé; si l'ou-

---

les deux districts de mines d'or en roche importants de la Nouvelle-Zélande.

(*) M. Slater est le membre ouvrier de la Cour d'arbitrage.

vrier l'accomplit, il touche son salaire; s'il n'y parvient pas
il. perd la somme qu'il a déposée et le tant pour cent qui a
été retenu (*). Cela est tout différent, comme principe, d'une
entreprise; c'est en réalité un travail à prix fait dont le prix
n'est fixé que par l'une des parties, et au sujet duquel l'ouvrier
encourt une pénalité s'il manque d'achever la tâche qui lui a été
assignée, avec cet avantage unilatéral en faveur du patron que
celui-ci impose les conditions du contrat en se soustrayant à
toute obligation légale.

ENTREPRISES.

Au sujet des entreprises, l'Union demande à la Cour de décider
que le salaire minimum fixé par elle sera toujours acquis aux
entrepreneurs quel que soit le prix résultant du contrat. Nous
pensons qu'un semblable système serait complètement incompa-
tible avec le principe des entreprises et équivaudrait à leur suppression. L'examen des relevés fournis à la Cour par les différentes Compagnies employant des entrepreneurs montre que,
s'il y a eu des cas isolés où ceux-ci n'ont gagné qu'un salaire
inférieur au salaire minimum pratiqué dans la région, ces cas
sont peu nombreux en comparaison de ceux où les entrepreneurs
et leurs hommes ont obtenu des salaires supérieurs à ceux pratiqués actuellement.

Un certain nombre de contrats d'entreprises ont été discutés
devant nous par les deux parties, et, à notre avis, les indications
qui en résultent sont en faveur du système habituel des
entreprises.

Cette Cour ne serait fondée à apporter un changement radical
dans la manière dont les patrons conduisent leur exploitation
que si la partie qui le réclame prouvait d'une façon péremptoire
qu'il est nécessaire dans l'intérêt de la justice et de l'équité des
relations entre les deux parties.

L'Union n'a pas prouvé qu'il en soit ainsi, et nous ne pensons pas que le système des entreprises soit défavorable aux
ouvriers.

Nous avons cependant exigé que certaines conditions soient

(*) Toutes les fois que des ouvriers travaillent à l'entreprise, ils
déposent une petite somme à titre de cautionnement, et, tant que le
travail n'est pas fini, on les paye chaque quinzaine d'après l'avancement
réalisé, mais sous réserve d'une retenue de 25 0/0 qui ne leur sera
versée qu'à la fin.

désormais insérées dans tous les contrats d'entreprises. La plus importante d'entre elles est que si le patron vient, sans qu'il y ait eu faute de la part des entrepreneurs, à résilier le contrat ou à suspendre son effet, les entrepreneurs auront droit non seulement à la somme qu'ils auront déjà gagnée sur l'entreprise d'après les prix fixés par le contrat, mais en outre à telle indemnité qui aura été convenue entre eux et le directeur de la mine, ou qui, à défaut d'un tel accord, sera déterminée par le Warden. Les errements actuels, qui laissent le directeur ou l'ingénieur de la mine seul juge de l'indemnité à payer dans ce cas, leur confèrent un avantage sans contre-partie, et c'est en vue d'y remédier que nous avons institué un système plus équitable pour régler la question.

Nous n'avons pas touché à la stipulation qui donne au patron le droit d'exiger le renvoi de tout ouvrier employé par les entrepreneurs. Les dispositions de la loi des mines chargent d'une si grande responsabilité l'exploitant et son directeur, et la nature du travail est telle, que le patron doit avoir le droit de s'opposer à l'emploi, par les entrepreneurs, de tout homme qui, de l'avis du directeur, n'est pas digne d'être admis au travail dans la mine. Il ne doit naturellement pas être usé de ce pouvoir d'une façon arbitraire, et il ne semble pas qu'il en ait été ainsi, sauf dans un cas. Nous estimons que la stipulation de la sentence qui interdit aux patrons de porter, par l'embauchage ou par le renvoi des ouvriers une atteinte quelconque, directe ou indirecte, à l'Union, assurera une protection suffisante aux membres de l'Union employés par les entrepreneurs.

Nous n'estimons pas que nous devions insérer une stipulation exigeant que les patrons indiquent, lorsqu'ils renvoient un ouvrier, pour quelle raison ils le font. L'ouvrier lui-même n'est nullement obligé de donner une raison quelconque lorsqu'il décide de quitter son patron; et il est évident que, si la Cour en était venue à obliger les patrons à motiver tout renvoi d'ouvrier, elle aurait dû faire insérer dans les contrats liant patrons et ouvriers une clause de réciprocité à cet effet, clause qui, jusqu'ici, n'a été envisagée ni par l'une ni par l'autre des parties. Ces mêmes considérations s'appliquent au cas où un entrepreneur est mis en demeure de renvoyer un ouvrier. Ce droit, nous devons d'ailleurs le constater, a depuis de longues années toujours été prévu dans les contrats d'entreprises conclus par les autorités locales et autres corps constitués; et c'est une condition du travail universellement admise dans toutes autres industries.

GAMINS ET JEUNES OUVRIERS.

Nous avons décidé que les gamins de moins de 16 ans ne pourront pas être admis au fond; mais nous n'avons pas limité autrement l'emploi des gamins et jeunes gens dans la mine ou aux abords de la mine, sauf pour les postes de receveurs et d'enchaîneurs, qui ne devront jamais être confiés à des ouvriers âgés de moins de 18 ans.

L'emploi de jeunes ouvriers comme receveurs est d'ailleurs interdit par la loi, et les mêmes raisons s'appliquent en ce qui concerne les enchaîneurs.

Nous considérons que la nature même du travail et les restrictions légales qui existent déjà garantissent bien suffisamment que l'emploi des jeunes ouvriers dans les mines, aux abords des mines, et dans les usines de broyage, sera maintenu dans des limites raisonnables. Nous estimons que la Cour doit être très circonspecte lorsqu'il s'agit de restreindre le nombre des gamins et jeunes gens que l'on a le droit d'employer dans une industrie déterminée. Pour certains corps de métier, il peut être sage, ainsi que cela a déjà été fait dans plusieurs cas, de restreindre ce nombre à une fraction déterminée du nombre des hommes employés, mais nous ne pouvons pas nous empêcher d'exprimer l'opinion qu'il est dans les véritables intérêts de la communauté de ne pas mettre de trop sérieux obstacles à l'apprentissage d'un métier par les enfants, à condition qu'ils soient au préalable convenablement instruits; et nous ne devons pas, sans de très puissantes raisons, restreindre les voies par lesquelles les enfants de la Colonie peuvent arriver à devenir de bons ouvriers dans les industries du pays.

PRÉFÉRENCE.

La clause de préférence que nous avons introduite est libellée de manière à éviter tout inconvénient pour les ouvriers qui ne sont pas déjà membres de l'Union. Tout ce qu'un de ces ouvriers aura à faire, ce sera de demander son inscription comme membre de l'Union; et, moyennant payement d'un droit d'admission de 5 shellings et d'une cotisation de 6 d. par semaine, l'Union devra l'admettre. Si elle s'y refusait, le patron aurait alors le droit de l'employer. C'est là, en substance, la clause de préférence insérée dans la sentence de Reefton par M. le juge Edwards (*). Elle a

_____

(*) Le prédécesseur du président actuel de la Cour d'arbitrage.

été reproduite dans d'autres sentences rendues depuis par la Cour ; et, lorsque, comme cela est ici le cas, les membres de l'Union constituent la grande majorité des ouvriers, nous estimons qu'ils sont fondés à réclamer cette préférence.

L'Union, dans sa demande, a fait mention du cas d'un certain nombre d'ouvriers renvoyés de la mine de Waihi par M. Barry (*). Ces ouvriers ayant été congédiés avant qu'aucun différend ne fût porté devant le Comité de conciliation, nous estimons qu'aucune contravention à la loi, telle qu'elle est rédigée actuellement, n'a été commise. L'article 100 de la loi sur la conciliation et l'arbitrage dans l'industrie défend bien le renvoi des ouvriers lorsqu'un différend est porté devant le Comité, mais les faits établis dans le cas présent ne tombent pas sous le coup de cet article. Nous ne pouvons pas cependant nous empêcher d'exprimer l'opinion que M. Barry a mal agi en renvoyant ainsi ces ouvriers ; cependant, comme il n'y a pas eu contravention à la loi, nous ne pouvons ordonner aucune mesure à son encontre ni à l'encontre de la Compagnie de Waihi.

Un certain nombre d'autres ouvriers ont été renvoyés à différentes époques par cette même Compagnie ; mais nous ne pouvons pas considérer qu'il y ait eu là une suppression ou une suspension d'emploi en raison du différend. En effet, si la Compagnie a réduit le nombre des ouvriers employés dans certaines parties de la mine et a augmenté le nombre des entreprises, cela a eu lieu conformément à des instructions venues d'Angleterre (**) qui avaient été expédiées avant que le différend ne se fût élevé.

Nous tenons à ajouter, pour conclure, que nous nous sommes étendus, beaucoup plus complètement que dans d'autres cas, sur les raisons sur lesquelles cette sentence est basée ; nous l'avons fait parce que l'affaire était d'une grande difficulté et d'une grande importance, et parce que nous jugeons que toutes les parties doivent être instruites des motifs qui ont dicté sa décision à la Cour.

(*) Le directeur de la mine de Waihi.
(**) La Compagnie des mines de Waihi a son Conseil d'administration en Angleterre.

SENTENCE.

COUR D'ARBITRAGE DE LA NOUVELLE-ZÉLANDE,
DISTRICT INDUSTRIEL DU NORD.

En vertu de la loi de 1900 sur la conciliation et l'arbitrage, et en raison du différend industriel qui s'est élevé entre l'Union professionnelle ouvrière des mineurs de Thames (ci-après désignée par le terme « l'Union ») et les Compagnies de (*) ... (lesdites Compagnies et lesdits Syndicats seront désignés ci-après collectivement par le terme « les patrons »),

La Cour d'arbitrage de la Nouvelle-Zélande (ci-après désignée par l'expression « la Cour »), — après avoir examiné le sujet du différend ci-dessus rappelé, après avoir entendu l'Union en la personne de ses représentants dûment désignés, après avoir également entendu ceux d'entre les patrons qui se sont présentés soit par eux-mêmes soit en la personne de leurs représentants, et après avoir enfin entendu les témoins, qui ont été cités, interrogés et questionnés contradictoirement par lesdites parties ou en leur nom, — ordonne et décide ce qui suit, relativement aux relations entre l'Union et ses membres, d'une part, et les patrons, d'autre part, ainsi qu'entre les uns et les autres quelconques d'entre eux respectivement : les stipulations et conditions consignées dans l'annexe ci-jointe obligeront l'Union et chacun de ses membres, ainsi que l'ensemble des patrons et chacun d'entre eux pris individuellement ; lesdites stipulations et conditions sont, par les présentes, déclarées être incorporées à la sentence, en former partie intégrante et devoir être considérées comme telles ; l'Union et l'un quelconque de ses membres, ainsi que les employeurs et l'un quelconque d'entre eux en particulier, devront faire, accomplir, et observer toutes choses que la présente sentence et lesdites stipulations et conditions leur ordonnent respectivement de faire, d'accomplir ou d'observer ; ils ne devront rien faire qui soit en contravention avec ladite sentence ou avec ses stipulations et conditions, et ils devront, au contraire, en tous points, s'y conformer et les observer.

(*) La sentence énumère ici toutes les Compagnies qui avaient été citées devant la Cour ; je ne crois pas utile de reproduire cette énumération, qui comprend toutes les Compagnies minières ou Syndicats miniers du district, si peu importants soient-ils, au nombre de 79.

La Cour décide, ordonne, et déclare, en outre, ici, que toute infraction auxdites stipulations et dispositions constituera une infraction à la présente sentence, et elle fixe à 100 £ le maximum de la pénalité qui pourra être encourue de ce chef par toute partie ou toute personne. La Cour ordonne enfin que cette sentence aura effet à partir du 19 octobre 1901 et restera en vigueur jusqu'au 19 octobre 1903. En foi de quoi le sceau de la Cour a été apposé et fixé aux présentes, et le président de la Cour les a revêtues de sa signature ce jourd'hui 4 octobre 1901.

Signé : Théo. COOPER,
Juge, Président.

ANNEXE VISÉE PAR LA SENTENCE CI-DESSUS.

HEURES DE TRAVAIL.

1. — Le travail hebdomadaire de tous les ouvriers employés dans les mines ou à leurs abords, autres que les manœuvres à la surface, sera de 46 heures pour les ouvriers des postes du jour et de l'après-midi, et de 47 heures pour les ouvriers du poste de nuit, y compris le temps habituellement accordé pour les repas. Le travail commencera à 1 heure du matin le lundi et cessera à 8 heures du soir le samedi. Les ouvriers feront six postes par semaine.

MANŒUVRES AU JOUR.

2. — La durée du travail pour les manœuvres au jour sera de 48 heures, non compris le temps des repas.

PUITS HUMIDES ET AUTRES TRAVAUX HUMIDES.

3. — Les ouvriers travaillant dans des puits humides et dans tous autres travaux humides recevront le salaire normal pour un poste de 6 heures.

4. — Toute difficulté relative à la question de savoir si un certain puits ou certains chantiers particuliers sont humides ou non sera réglée d'accord entre le directeur de la mine intéressée et le délégué des mineurs du district dans lequel la mine est située. S'ils ne peuvent pas se mettre d'accord, l'Inspecteur des mines du district minier tranchera le différend. L'Inspecteur des mines

désigne ici toute personne chargée des fonctions d'Inspecteur des mines ou tout adjoint à l'Inspecteur du district.

CHANTIERS CHAUDS OU MAL AÉRÉS.

5. — Les ouvriers travaillant à des chantiers chauds ou mal aérés recevront également le salaire normal pour un poste de 6 heures.

6. — Toute difficulté relative à la question de savoir si un certain chantier est chaud ou mal aéré sera réglée d'accord entre le directeur de la mine intéressée et le délégué des mineurs du district dans lequel la mine est située. S'ils ne peuvent se mettre d'accord, l'Inspecteur des mines du district (entendu dans le sens précisé ci-dessus) tranchera le différend.

RECEVEURS ET ENCHAÎNEURS.

7. — Aucun ouvrier de moins de 18 ans ne devra être employé dans les mines comme receveur ou comme enchaîneur.

JEUNES OUVRIERS.

8. — Aucun gamin âgé de moins de 16 ans ne devra être employé au fond, mais la Cour ne fixe aucune autre limite au nombre des jeunes ouvriers qui pourront être occupés aux abords de la mine.

SALAIRES DES JEUNES OUVRIERS.

9. — Pour les jeunes ouvriers de 16 à 17 ans, le salaire journalier sera de 4 shellings ; pour les jeunes ouvriers de 17 à 18 ans, 5 shellings ; pour ceux de 18 à 19 ans, 6 shellings ; pour ceux de 19 à 20 ans, 7 shellings ; au-dessus de 20 ans, le salaire sera le salaire minimum fixé ci-après pour les hommes. Pour les gamins de moins de 16 ans employés au jour, les salaires seront : de 14 à 15 ans, 15 shellings par semaine, et de 15 à 16 ans, 20 shellings.

PAIEMENT DES SALAIRES.

10. — L'article 3 de la loi de 1893 sur les salaires des ouvriers dispose, qu'à moins qu'une convention écrite n'en ait décidé autrement, le montant total des salaires gagnés par un ouvrier occupé ou employé à un travail normal, ou dus à un tel ouvrier, doit lui être payé à des intervalles n'excédant pas une semaine ;

en conséquence, la Cour décide, à titre de stipulation de la présente sentence, qu'il ne devra pas être conclu entre les patrons et leurs ouvriers de convention écrite disposant que les salaires seront payés à des intervalles supérieurs à deux semaines.

ENTREPRISES.

11. — Dans tous les cas où le travail aura lieu à l'entreprise, il devra être provoqué des soumissions, et les clauses et conditions de l'entreprise devront être consignées par écrit et signées par le directeur de la mine et par le ou les entrepreneurs.

Les clauses devront contenir un article suivant lequel les paiements mensuels d'avancement auront lieu à raison de 75 p. 100 du prix fixé par le contrat pour le travail que le directeur de la mine constatera avoir été fait par l'entrepreneur ou les entrepreneurs ; et (à la condition toutefois que les entrepreneurs présentent au directeur de la mine des reçus signés par tous les ouvriers à la journée qu'ils ont employés pour l'exécution de l'entreprise et établissant que tous les salaires qui étaient dus à ceux-ci leur ont été payés) le solde du prix de l'entreprise devra être remis à l'entrepreneur ou aux entrepreneurs au premier jour de paye qui suivra l'achèvement complet de l'entreprise. Si l'entrepreneur ou les entrepreneurs n'avaient pas payé à leurs ouvriers à la journée tous les salaires qui leur étaient dus pour le travail fourni à ladite entreprise, et si au jour de la paye ces ouvriers à la journée se présentaient avec l'entrepreneur ou les entrepreneurs au bureau de la mine où se fait habituellement la paye, l'exploitant devrait (si le travail a été dûment terminé, et sans attendre l'expiration du délai de 31 jours à partir de la date de cette terminaison), payer auxdits ouvriers à la journée les salaires qui leur seraient dus par l'entrepreneur ou les entrepreneurs, et remettre à l'entrepreneur ou aux entrepreneurs le solde (s'il y en a un) de l'argent qui leur resterait dû.

Ces mêmes clauses devront également contenir un article stipulant, qu'au cas où l'exécution de l'entreprise serait suspendue ou abandonnée par les patrons, sans qu'il y ait eu faute de la part de l'entrepreneur ou des entrepreneurs, les patrons devront leur payer le montant de la somme qu'ils auront gagnée dans l'entreprise suivant le prix fixé et en outre, à titre d'indemnité d'ajournement ou de résiliation du contrat, telle somme supplémentaire qui sera arrêtée d'accord entre le directeur de la mine et le ou les entrepreneurs, ou, à défaut dudit accord, qui sera fixée par le Warden du district minier à la suite d'une procédure à poursuivre à cet effet à la barre dudit Warden.

SYSTÈME DES FORFAITS MENSUELS.

12. — Aucun travail ne devra plus, après l'entrée en vigueur de la présente sentence, être donné suivant le système des forfaits mensuels ; mais cela n'atteindra en rien le droit des patrons de donner du travail à l'entreprise dans les conditions fixées à l'article précédent.

OUVRIERS A LA JOURNÉE EMPLOYÉS PAR LES ENTREPRENEURS.

13. — Une clause devra être insérée dans chaque contrat d'entreprise, pour obliger tous les entrepreneurs à payer aux ouvriers qu'ils emploieront à la journée pour l'exécution de ladite entreprise le salaire minimum fixé par la présente sentence.

AMODIATAIRES (*).

14. — Les ouvriers à la journée employés par les amodiataires seront payés d'après le taux minimum de salaires prévu par la présente sentence.

15. — La clause de préférence ci-après contenue s'appliquera aux ouvriers à la journée employés par les amodiataires.

PRÉFÉRENCE.

16. — A la condition que les statuts de l'Union permettent à toute personne qui est actuellement employée, — ou qui viendrait à être ultérieurement employée, — soit dans une mine, soit aux abords de celle-ci, soit dans un atelier de broyage, et qui réside actuellement — ou viendrait à résider — dans ce district industriel, de devenir membre de l'Union moyennant le paiement d'un droit d'admission ne dépassant pas 5 shellings et de contributions ultérieures, payables hebdomadairement ou non, ne dépassant pas 6 d. par semaine, et cela sur une simple demande par écrit de la personne désireuse de faire partie de ladite Union, sans que son admission soit subordonnée au résultat d'un vote ou d'une élection, et tant

---

(*) Il s'agit ici d'amodiations de très petites parties des mines : les amodiataires ne se distinguent guère des entrepreneurs que par ce fait qu'ils sont rémunérés d'après le rendement en or des minerais extraits et non à tant par mètre courant d'avancement ou par mètre cube abattu, comme le sont les entrepreneurs.

qu'il en sera ainsi, chacun des patrons devra, lorsqu'il emploiera des ouvriers à la journée, employer les membres de ladite Union de préférence aux ouvriers qui n'en sont pas membres, pourvu qu'il se trouve des membres de l'Union tout aussi qualifiés que ceux qui n'en sont pas membres pour accomplir le travail spécial à exécuter, prêts à entreprendre ledit travail, et désireux de le faire. Néanmoins cette stipulation n'affectera pas les engagements qui, à la date à laquelle est rendue la présente sentence, existeraient entre tout patron et des ouvriers non unionistes ; et lesdits patrons pourront continuer à employer comme par le passé tout mineur ou autre personne qu'ils emploient actuellement, même si, par suite du manque de travail à la mine ou pour toute autre raison, lesdits mineurs ou autres personnes se trouvaient actuellement chômer de temps en temps.

17. — Si les statuts de l'Union ne satisfaisaient pas aux conditions prévues à l'article précédent, les patrons pourraient à leur gré employer des mineurs et autres ouvriers, qu'ils soient membres de l'Union ou non ; mais aucun patron ne devra faire aucune différence à l'encontre des membres de l'Union ni ne devra, dans l'emploi ou le renvoi des ouvriers ou dans la conduite des travaux de la mine, faire quoi que ce soit en vue de porter tort à l'Union, soit directement, soit indirectement.

18. — Ladite Union devra tenir dans des locaux convenables à Thames, Karangahake, Waitékauri, Golden-Cross, Waihi, et Te Aroha (*), un registre qui s'appellera « registre d'embauche », où devront être consignés les noms et adresses exacts de tous les membres de l'Union présentement sans travail et désireux d'en trouver, avec l'indication de la spécialité de travaux de mines dans laquelle lesdites personnes déclarent être exercées, ainsi que les noms, adresses, et genres d'affaires des patrons ou personnes par lesquels lesdits membres de l'Union ont été employés pendant les neuf derniers mois.

Aussitôt que l'un de ces membres de l'Union aura trouvé du travail ou cessera d'en chercher, avis devra en être consigné sur ledit registre. Les membres du bureau de l'Union devront faire tous leurs efforts pour vérifier les indications portées sur le registre, et l'Union serait coupable d'inobservation de la présente sentence si l'une des indications qui y sont portées était, à la connaissance du bureau de l'Union, volontairement erronée,

---

(*) Ce sont là les principaux centres miniers du district d'Hauraki.

ou si le bureau de l'Union ne faisait pas tous les efforts raisonnables pour en vérifier l'exactitude. Ce registre devra être mis à la disposition de chacun des patrons et de leurs agents de 9 heures du matin à 5 heures du soir tous les jours ouvrables, excepté le samedi où il sera à leur disposition de 9 heures du matin à midi. Si l'Union manque à tenir le livre d'embauche de la façon prévue ci-dessus, et aussi longtemps qu'elle y manquera, tout patron pourra, nonobstant les dispositions qui précèdent, employer n'importe quelle personne, qu'elle soit ou non membre de l'Union, pour accomplir tout travail. L'Union devra donner avis par écrit à chaque patron de l'endroit où ledit livre d'embauche est tenu, ainsi que de tout changement de cet endroit.

19. — Les ouvriers à qui sera confiée l'exécution d'un travail à l'entreprise ne devront pas nécessairement être des membres de l'Union; mais les dispositions ci-dessus contenues relativement à l'emploi des unionistes et des non-unionistes obligeront à tous entrepreneurs employant des ouvriers à la journée pour l'exécution de leur entreprise; elles les lieront d'une façon tout aussi complète et tout aussi effective que si lesdits entrepreneurs avaient été originairement parties au présent différend.

20. — Lesdites dispositions ne s'étendront pas à l'emploi des gamins et jeunes ouvriers âgés de moins de 17 ans.

SALAIRES.

21. — Le tarif suivant sera le tarif minimum des salaires qui devront être payés par les patrons aux personnes qu'ils emploient respectivement dans les qualités ci-dessous énoncées, à savoir :

Mines ou abords des mines

	En dehors d'un rayon de 2 milles à partir des bureaux de poste centraux de Thames ou de Coromandel	Dans un rayon de 2 milles à partir des bureaux de poste centraux de Thames ou de Coromandel
Ouvriers mineurs travaillant dans les :		
Traçages et dépilages de gradins. .	8 sh.	7 sh. 6 d.
Puits secs.	8 sh. 6 d.	8 sh.
Puits humides (postes de 6 heures)	9 sh.	8 sh. 6 d.
Montages	8 sh. 4 d.	7 sh. 10 d.
Descenderies.	8 sh. 4 d.	7 sh. 10 d.
Mineurs ordinaires	8 sh.	7 sh. 6 d.
Boiseurs	9 sh.	8 sh.
Receveurs (recette du jour).	8 sh.	7 sh. 6 d.
Enchaîneurs (recette intérieure). .	8 sh.	7 sh. 6 d.
Remblayeurs.	7 sh. 6 d.	7 sh. 6 d.
Rouleurs	7 sh. 6 d.	7 sh.
Manœuvres au jour	7 sh. 6 d.	7 sh.
Conducteurs de perforatrices. . . .	8 sh. 6 d.	8 sh.
Pompiers et ouvriers entretenant les puits	9 sh. 6 d.	9 sh.
Forgerons	9 sh. 6 d.	9 sh.
Frappeurs âgés de plus de 20 ans . .	7 sh. 6 d.	7 sh.
Affûteurs d'outils	8 sh.	7 sh. 6 d.
Chauffeurs (lorsqu'on emploie du charbon pour les chaudières) . . .	7 sh. 6 d.	7 sh.
Chauffeurs (lorsqu'on emploie du bois)	8 sh. 4 d.	»
Ajusteurs.	9 sh. 6 d.	9 sh.
Mécaniciens astreints à avoir un certificat de 1re classe ou chargés de conduire une pompe ou une machine d'extraction.	10 sh.	9 sh.
Machinistes ordinaires	9 sh. 6 d.	9 sh.
Conducteurs de treuils	9 sh. 6 d.	9 sh.
Charpentiers	9 sh. 6 d.	9 sh.

Usines de broyage.

22. — *Heures de travail.* — Dans les usines de broyage, les postes seront de 8 heures, y compris la durée du repas; le travail commencera à minuit le dimanche pour se terminer le samedi à minuit.

23. — *Jeunes ouvriers.* — Aucun enfant de moins de 16 ans ne devra être occupé dans les usines de broyage, ni dans les usines de traitement des tailings ou aux abords de telles usines; mais la Cour n'entend pas limiter autrement le nombre des jeunes ouvriers qui pourront être employés dans les usines de broyage ou les usines de traitement des tailings.

24. — Salaire des jeunes ouvriers employés dans les usines de broyage, dans les usines de traitement des tailings et aux abords de celles-ci :

Pour les jeunes gens de 16 à 17 ans. . . . 4 sh. par jour
—   —   17 à 18 ans. . . . 5 sh. —
—   —   18 à 19 ans. . . . 6 sh. —
—   —   19 à 20 ans. . . . 7 sh. —

Au-dessus de 20 ans, le salaire minimum est celui qui est fixé ci-après :

25. — *Usines de broyage à l'eau.*

	En dehors d'un rayon de 2 milles à partir des bureaux de poste centraux de Thames ou de Coromandel	Dans un rayon de 2 milles à partir des bureaux de poste centraux de Thames ou de Coromandel
Préposés aux bocards	8 sh. 6 d.	7 sh. 6 d.
Graisseurs âgés de plus de 20 ans.	7 sh.	6 sh. 6 d.
Veilleurs (lorsqu'il y en a)	7 sh.	6 sh. 6 d.
Ouvriers de l'amalgamation	9 sh.	9 sh.

Broyeurs et concasseurs.

Préposés aux broyeurs	9 sh.	8 sh. 6 d.
Manœuvres aux concasseurs	7 sh. 6 d.	7 sh.
Rouleurs.	7 sh. 6 d.	7 sh.
Réparationnaires	8 sh.	7 sh. 6 d.
Manœuvres aux réparations	7 sh. 6 d.	7 sh.
Manœuvres ordinaires	7 sh. 6 d.	7 sh.
Ouvriers alimentant des broyeurs.	7 sh. 6 d.	7 sh.

26. — *Usines de broyage à sec.* — Dans les usines de broyage à sec, tous les ouvriers travaillant dans la poussière seront payés 1 shelling par poste en plus des taux précédents. Cette majoration s'appliquera également aux rouleurs roulant le minerai depuis les kilns jusqu'aux usines de broyage à sec.

Kilns (à sec).

Manœuvres et ouvriers chargeant le bois à brûler. . 8 sh.

Usines de cyanuration.

	En dehors d'un rayon de 2 milles à partir des bureaux de poste centraux de Thames ou de Coromandel	Dans un rayon de 2 milles à partir des bureaux de poste centraux de Thames ou de Coromandel
Ouvriers de la cyanuration travaillant dans les usines de broyage à l'eau.	8 sh.	7 sh. 6 d.
Ouvriers chargés des filtres-presses travaillant dans les usines de broyage à l'eau.	8 sh.	7 sh. 6 d.
Manœuvres aux filtres-presses dans les usines de broyage à l'eau . . .	7 sh. 6 d.	7 sh.
Ouvriers évacuant les tailings dans les usines de broyage à l'eau . . .	7 sh. 6 d.	7 sh.

Tous les ouvriers de la cyanuration travaillant dans la poussière seront payés 1 shelling par poste en plus des taux précédents.

27. — *Mécaniciens, etc.*

	En dehors d'un rayon de 2 milles à partir des bureaux de poste centraux de Thames ou de Coromandel	Dans un rayon de 2 milles à partir des bureaux de poste centraux de Thames ou de Coromandel
Mécaniciens de 1re classe	10 sh.	9 sh.
Mécaniciens de 2e classe	9 sh.	8 sh.
Chauffeurs lorsqu'on emploie du charbon	7 sh. 6 d.	7 sh.
Chauffeurs lorsqu'on emploie du bois	8 sh. 4 d.	»
Forgerons	9 sh. 6 d.	9 sh.
Ajusteurs et tourneurs	9 sh. 6 d.	9 sh.
Frappeurs (s'ils sont âgés de plus de 20 ans)	7 sh. 6 d.	7 sh.
Charpentiers	9 sh. 6 d.	9 sh.
(S'ils travaillent dans la poussière, 1 sh. de plus par poste.)		
Plombiers	10 sh.	9 sh.

CONTREMAITRES ET CHEFS DE POSTES.

28. — La Cour ne fixe pas de taux minimum de salaire pour les contremaîtres et chefs de postes, parce que ces agents sont dans une situation leur donnant autorité sur les hommes dont ils ont la direction, et la Cour déclare que les dispositions de la présente sentence ne s'appliquent pas à eux.

TRAVAIL DU DIMANCHE.

29. — Les dispositions de la loi de 1897 pour prévenir le travail du dimanche dans les mines devront être rigoureusement observées; toute contravention aux dispositions de ladite loi sera considérée, si elle est établie devant la Cour, comme une inobservation de la présente sentence.

HEURES SUPPLÉMENTAIRES.

30. — Un quart en plus du taux normal sera payé pour toutes les heures supplémentaires faites dans la mine ou dans les usines de broyage, à moins qu'elles ne soient rendues nécessaires par l'effet d'une avarie ou d'une autre circonstance spéciale, comportant un danger pour la vie des hommes ou un dommage pour les installations.

JOURS DE FÊTE.

31. — La fête des mineurs sera considérée comme un jour de fête général, et tous les ouvriers que l'on fera travailler ce jour-là, à l'exception de ceux nécessaires soit pour l'épuisement, soit en raison d'une rupture des machines, soit pour la cyanuration, seront payés double.

Les paragraphes qui précèdent, numérotés de 1 à 31 (l'un et l'autre inclus), constituent l'annexe visée par la sentence qui précède, et sont, par les présentes, déclarés incorporés à ladite sentence pour en faire partie intégrante.

En foi de quoi le sceau de la Cour d'arbitrage de la Nouvelle-Zélande a été placé et fixé ici, et le président de la Cour a apposé ici sa signature ce 4ᵉ jour d'octobre 1901,

Signé : Théo Cooper, Juge, Président.

Les journaux, en publiant cette sentence, la faisaient suivre des indications complémentaires ci-dessous :

« En rendant cette sentence, Son Honneur a fait une mention spéciale de la question du travail du dimanche et de celle des renvois prononcés par la Compagnie des mines d'or de Waihi. Sur le premier point, il a déclaré que les témoignages produits ont laissé l'impression que les dispositions de la loi de 1897 sur le travail du dimanche dans les mines ne sont pas correctement observées dans les mines d'or, bien que rien n'ait établi formellement aux yeux de la Cour qu'il y ait actuellement des contraventions à la loi. Il lui a semblé que l'Inspecteur des mines avait l'habitude de donner des autorisations (*) sans mentionner les raisons qui obligent à travailler le dimanche, alors que la volonté du législateur est qu'il n'y ait de travail effectué le dimanche que lorsque la nécessité absolue en est reconnue. L'impression qui est restée à la Cour est qu'il y a eu beaucoup trop de travaux exécutés le dimanche dans certaines mines, et trop de relâchement dans l'application des prescriptions de la loi ; et il n'est certainement conforme ni aux intérêts de la communauté

(*) En vertu de la loi, ne peuvent être employés le dimanche dans les mines et leurs dépendances que les ouvriers portés nominativement sur une autorisation spéciale, motivée, donnée par écrit par l'Inspecteur des mines.

ni à ceux des patrons que des hommes aient à travailler le dimanche, sauf au cas où de sérieux dégâts, des blessures, ou des accidents mortels seraient à redouter. Elle a été choquée d'entendre un directeur de mine déclarer que quelque 50 ou 60 hommes, n'ayant rien de mieux à faire le dimanche, préféraient travailler à la mine. Cela n'était ni à l'honneur du patron ni à celui des ouvriers. Les dispositions de la loi exigent que l'Inspecteur des mines, en donnant aux hommes la permission de travailler le dimanche, ne le fasse que sous certaines conditions, et il a certainement paru à la Cour que ces dispositions n'étaient pas strictement observées, sans d'ailleurs que cela fût dû à la faiblesse de l'Inspecteur. Il est, d'autre part, aisé de comprendre qu'un homme employé dans une mine puisse hésiter avant de dénoncer son patron, et c'est pour cette raison que la Cour a fait du travail du dimanche sans nécessité une inobservation de la sentence. Nonobstant les dispositions de la loi, la Cour pourra ainsi réprimer très strictement toute inobservation de la sentence qui pourrait se produire à l'avenir du fait de l'exécution le dimanche de travaux sans nécessité.

« Il n'a pas été pris de dispositions spéciales en vue du paiement à un taux plus élevé du travail effectué le dimanche, parce que la Cour estime que, si la loi est régulièrement observée, il n'y en aura pas besoin.

« En ce qui concerne les ouvriers renvoyés de la mine de Waihi, Son Honneur a fait connaître que la Cour désirait qu'il déclare, — et il s'est associé personnellement à cette déclaration, — que ces ouvriers mériteraient de la part de la Compagnie de Waihi un traitement spécial. Il est parfaitement certain que c'étaient tous de bons ouvriers, puisqu'aucune plainte n'a été produite contre eux sur ce point, et il est également certain qu'ils ont été renvoyés parce qu'ils étaient des membres dirigeants de l'Union. Si leur renvoi avait eu lieu après que le différend a été soumis au Comité de conciliation, la Cour n'aurait pas hésité à infliger une sévère amende; au contraire, dans les conditions où il a eu lieu, M. Barry(*) est resté dans la limite de ses droits stricts en renvoyant ces hommes. Mais, en même temps, la Cour a été d'avis que les circonstances étaient telles qu'elles donnent droit à ces ouvriers à des « égards » de la part de la Compagnie de Waihi, bien que la Cour ne puisse naturellement pas donner de plus amples indications à ce sujet.

(*) Le directeur de la mine de Waihi.

« Son Honneur a abordé aussi la question du broyage à l'eau ou à sec, faisant remarquer que plus tôt les Compagnies substitueront le broyage à l'eau au broyage à sec, et mieux cela vaudra pour les hommes. Il a été heureux d'apprendre que la Compagnie de Waihi se propose, aussitôt que possible, de renoncer au broyage à sec et d'introduire le broyage à l'eau. »

DEUXIÈME ANNEXE.

GRÈVE DES OUVRIERS DES CHARBONNAGES « NORTHERN EXTENDED » ET DE RHONDDA (N. G. S.).

(EN JANVIER 1904).

ACTION INTENTÉE DEVANT LA COUR D'ARBITRAGE

PAR LA FÉDÉRATION DES PROPRIÉTAIRES DES CHARBONNAGES DU NORD CONTRE LA FÉDÉRATION DES OUVRIERS DES CHARBONNAGES DU DISTRICT DU NORD.

DÉCISION DE LA COUR (*).

Après avoir délibéré avec MM. Cruickshanck et Smith, ses deux assesseurs, Son Honneur s'est exprimé ainsi :

L'action qui nous occupe a été intentée à la Fédération des ouvriers des charbonnages du district du Nord pour infraction à la sentence rendue par la Cour dans un différend industriel qui s'était élevé entre ladite Fédération, d'une part, et MM. William Laidley and Co et Andrew Sneddon, d'autre part. Bien que le demandeur dans ce différend ait été la Fédération des ouvriers de l'ensemble du bassin, ce différend avait trait seulement aux ouvriers employés dans les charbonnages de Northern Extended et de Rhondda. La sentence rendue devait entrer en vigueur le 1er janvier de cette année, et, suivant ce qui vient d'être établi devant nous, le 12 ou 13 janvier les ouvriers de Rhondda et de Northern Extended eurent connaissance du résultat de l'enquête faite par le comptable désigné conformément à la sentence de la Cour, résultat d'après lequel la somme à payer par tonne abattue devait être de 1 sh. 9 d.; c'est dans ces conditions que les ouvriers refusèrent de travailler pour 1 sh. 9 d.

(*) On remarquera la façon toute spéciale dont est rédigée cette décision, qui fait connaître d'abord l'opinion du président, opinion qui a dicté la décision de la Cour, et ensuite les avis particuliers de chacun des deux assesseurs.

Il résulte des débats que l'une des conditions du travail à l'époque où la sentence a été rendue — condition à laquelle la sentence n'a pas touché d'ailleurs — était que les ouvriers devaient prévenir 14 jours d'avance lorsqu'ils voulaient quitter le travail; les exploitants avaient d'ailleurs l'obligation corrélative d'aviser 14 jours d'avance les ouvriers de leur intention de se priver de leurs services. Je rappelle cette condition particulière, car c'est d'elle que dépend pratiquement la solution de l'importante question qui nous est soumise. Il est bien entendu que la Cour, lorsqu'elle rend une sentence, laisse demeurer telles qu'elles étaient auparavant les conditions de travail au sujet desquelles elle ne dispose rien; de telle manière que, s'il existait antérieurement de semblables conditions, les relations entre patrons et ouvriers soient désormais définies par les dispositions contenues dans la sentence combinées avec les conditions préexistantes au sujet desquelles elle ne fixe rien de nouveau.

Ceci posé, il n'est pas douteux que la présente affaire soit d'une grande importance. Mais, l'ayant examinée de mon mieux, et tout en réprouvant, comme je le fais, l'attitude prise par les mineurs lorsqu'ils ont quitté le travail sans avoir au moins prévenu 14 jours à l'avance, et lorsqu'ils ont refusé d'une manière si obstinée et si peu judicieuse de se rendre aux avis qui leur ont été donnés par les représentants de leur Fédération, je me vois obligé de trancher le débat en faveur de l'Union par ce fait qu'il n'y a pas eu infraction à la sentence.

En effet, si l'on examine la sentence, on constate qu'elle a trait à sept ou huit points différents. Une de ses clauses a pour objet de régulariser la circulation des bennes; une autre institue un tirage au sort, une autre prescrit que les mineurs ne doivent rien faire qui trouble la bonne exploitation ou l'aérage de la mine. Une quatrième se rapporte au paiement pour la pose des bois, et une autre à l'enlèvement des eaux. Enfin on arrive aux stipulations qui touchent à la question qui nous est soumise : l'une de ces stipulations est que les mineurs seront payés à la tonne abattue, et la Cour a fixé pour ce paiement une échelle mobile basée sur le prix de vente du charbon. La sentence ne touche pas à l'obligation pour les mineurs de continuer à travailler tant qu'ils n'ont pas donné congé 14 jours d'avance ; mais cette obligation leur est imposée par la coutume du district, qui fait loi ; dans ces conditions, tout mineur se met dans son tort s'il cesse le travail sans en avoir donné avis 14 jours d'avance. Mais, bien qu'il en soit ainsi, son refus de travailler sans avoir donné cet avis

préalable ou sans avoir attendu l'expiration dudit délai constitue-
t-il une infraction à la sentence? Il n'est pas douteux que la Cour
ait rédigé sa sentence en ayant connaissance que le travail du
mineur à la mine ne peut cesser que s'il a reçu ou donné congé
14 jours d'avance; mais, malgré cela, on ne saurait soutenir que
cette condition fait partie intégrante de la sentence. Il se peut
d'ailleurs que l'expérience que nous aura donnée cette affaire —
expérience que je déplore vivement dans l'intérêt même des
mineurs — conduise à l'avenir la Cour à chercher à renforcer
son autorité et ses pouvoirs ultérieurs en introduisant dans ses
sentences cette clause que, tant que le congé d'usage n'aura pas
été donné, les ouvriers devront continuer à travailler et les
patrons devront continuer à les employer. Il n'est d'ailleurs pas
douteux, cela résulte clairement des débats, que les mineurs
aient à répondre devant une autre juridiction du fait d'avoir
cessé le travail sans en avoir donné avis 14 jours d'avance; mais
ils n'ont pas contrevenu à la sentence.

Je regrette très vivement que les mineurs aient agi de la sorte,
car, bien que personnellement j'estime qu'ils ne tombent pas sous
le coup de la sentence, il me semble qu'ils n'ont pas fait ce dont
la loyauté vis-à-vis de la Cour leur faisait un devoir, et ce qu'il
était de leur propre intérêt de faire.

Je lis dans un document qui vient d'être produit par M. Shand(*)
que, le 29 décembre de l'année dernière, une lettre signée par
M. Mason (secrétaire) et M. G. Harris (président) fut adressée à
M. Barr, lui faisant connaître, qu'à une assemblée générale des
mineurs de Rhondda, ses propositions avaient été examinées et
qu'il avait été décidé de s'en tenir à la sentence. Et maintenant,
à peine quelques jours après, la mine est en chômage! C'est là
un contraste frappant avec la conduite d'un groupe considérable
de mineurs qui se sont soumis, il y a seulement quelques semaines, à une décision de la Cour qui leur donnait tort, et qui
décidait que 5 à 0.000 mineurs travailleraient désormais au taux
de 3 sh. 10 d. au lieu de 4 sh. 2 d. Je dis qu'il a été beau de voir
cet important groupe d'ouvriers faire ainsi preuve de leur fidélité
à la loi et de leur soumission à l'autorité de la Cour en se confor-
mant à ses décisions(**), et j'ajoute que, pour que cette Cour

---

(*) Avocat des demandeurs.
(**) Il est bon d'ajouter que cette réduction ne faisait que résulter de
l'application de l'échelle mobile qui avait été adoptée pendant de longues
années par libre entente entre les patrons et l'Union ouvrière.

puisse exercer son autorité, il est indispensable que cette autorité
soit reconnue de tous.

Ce que je dirai, sans exprimer d'opinion sur le fond de la
question, c'est que, bien que les patrons succombent dans ce débat qu'ils ont soulevé, j'oserai leur suggérer que, si quelque autre
action pouvait être intentée en vue de prouver que cette Cour ne
doit pas être simplement une Cour d'enregistrement, cette action
devrait l'être (*). Je déclare que, si les ouvriers aussi bien que
les patrons ne se soumettent pas loyalement à la loi, celle-ci
pourrait tout aussi bien être abrogée. J'estime que l'on a montré
jusqu'ici, d'une façon générale, une obéissance très satisfaisante
aux sentences ou aux décisions de la Cour. Il n'y a eu qu'un
petit nombre de cas dans le district de Newcastle, cas d'une
importance restreinte d'ailleurs, où les ouvriers n'ont pas fait
preuve de l'obéissance à la loi que j'aurais souhaitée.

Je ne discuterai pas la question de savoir si, en supposant qu'il
y ait eu inobservation de la sentence, la Fédération eût été responsable de la conduite des mineurs de Rhondda. Si j'avais été
appelé à trancher cette question, je me serais certainement ré-
servé le temps de l'examiner soigneusement. Bien que ma première impression ait été que la Fédération n'est pas responsable,
j'ai été très frappé par l'argument présenté par M. Shand relativement à l'article 47 (**). Il n'est pas douteux que la sentence
touche aux intérêts vitaux de la section (***), et il se peut bien que
le désaveu de la Fédération reste sans effet devant certains droits
des sections ou en présence de certaines déterminations. Personnellement j'ai été très heureux de voir que, dès que la section
de Rhondda eut pris sa décision, les membres dirigeants de la Fédération firent immédiatement tout leur possible pour persuader
aux ouvriers de reprendre le travail. Il semble ainsi que ce
soient tout au plus 100 (ou peut-être 200) hommes seulement qui
ont méconnu l'autorité de la Fédération dont ils font partie;
mais cela n'est pas un joli spectacle, et cela n'est en aucune
façon à l'honneur des mineurs intéressés. Je suis néanmoins
d'avis que, pour les raisons que je viens d'exposer, il n'y a pas

------

(*) Allusion aux poursuites que la Cour a autorisé les exploitants à
intenter aux ouvriers, ainsi qu'il en est fait mention à la fin du présent
jugement.

(**) Des statuts de l'Union.

(***) Section locale de la Fédération des mineurs de l'ensemble du bassin houiller du Nord ou de Newcastle.

eu infraction à la sentence et que les demandeurs doivent être renvoyés des fins de leur plainte.

M. Cruickshanck (*) a fait valoir qu'il n'y a pas de doute que M. Campbell (**) ait raison dans son argumentation, en disant que les ouvriers ne sont pas forcés d'accepter une sentence s'ils estiment qu'elle est néfaste à leurs intérêts, et qu'ils ne peuvent pas gagner leur vie ; mais, bien qu'il puisse éventuellement arriver qu'il en soit ainsi, les renseignements relatifs à la situation des mineurs des·charbonnages auxquels se rapporte le différend, et les témoignages produits devant la Cour, ont montré qu'ils se faisaient en fait de très bons salaires. Quoi qu'il en soit, un ouvrier était parfaitement dans son droit de déclarer que, s'il devait travailler pour 1 sh. 9 d., il préférerait aller s'embaucher ailleurs. S'il en était autrement, ce serait, comme l'a dit M. Campbell, rien moins que les travaux forcés. Quant à l'attitude prise par la Fédération, M. Cruickshanck a été d'avis qu'elle mérite les plus grands éloges, et il a été très heureux de voir le parti pris par les membres du bureau. En même temps il a été d'avis que la Fédération était responsable des actes de la section de Rhondda. S'il n'en était pas ainsi, comment un propriétaire de mine pourrait-il obtenir une indemnité ? Il faut bien qu'il y ait un responsable. Il eût été bien préférable que la Cour ait, dans sa sentence, nettement déclaré qu'aucun groupe d'ouvriers ne pourrait abandonner le travail en n'en donnant avis qu'au moment même. Personnellement il a pensé que, dans ce cas, la loi ne devait pas être prise strictement à la lettre, et que l'acte des ouvriers constituait une infraction à la sentence pour autant qu'ils n'avaient pas prévenu 14 jours avant de cesser le travail.

M. Smith (***), au cours de ses observations, a dit qu'il incombe tout aussi bien aux mineurs de prévenir dans le délai d'usage, lorsqu'une sentence ne leur convient pas, qu'il incomberait à un propriétaire de mine (les mineurs n'hésiteraient pas à être de cet avis) de prévenir ses ouvriers si la sentence était en leur faveur et qu'il voulait fermer sa mine. Dans ces conditions, les ouvriers en question n'ont observé ni la loi du pays ni les règles de leur propre Union. Cette manière de faire ne saurait être trop

---

(*) Celui des assesseurs du président qui a été désigné par les Unions patronales.

(**) L'avocat des défendeurs.

(***) Celui des assesseurs du président qui a été désigné par les Unions ouvrières.

hautement réprouvée. Il complimente les dirigeants de l'Union
pour l'attitude qu'ils ont prise. La seule attitude raisonnable
pour tous les ouvriers intéressés serait de reprendre le travail
demain, et, si les conditions du travail ne leur conviennent pas,
de donner congé pour dans 14 jours, et de chercher de la besogne
ailleurs. S'ils désirent voir la loi continuer à être appliquée et
leur propre organisation continuer à fonctionner, ils doivent agir
vis-à-vis des exploitants et des membres du bureau de l'Union
d'une façon correcte et loyale.

Les demandeurs ayant subsidiairement sollicité l'autorisation
d'intenter aux mineurs en grève des poursuites devant la juridiction correctionnelle, la Cour à fait droit à leur demande.

TABLE DES MATIÈRES.

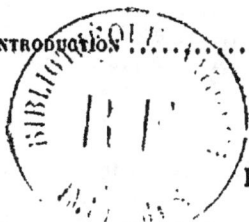

DEUXIÈME PARTIE.

Les salaires des mineurs et le travail fourni en échange.

TROISIÈME PARTIE.

Les mesures de protection et de prévoyance à l'égard des mineurs.

QUATRIÈME PARTIE.

La situation matérielle et morale des ouvriers mineurs en Australasie.

ANNEXES.

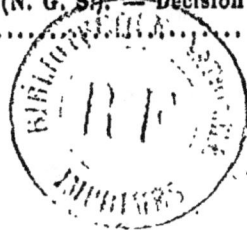

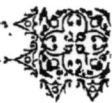

TOURS

IMPRIMERIE DESLIS FRÈRES

6, rue Gambetta, 6